SCIENCE

小学科学教师入门十课

曾宝俊　王天锋 / 主编

化学工业出版社

图书在版编目（CIP）数据

小学科学教师入门十课 / 曾宝俊，王天锋主编 .—北京：化学工业出版社，2019.1 （2025.7 重印）
ISBN 978-7-122-33179-3

Ⅰ. ①小… Ⅱ. ①曾… ②王… Ⅲ. ①科学知识－小学－教学参考资料 Ⅳ. ①G623.63

中国版本图书馆 CIP 数据核字（2018）第 232301 号

责任编辑：笪许燕　刘　莎　　营销编辑：龚　娟　郑　芳
责任校对：宋　夏　　装帧设计：史利平

出版发行：化学工业出版社（北京市东城区青年湖南街 13 号　邮政编码 100011）
印　　装：三河市双峰印刷装订有限公司
787mm×1092mm　1/16　印张 22½　字数 154 千字　2025 年 7 月北京第 1 版第 7 次印刷

购书咨询：010-64518888　　售后服务：010-64518899
网　　址：http://www.cip.com.cn
凡购买本书，如有缺损质量问题，本社销售中心负责调换。

定　　价：58.00 元

编委会

主　　编：曾宝俊　王天锋

编写人员：（根据汉语拼音排序）

陈宇祝　苏州市太仓市实验小学

高乃定　苏州大学实验学校

季荣臻　无锡市教师发展中心

刘　愈　扬州市甘泉小学

刘小艳　郑州市中原区伊河路小学

仇丽君　南通市海门新教育小学

邵静静　重庆市渝北实验小学

孙静妮　无锡市亭子桥中心小学

唐　剑　常州市天宁区教师发展中心

王天锋　扬州市梅岭小学西区校

吴　颖　苏州市吴江盛泽实验小学

夏　敏　苏州市张家港市大新小学

钟　颖　陕西师范大学御锦城小学

钟碧玲　陕西师范大学附属小学

曾宝俊　苏州大学实验学校

课堂，不只是一个样子！——兼谈如何上好科学课

（代序）

“妈妈，我会死吧？”

“你不会死的，妈妈在这里为你祈祷。”

“医生不是说‘这孩子没救了’吗？我会死的。”

“你就是死了，我也会再生你一次，所以，你不要担心。”

“可是，那个孩子和我不是同一个人啊。”

“不，是一个人。我会把你从生下来之后到现在看到的、听到的、读到的东西，做过的事情全部讲给新生下的你听。这样两个孩子就是一模一样的同一个孩子了。”

这是日本作家大江健三郎《孩子为什么一定要上学》中的一段对白。对白的背景是：幼年时候的大江，从学校逃课，拿着植物图鉴，独自走进山中去寻找和了解那些植物，结果迷失在森林里。隔日他被发现躺在一棵七叶树下发高烧，人们把他救了回来，这段对白就发生在医院里。

由此，大江先生认为：孩子是为了成为另一个自我才来到学校学习的。不仅仅是科学，语文、算术都是如此。如果只是简单地拿着植物图鉴和眼前的林木去对照，那么就永远不可能超越自我，成为一个全新的孩子。

大江的生命故事阐述了孩子们为什么要到学校接受教育。

今天，我也来问一问：孩子们在课堂里应该得到什么？科学老师，你为什么上课？

答案可能很多，最常见的是“为了孩子的未来，还有自己的生活”；也有人说“别人上出来的课真好，我也要上”和“孩子做实验的样子看起来很酷”；甚至有人只是为了完成领导布置的任务而上课。这些都是很真实的回答。但接下来的问题就有点难了：你为什么要把课上成那样？你为什么要从这个角度开始你的课堂教学？

从大江的思考中不难发现：孩子来课堂是为了和过去的人们进行知识和生命的联结，在互动中寻找自己的生存意义，实现个体特殊经验的创造和拓展。和过去联结、与现在互动、创造未来生活是所有的孩子（未来社会的人类）在课堂里应该获得的根本能力。学生在学习中将抽象知识谙熟于心，形成最基本的知识积累，通过知识与自己经验体系的互动、联结、构建、迁移、重组，让抽象知识变得立体而丰盈。本书的策划与创

作也是同样的初衷：作者将自己课堂上的经验呈现在这里，这些经验将与读者的课堂联结、互动，进而创造出属于读者自己的课堂。

当初策划本书的时候，我没想到会这么难。原以为，这些课都是我们教学中遇到过的，把自己教过的课分门别类地写出来，并不是一件十分费劲的事情，可是等真正动起笔来，才发现没那么容易。

首先是课例的选择，需要反复斟酌。那些过于个性化的或者是偶然的课例，没有必要写进去，读者需要的是有典型性、示范性、普及性，甚至有研究性的课例。

其次是课型的选择，是力求全面还是只抓经典？刚开始我们是准备写六个课型的，后来发现，科学课不只是在课堂上动手做实验，还有很多内容涉及到“情感态度价值观”等方面。还有很多另类的方法及新的概念，比如科学戏剧、STEAM等，这些领域的探索比较小众，案例较少，思考不够，所以比较难写，也难以独立成章。

其实，我们很难把小学科学课堂上所有的课型都写完整。很多科学老师非常有价值的探索都被“漏”掉了，比如“如何利用劣构情境实施科学探究”“如何培养儿童的批判性思考”和“理解科学本质的课堂”等。所谓课型是用来做“模子”、做“范子”的，不是用来学习的，而是用来突破的。我们真正想呈现的，是让更多的科学老师，尤其是一些初次执教科学课的老师知晓方法。

我觉得，尽可能呈现一些代表性的课型和自己对这些课型的思考和探索，让其他人有兴趣去了解一下，就达到目的了。

写这本书，收获最大的应该是全体创作者——在当今小学科学教育领域中颇有建树的老师，耕耘于各自的课堂，思考并解决着每天的科学问题。

我们阅读了大量资料：平时的课堂实录、教学反思、听课笔记……这对我们来说，是个难得的学习的机会。虽然之前一直知道这些课堂的教学内容，但从来没有如此认真地思考过。开始写作后，对这些内容应该如何去教、到底选择哪一种教法和归类于哪一种课型，都需要反复斟酌。现在的我们对科学课的认识比创作本书之前提高了许多。

我们学到的最重要的一点，就是“课不必只有一个样子才叫好”，或者说“教学是自由的”。课堂是有巨大限制的一门艺术，但在这种限制里，也有巨大的自由空间。你可以像生物专家那样关注校园生态环境，也可以像天文爱好者那样疯狂追星逐月；你可以关注科学知识，也可以传授技能；你可以捕捉瞬间，也可以守住永恒；你甚至能引领孩子看到那些通常看不到的东西（比如微生物、细胞、行星的卫星）。科学课堂教学艺术的评判标准，就是看你能不能引领孩子探索他从未看过的未知世界。

孩子走进课堂的目的在于走向更广阔的原野。课堂上的历练，只是让学生获取自我探索的不竭动力，孩子们会将求知的触角伸向未来生活的各个领域，将世界幻化为巨大的课堂。那时，那些潜伏于知识层面下的一双双隐形的翅膀，会在学生们成长路途上的某个机缘巧合处爆发出无限的可能，世界或许会循着孩子成长的轨迹而改变。

有谁能说得清课堂里教师与孩子们你来我往的智慧碰撞所产生的那些微妙变化呢？又有谁能将某一位科学教师对课堂的探究，与一个孩子独特的精神成长割裂开来呢？坚持或者改变，从被选择到选择，课堂的改变成就了师生的自在，而师生的悠游与自在便构成了课堂的自在：一种成长的自在，一种精神的自在！

学校不只是学习的场所，更是一处可以让学生无限发展的空间；

学生不是知识的容器，而是不断生成和发展的、充满张力的生命；

教师不是单纯的知识传授者，而是学生成长的见证者和引路人；

而课堂，则是给师生提供的一个互动对话的平台。在这个平台上，教师总是力图将知识以最合适的方式传承给学生。正因为如此，课堂只有起点，没有终点。

科学教育独立出现已经100多年了，科学探究进入中国，改变课堂也有20多年的历史。现在每个学校都比较重视科学课，都装备了实验室和相应的实验器材，不那么贫穷的地区和学校都配备有专职的科学老师。那么多科学老师，那么多的孩子，每天上的科学课只能用“天文数字”来形容。他们遇到的问题会少吗？有没有哪个问题和我们所遇到的问题重叠？如果我们都关注自己的课堂，都在为每一个内容提供一个新的课型，那科学课的生态则会表现得更加丰富多彩。

一种课型，只是一种科学课堂生活。倘若在20年，或者50年后，我们的学生在成年之后，回想起曾经上过的课时仍然会说“那堂课真有趣”，那就是科学教师最欣慰的事了。

所谓上课的境界，不就是这个吗？

曾寶俊

2018年8月28日

目录

contents

第一章

科学教育与科学课程

“科学”这个词语是我们耳熟能详的，但在生活中用到时，又有几人去想过它的含义呢？科学是什么？它的内涵是什么？古今中外的科学教育课程是如何发展至今的？我们如何理解科学的价值和科学教育的价值呢？这些都是我们应深思的问题。

第一节 | 小学科学教育的意义和价值

一、科学和科学教育

提起“科学”这个词，人们头脑中常会涌现出这样的想法：科学是永恒的，科学是真理，科学是神圣的。而美国人阿西莫夫在他的书中首先谈到的却是：好奇心。

科学（Science）源于拉丁语Scio（知），后演化为Scientia（知识），最后才演变为Science。词语的变化反映出认知观的变化。对科学下一个严谨的定义是很难的，我们从科学教育的书中可以看到如下表述：“科学是知识；科学是系统组织起来的知识；科学是世世代代积累起来的知识体系；科学是有用的知识；科学是一个加工过程。”此外，科学还有这样两种截然不同的表述：“其一，精确科学，如物理、化学等；其二,一种通过逻辑推理、从观察到的事实得出可验证结论的思维方式。”为什么对于科学的认识有这么大的不同呢？这反映了人们对科学本质认识上的不同。

科学教育是经由科学的教与学所获得的教育。因此，若从学习的素材来说，它是整体教育（还包括文艺、社会科学等）的局部，可是，若从运用科学的思维与方法的角度来说，它则是（至少几乎是）整体教育的全部。科学课程即科学教育的设计，本书以科学课程为主题，探讨各种课型如何形成、设计和落实。

科学课程是国家义务教育阶段的基础性课程，承担着培养学生科学素养的重要任务。科学素养是公民综合素质重要的组成部分，是个人提升生活品质和参与社会公共事务重要的能力基础。提高公民的科学素养，对于改善公民自身的生活质量，增强公民参与社会、经济建设的能力，对于建设创新型国家，实现社会全面协调可持续发展都具有十分重要的意义。

人有好奇的天性，奇则察，细察而生疑；疑遂思，冥思而深究。探究是人类为认识周围世界而和其互动的基本方式之一。科学探究是科学家探索和了解自然界、获取科学知识的主要方式，也是学生获取科学知识、掌握科学方法、理解科学本质的重要途径。科学知识是科学探究的重要结果，包含基本的科学事实、科学概念、科学原理、科学定律、科学理论和科学模型等。科学知识可以通过多种途径来获取，具有相对的稳定性并会不断发展和进步，可验证性是科学知识的重要特征。

科学探究建立在证据和理性思维的基础上，其基本动力是人类的好奇心和求知欲以及经济与技术发展的需求。在课堂上，学生需要以证据为基础，运用数据和逻辑来推理，经讨论或辩论得出结论，并公布研究结果，公开接受质疑。经历这个过程，可以让学生对经由探究而获得的科学知识和获得科学知识的过程之本质有所认识。

科学可以转化为技术，成为改变世界的物质力量，是一项全社会的事业，每一个人都应当关注科学技术的发展。同时，科学活动受到科学道德和社会一般道德的双重约束。

二、小学科学教育的价值

学习科学最好的时期是儿童和青少年时期。这是因为童年是人的一生中好奇心最强烈的时期，对各种各样自然现象的兴趣最大。人们的日常经验和儿童早期教育研究都表明，幼儿园和小学阶段，是实施科学启蒙教育的最佳时期。儿童对自然和科学的兴趣、科学的思维能力、创造能力在这一时期若得到及时良好的培养，进入中学和大学后，或者进入成年后会得到高度发展；反之，则很难发展。

小学科学课程是一门以培养学生基本科学素养为宗旨的基础课程。科学课程能使小学生保持与生俱来的好奇心，让学生了解一些生活常识，了解大自然的奥秘，了解自己和周围世界的关系，掌握关键的基础科学知识。科学课程还可以帮助小学生培养科学的思维方法，激发科学兴趣，涵育科学精神，提升科学素养。

《义务教育小学科学课程标准》中对科学素养作了如下定义：科学素养就是了解与社会发展和认知水平相适应的必要的科学知识，了解基本的科学方法，了解科学技术对社会和个人的影响，认识科学本质，崇尚科学精神，树立基本的科学思想，并具备一定的应用它们处理实际问题和参与公共事务的能力。

众所周知，一个人科学素养的形成是长期的、渐进的，不同的人会以不同的方式表现出自己的科学素养，例如能恰当地使用技术术语，或者能运用科学的概念、参与科学研究的过程等。即使是同一个人，不同的年龄段，科学素养的表现也是不同的，而且会发生变化。每一个人的科学素养在不同的领域也会有所不同，例如对生命科学的概念和术语可能懂得多一点，而对物质科学的概念和术语可能懂得少一点。有科学素养的程度和形式并不是一成不变的，其程度上的由低而高、修养面的由窄趋宽贯穿人的一生，而不只是发生在求学的年代。然而，我们必须意识到，早期的科学教育对成人科学素养的形成有着至关重要的影响。人在早期确立起的科学态度及价值观念，对其成年后在科学素养方面所能达到的境界有决定性作用。

经过六年的科学教育，小学生应该具备怎样的科学素养呢？

小学科学课程通过组织学生对日常生活现象和自然事物的探究，让学生积累经验，增长知识。在这个过程中，学生通过观察、实验和推理来获取知识；依据科学的程序和方法来探讨和论证，因而发展了实践能力、思维能力和运用科学知识解决问题的能力；养成了重视证据和注重逻辑的思维习惯。学生有了参与探究活动的经历和体验，能对周围的新鲜事物和现象保持好奇心和探索欲望，有利于他们形成尊重客观事实、尊重自然和生命、尊重和欣赏不同意见的科学态度，形成对科学、技术、社会与环境的关系的正确认识，为他们今后的学习和终身发展奠定良好的基础。

第二节　小学科学课的教学模式

科学研究的目的是为了描述世界和解释世界，科学课的核心内容在于了解已知规律的发现过程，让孩子们重新走一遍科学家的发现过程。小学科学课的实质就是带领学生经历典型的学习活动，开展科学探究活动。《义务教育小学科学课程标准》指出：“科学课程在培养小学生科学素养的时候，重点不在于科学知识体系的传授，而在于通过引导学生亲身经历科学探究的过程，激发对科学的兴趣，形成科学的态度和科学探究的能力……以学生参与的丰富多彩的活动为主要教学形式，这些活动应当是学生熟悉的、能直接引起他们学习兴趣的、精心选择和设计的、具有典型科学教育意义的。”

在科学学习活动中，学生将通过观察、实验、调查等方法获得大量的直接认识经验，通过阅读、收集资料获得丰富的间接认识经验，通过分析综合整理信息、假设、寻找解释和推理获得由直接认识转化为间接认识的经验，通过合作、发表、讨论、辩论获得与他人交往的经验。学生在这种认识与实践相互转化的经历中，从自己的经验走向科学。“过程”应成为学生学习科学的基本框架。科学课堂应引领学生经历探究过程，而不是指挥学生去简单经历探究程序。教师要不断通过提问题创造机会，激发学生思考，推动科学探究活动。

不同的科学探究过程形成了不同的科学课教学模式。所谓教学模式是依据一定的教学理论，根据课堂教学目标和教学任务所采用的相对稳定的教学活动结构，体现在科学课堂的教学形态上，就形成不同的课型。

一、关于“课型”概念的历史追溯

班级授课制作为现代学校教育最主要的教学组织形式，尽管遭遇了各种质疑、抨击乃至批判，其地位却仍未从根本上动摇，反倒引发了关于改善、促进班级授课制的各种研究和探索。课型的产生与班级授课制的确立和发展密不可分。一方面，课型是班级授课制在教学实践中趋向成熟、形成体系的标志；另一方面，课型使班级授课制具有更强的可操作性和实践生命力，进一步确立了班级授课制在现代学校教育中的地位。

班级授课制主要经历了三个阶段：第一阶段，以夸美纽斯为代表的教育家从理论上加以总结和论证，基本确立班级授课制；第二阶段，以赫尔巴特为代表，提出教学过程的形式阶段的理论，对夸美纽斯的理论予以重要的补充；第三阶段，以苏联教学论为代表，提出课型的结构和概念，使班级授课制这种组织形式形成一个体系。

在夸美纽斯时期，班级授课制的研究重点在于编班、集体演讲、一个教师教许多学生。赫尔巴特依据其观念心理学的统觉论提出教学是一种过程，认为形成观念（即掌握知识技能）要经过“清楚、联合、系统、方法”四个阶段，这就为课的划分和安排提供了理论基础。苏联教学论明确提出了“课”的概念，并将课的内容具体化，认为学生在教学中掌握知识要经过感知教材、理解教材、巩固知识、运用知识、检查效果等几个互相联系的阶段，学习概念、学科等都要经过这些过程、环节或“工序”。根据教学内容的差异，需要把不同的阶段和“工序”分为不同的课，由一系列不同的课来共同完成任务，换句话说，不同的教学任务要由不同类型的课组成的体系来完成，课型的概念即由此而来。

二、“课型”的概念内涵

所谓“课型”，就是课的类型，确切地说是指现代学校教育中以学科课程为课程形式、以班级授课制为教学组织形式、依据教学任务、遵循人的认知发展规律来划分的课堂教学的基本类型。它的形成和划分受制于课堂教学的教学内容、教学任务、教学目的、教学方法等，在实践操作中还需要依据具体教师和教学班级的现实情况进行调整。

赫尔巴特的教学过程理论指出：课型的划分与课的结构密切相连。课型是由同一类型的课组成的课的体系：包括掌握知识的全过程或大部分环节（工序）的课，叫做“综合课”；只承担一道或两道“工序”的教学任务的课，叫做“单一课”，如新授课、复习课、练习课、实验课、测验课等。

具体到某一课型，由于它有更为具体的阶段、环节、步骤，每一个阶段、环节、步骤就叫做这堂课的“结构”。以“综合课”为例，它包括组织教学、复习旧课、讲授新课、巩固新课、布置作业等结构。

规范性是“课型”的旨归。在教学论的研究范畴内，教学具有伦理性、科学性、艺术性三个基本特性。伦理性和科学性体现的是教学的一般规范问题，艺术性则在符合规范的基础上体现教学的个性化，是教学的更高境界。实际上，对于新手教师来说，“课型”的规范性对课堂教学能够发挥导航仪的作用：引导和规范课堂不致偏离教育教学的目的和任务，提醒教师时刻关注学生的需要和状态，不断矫正活动的进程和效率等。一句话，就是使课堂保持在教学的正常轨道上畅行。

“课型”的规范性所起的另一个作用，就是需要教师“有备而来”，而非漫不经心地闯入，仿佛脚踩西瓜皮，滑到哪里是哪里。正所谓“凡事预则立，不预则废”，尽管教师在课堂上面对的是具有无限可能性的人、知识以及各种教学活动，“有备”也很难做到完全“无患”，但有备而来的教师对于课堂、课程、教育、学科、学生、方法等的理解是有准备的，理解水平也必定高于“无备”的状态。

课型的规范性相当于新手教师的导航仪，并不意味着它对于已经度过“新手期”的教师不再重要，实际上，规范性对于专家型教师来说也同样是必不可少的。不同的是，对于新手教师来说，这种规范性是显性的，而对于专家型教师来说，这种规范性已经内化为教学习惯，由显入隐，而无须在意志上刻意坚持，举手投足间在彰显教学艺术性的同时，并不会违背教学的伦理性和科学性。

规范性和艺术性是相得益彰的。就小学科学课而言，教师采用什么样的教学模式进行教学，取决于这堂课的教学内容、教学目的和教学对象的特点，是灵活多样的，不是一成不变的，这就是所谓的“教学有法，教无定法”。

“课无定型”与“无型之型”是对应于“教无定法”来说的。“课型”的设计和应用必须根据实际情况灵活处理，而不应僵化执行、生搬硬套，这是“课型”研究与应用的基本原则。如果把课的结构凝固化、公式化，必然会导致教学上的形式主义。教师可以根据教学内容、教学的主要目标和任务来设计安排类型结构，突出解决该课的主要问题，并注意环节之间的配合。

三、小学科学课课型的划分

由于各年级学生的年龄特征和知识水平不同，科学学科中物理化学、生物地理以及宇宙人体等不同教学内容的特点也不同。即使同一类型的课，对于不同的教学班、不同的教师，其结构也会有所不同。以教学任务为基点，可分为：新授课、练习课、复习课、讲评课、实验课等；以教学内容为基点，可分为：自然科学课、人文科学课、思维科学课、艺术科学课；以课的教学组织形式和教学方法为基点，可分为：讲授课、讨论课、自学课、练习课、实践课、参观课等。

本书以学生获取事实的方法或途径为基点，将科学课分为以下十种课型：

1. 科学观察课

观察是对外界事物有目的、有计划、有组织的知觉过程。在此过程中，包含着积极的思维和对观察的结果进行的记忆或记录。观察是最基本、最重要的科学探究技能之一，是一切科学研究的基础。小学科学中的“观察”是指学生“运用感觉器官去感知事物的性状特征”的活动过程。在小学科学课中，以观察为主组织教学过程的课属于观察课，它是一种指导学生有目的、有计划地利用感官对自然现象、物体特征及属性、动植物生长及其他习性等进行系统地观察，以获得知识、经验，并培养观察、分析、比较和概括能力的教学活动。这种教学活动具有直观形象的特点，它能使学生获得深刻的、真实可信的感性认识，从而提出问题、发现规律。

观察是科学探究的主要活动，科学课教学必须培养学生的观察能力。在教学实践中，应该在注意学生的差异和注重启发性的基础上，通过运用各种感官、引入数学方法、选择合适的交流方式等方法，把培养学生的观察力作为一项持久而又重要的任务。

2. 实验探究课

在科学课教学中，实验是教学的重要组成部分，教师通过各种有趣的实验，指导学生学习探究方法，培养科学探究能力，激发学生爱科学、学科学的浓厚兴趣，提高学生的科学素养。科学课的大部分知识是要求学生动手做实验去发现、理解、运用。学习科学的过程，是从观察现象、进行实验出发，经过形象思维和抽象思维形成概念、规律，然后再回到实践中去进行检验和运用。实验是学科学的最有效的手段。动手实验可以激发学生对科学的兴趣，有效地帮助学生发展智力，提高学生科学素养。小学科学实验课需要教师的引导，需要学生的配合，更需要师生的合作。只有师生共同参与到实验中，才能取得实验课教学的效果。

3. 户外考察课

科学课中有很多知识及内容单纯靠在教室里的说教是很难达到预期效果的。改变传统的以教室为主要环境的课堂教学模式，就是要让丰富多彩的实践活动融入课程中去，这样才能让看到的现象更加真实直观。野外考察作为科学探究活动的一种独特形式，受到孩子们的喜爱。到野外考察对他们来说更是一种享受。

4．工程技术课

在小学阶段，以技术与设计为主线的科学课，是需要有一定的科学概念引领的技术设计、作品制作，并在教学活动中进一步发展科学概念的教学活动。它是深化理解科学原理或概念，培养学生创新精神和实践能力的有效途径。

5．过程技能训练课

技能是人内在的一种主观能力，是顺利完成某种任务的心智活动方式，是通过训练而获得的。在科学探究教学中，应让学生运用已有的知识经验与技术进行训练，从而熟练而准确地完成科学探究任务。科学探究不仅涉及提出问题、猜想结果、制订计划、观察、实验、制作、搜集证据、进行解释、表达与交流等活动，还涉及对科学探究的认识。

6．解暗箱课

暗箱，原指密不透光的箱子或没有光的暗室。如今，我们把那些看不见、隐藏不露、不容易理解的抽象知识也叫做暗箱。要想打开这些箱子，必须费尽心思，几经周折，这个过程称之为“解暗箱”。在小学科学教材中有许多“解暗箱”课型，包括宇宙天体的内部构造、人体构造生理知识、植物生理知识等，这些看不见、摸不着又较为抽象的科学知识对于阅历浅的小学生来说，都是难以开启的“暗箱”。这一类型的科学课最大的特点是有些内容不能进行直接观察和感知，需要根据能够观察和感知的外部现象或自然事物，借助于其他教学手段，经过逻辑思维的方法间接推断出来。它能有效培养学生的逻辑判断能力、推理能力、创造能力和应用科学知识解决实际问题的能力，并激发学生对科学学习的浓厚兴趣。

7．种植饲养课

课外种植、饲养活动对学生的各个方面的成长都有很大的促进作用，能激发学生对科学的学习兴趣，提高学生的科学素养，激发学生对生命的热爱，培养学生的观察能力，提高学生撰写观察日记的能力。《义务教育小学科学课程标准》提出：科学课程是要让学生接触生动活泼的生命世界，去田野树林、山川湖泊，看花草树木、虫鱼鸟兽，感受生命的丰富多彩、引人入胜。他们会发现每一片树叶都不同，每一朵花儿都绚丽，从而激发热爱生命的情感和探索生命世界的兴趣。

8．科学讨论课

“讨论”即“探讨寻究，议论得失”，是就某一科学问题交换意见或进行辩论，力求达成共识的学习过程。所谓科学讨论课是指经过预先的设计与组织，在教师的指导下，在学生独立思考的基础上，让全班或小组成员围绕某一中心问题，各抒己见，发表自己的看法，并通过师生间、生生间的多边交流和互相探讨，以寻求获取真知和全面提高学生科学素养的教学过程。

9．科学阅读课

《义务教育小学科学课程标准》指出：探究不是唯一的学习模式，在科学学习中，灵活和综合运用各种教学方式和策略都是必要的。科学课除了实验课、操作课外，阅读课也是一种非常重要的课型。阅读可以让学生扩展视野，获得知识及培养能力所需的信息，丰富学生知识的宝库，为学生的能力形成提供充足的营养。科学阅读课是让学生围绕着科学探究的问题，通过阅读、分析资料，来获取事实的证据，形成基本的科学认识，从而培养学生鉴别信息、获取信息、处理信息能力的课型。

10．科学游戏课

科学游戏课就是教师根据学生的年龄特征以及教育目标要求，把游戏活动与教学活动进行融合，设计出符合学生特点的一种妙趣横生、紧贴教学目标的科学教学活动。科学游戏课使学生在充满乐趣的游戏状态下完成教学目标，能有效提升学生的学习动力。

第二章

科学观察课的教学

第一节 | 科学观察的意义

从事科学研究活动离不开科学观察。

科学观察是科学家进行科学实践活动的基本形式和重要流程，科学观察是连接自然现象和科学真理的桥梁。巴普洛夫曾经将“观察，观察，再观察”作为他的座右铭。作为科学研究的一种基本方法，科学观察不是简单地用眼睛看、耳朵听、鼻子问、用手摸，不是仅仅凭借人的感官在自然界中进行盲目搜索的活动。真正的科学观察具有目的性和计划性，要确定观察的对象、观察的角度、观察的步骤等等。这使科学观察区别于一般的感性认识活动。

小学科学课堂的观察是对科学家的科学观察实践活动的模拟，是小学生未来从事真正科学研究活动的预热和准备，亦是小学生认识周围五光十色世界的途径之一。他们借助观察走近世界、深入世界，让自己的内心世界和客观的自然世界联结在一起，从而打通内外联系的壁垒，获得对世界的理解。

小学生的课堂科学观察活动，因为受年龄限制，往往不够深刻，不够全面，主观性比较强，也很难持久。具体如下：

1. 观察科学现象不够深刻

儿童认识周围的世界主要依靠自己的感官，包括眼睛、耳朵、鼻子、皮肤、舌头。他们睁开眼睛就能感受到周围的阳光，看到自然界的绿色，对此早此习以为常，他们并不会对这些现象进行深入地观察和思考，因此存在一种“熟悉的陌生”现象。例如，儿童可以通过农村生活、电视、动物园等途径看到牛这种动物，可是，如果你要让学生回答，牛这种动物有什么特点，它的进食和消化方式是什么样的，和其他动物有何区别，绝大多数学生都无法确切地回答，因为他们对熟悉的事物缺少有意识的观察。而科学观察不仅仅要观察那些显而易见的表象，更要通过严谨、深刻的思考得出科学的结论。

2. 判断科学现象不够客观

小学生的观察活动，受主观的影响非常大。他们在接受信息的过程中，常常因为先入为主的认识局限，而将观察活动与想象活动纠缠在一起，不能厘清两者之间的关系。例如，低年级学生在观察蜗牛的过程中，经常会有学生说蜗牛缩进蜗牛壳，是因为怕冷或者怕人，他们常常忽视天气的炎热或者有人在场的环境特征。“求实、客观”是科学和观察活动的基本要求，是科学精神的精髓所在，也是科学学习活动的大前提。任何时候，任何活动，都不能偏离“客观”二字，否则观察活动再多再翔实，也不是科学观察。

3. 认识科学现象不够全面

科学观察活动是通过观察者的观察，对一个事物的诸多方面形成整体的认识，这必然要动用观察者的诸多观察视角。小学生的观察活动往往具有“盲人摸象”的典型特征，他们往往看到了部分现象，就认为自己已经看到了全部现象；观察到动态的现象，就会忽视对静态现象的观察。

4. 科学观察缺乏耐心和持续性

在日常观察活动中，很多自然现象，诸如宇宙星际的运转信息、植物的变化信息等，不是短时间内就能观察到的，也不是在课内能完成的，需要在课余时间有耐心地持久观察，才可能获得较多的观察认知。比如对月相的观察，要持续观察一个月，才能完整绘出月相变化图。小学生由于年龄的限制，很难做到持之以恒，很可能三天打鱼两天晒网，也可能虎头蛇尾。这种做法的结果是让科学观察半途而废，无法通过科学观察获得对自然、对宇宙的科学认知。

科学观察可以直接用肉眼，也可以借助放大镜、显微镜等仪器，或利用照相机、录音机、摄像机等工具，有时还需要测量。科学观察不同于一般的观察，要有明确的目的；观察时要全面、细致和实事求是，并及时记录；对于需要较长时间的观察，要有计划，有耐心；观察时要积极思考，多问几个为什么。在观察的基础上，还需要同别人交流看法，进行讨论。在引导小学生进行科学观察活动的过程中，有几个要素值得关注：

1. 制订观察活动的计划

科学观察活动最主要的特征是通过观察活动获得一定的证据，而不是随机观察。这就要求观察者通过文字的形式制订具体的观察要求，促使整个观察活动围绕具体的目标有序进行，同时可以使观察活动的后续改进具有一定的框架。哪些观察活动还需要强化、哪些观察活动还需要保持、哪些观察项目需要改进等问题都与观察计划密不可分。

2. 采用多种方式进行观察

科学观察要突破简单的“看”，形成深刻的“思”。依靠肉眼观察很多时候是无法突破的，需要借助工具进行观察，我们分别将其称为直接观察和间接观察。间接观察是获得更多观察结果的重要形式。例如，医学家为了观察到人类的肝、肺等内脏器官，而发明了核磁共振、X光等技术和工具，从而获得人类的更多病理信息。

3. 进行客观、翔实的科学记录

科学观察只是科学活动的手段。科学之所以成为科学，就是因为具有无法改变的客观事实，这些事实的得来依赖于科学证据。科学记录是科学证据最直接的伙伴。所以进行科学观察活动时，要进行有效的、有序的记录活动。首先，记录要真实、客观，不能掺杂任何感情色彩，做到实事求是。其次，记录要翔实。对于观察的点滴都要进行记录，特别是一些意外现象的出现，均要记录下来，不排除最后的科学结论与这些意外之间的直接联系。

第二节 | 动物观察课

动物观察课的教学主要是为了让学生通过观察活动，认识自然界的动物，了解动物的外形特征和生存环境之间的密切联系，了解动物的系统和生命之间的关联机制，从而了解动物生存的奥秘。

动物观察课的教学内容主要分为三大块：

一是生物体形态的观察和认识。引导学生通过观察比较身边常见的动物，如蚂蚁、蜗牛等，认识动物的外形特征和生活习性，从而培养学生的观察能力和观察意识。从简单动物的观察入手，逐步发展为观察鸟类、爬行动物、哺乳动物等，比较不同种类动物外形的区别。

二是生物体结构的观察和认知。认识多种生物，比较这些生物在接触相同环境时身体结构的异同，例如，同样是游泳，蛇依靠躯体扭动，鸭子依靠蹼划动，鱼类依靠鱼鳍摆动，人类依靠手臂和腿脚的配合。这些都需要学生深入观察。

三是生物体功能的观察和认知。生物的生命活动依靠各个器官协同工作，生物器官的工作原理是其功能的体现。这部分观察主要是模拟观察，让学生通过模拟，观察人体的心脏、肺、眼球等器官的结构和工作原理，理解动物的功能特征。

此外，对动物和周围环境的适应关系的观察，也应该作为重要内容。通过观察身边动物的生活变化，理解动物在气候、食物、空气、水源、温度等环境因素改变时，行为特征的同步变化。组织学生观察燕子、大雁等动物南飞北返的生物现象，感受动物与环境之间的紧密联系。

案例1 ——观察蚂蚁的外形特征

【案例背景】小学生对于蚂蚁的观察有两种途径：一种是自然状态下的观察，一种是课堂上的观察。自然状态下的观察更接近科学观察，是值得提倡的，但是由于环境等原因，学生不可能在自然界随时观察到蚂蚁，所以本课只能在课堂上观察蚂蚁。为了能够让学生顺利观察到蚂蚁的外形特征，需要准备一个透明的玻璃瓶子和一个有甜味的草棒。

【案例描述】

教学环节一：激发学生对蚂蚁的观察兴趣

师：蚂蚁是一个神奇的生命体，它会爬，会跳舞，会搬运食物，还会搭建房屋，它运动起来灵活协调，小小的身体充满神奇的力量。那么你们知道它的身体究竟是由哪几部分组成的吗？

师：请大家拿出笔，将你头脑中的蚂蚁外形用笔画出来，越详细越好。

生：（用笔画出自己印象中的蚂蚁）

师：每个小组的同学交流一下，看看你所画的蚂蚁和小组内其他同学画的蚂蚁有哪些部位是相似的，哪些部位是不一样的。

生：（小组内交流）

师：想知道我们所画的蚂蚁哪些是正确的，哪些是错误的吗？让我们一起来观察蚂蚁。

教学环节二：组织学生进行蚂蚁观察活动

1. 研究观察蚂蚁的方法

师：我们想观察蚂蚁的身体结构究竟是由几部分组成的，可是蚂蚁总是喜欢爬来爬去，如何才能观察到蚂蚁呢？

生：我们可以等蚂蚁睡觉的时候去观察。

生：我们可以在桌子上观察。

师：蚂蚁爬动不利于我们的观察活动，我们可以想办法让蚂蚁静止一段时间，比如我们可以在棍子顶端沾点糖水，吸引蚂蚁。

2. 用肉眼观察蚂蚁

师：请各组同学利用桌子上的蚂蚁饲养瓶、苹果片、草棒来观察饲养瓶中的蚂蚁。特别要注意的是：蚂蚁是非常弱小的动物，请不要用手指去触碰蚂蚁，观察活动结束后要将蚂蚁放到草丛里，不能伤害蚂蚁的生命。

3. 用放大镜观察蚂蚁

教师一边巡视，一边观察。每个小组发放一个放大镜，这个工具将有助于小组的观察活动。

4. 绘制蚂蚁身体结构图

师：观察结束，请同学们将蚂蚁饲养瓶放好，根据自己的观察重新绘制蚂蚁身体结构图，注意比较前面的绘制图和现在的绘制图有什么不同。

教学环节三：交流汇报观察发现

师：在刚才的观察活动中，我们发现蚂蚁的身体由几部分构成？

生：蚂蚁的身体由三部分组成。

师：每一部分都有哪些典型的特征呢？先说说最前面的部分。

生：最前面的是蚂蚁的头，头上有两个长长的触角，还有眼睛。

师：还有补充的吗？

生：蚂蚁的头部有嘴。

师：蚂蚁身体的中间部位是什么样子的呢？

生：中间有腿，由好几节组成。

师：有几条腿呢？它们是怎么分布的呢？

生：有六条腿，身体的左右两侧各有三条腿。

师：这三条腿还是一一对称的呢。那么，蚂蚁身体的最后一个部分有什么特征呢？

生：最后一个部分是圆圆的肚子，上面还有一圈一圈的印痕。

师：对，蚂蚁身体的三个部分，分别是头、胸、腹。蚂蚁有一对触角，猜猜看，这对触角是干什么的呢？

生：探测外界的信息。

生：和同伴交流。

师：你们说得都对。此外，触角还可以用来感知障碍物、寻找配偶等。你们再说说看，在你们第一次画出自己印象中的蚂蚁结构图时，最容易出错的是哪里？

生：我把蚂蚁的腿画错了位置，还多画了蚂蚁的腿。

生：我没有画出蚂蚁的触角。

生：我多画了一节身体。

师：看来我们印象中的蚂蚁与实际观察到的蚂蚁还是有很大的区别的。眼见为实，只有我们观察到的才是科学可信的。

案例2 ——观察蚯蚓的生活环境

【案例背景】 蚯蚓是制造腐殖质的生物之一，蚯蚓的运动方式非常独特，学生通过对蚯蚓的观察可以深入了解蚯蚓的生活习性。生物与生活环境是匹配的，一定的生活环境造就了生物的习性。蚯蚓生活在土壤中，平时不容易观察到。因此，可以引导学生从细节观察。

【案例描述】

教学环节一：观察蚯蚓的外形特征

师：蚯蚓对我们来说是一种很神秘的动物，大家有没有见过蚯蚓呢？

生：我在操场上见过。

生：我在马路上见过。

生：我在草坪上见过。

师：那你们一般在什么时候见到蚯蚓呢？

生：在白天。

师：夜晚有人见过蚯蚓吗？

生：夜晚看不到，因为蚯蚓没有眼睛，在黑夜它看不见。

师：你确定蚯蚓没有眼睛吗？为什么这么认为？

生：我就是认为它没有。

师：到底它有没有眼睛呢？蚯蚓是什么样子的呢？我们一起来观察一下培养皿中的蚯蚓。

教学环节二：观察蚯蚓的生活环境

师：你们一般在什么天气情况下见到的蚯蚓比较多？

生：下雨后的路上，经常能见到蚯蚓。

师：看来蚯蚓喜欢雨天出来活动，那么蚯蚓生活在哪里呢？

生：生活在草丛里。

生：生活在土壤里。

师：从哪里可以观察到蚯蚓的居住环境呢？我们一起到花圃里找一找蚯蚓吧！

生：（观察蚯蚓的洞）

师：你们发现蚯蚓爬出土壤的洞有什么特征？

生：圆圆的，大小和蚯蚓的身体粗细差不多。

师：那么土壤里面蚯蚓的生活环境是什么样子的呢？我们一起来观察蚯蚓生活环境图。说说你观察到的蚯蚓生活的环境有什么特征。

生：我看到蚯蚓生活的土壤里有很多弯弯曲曲的洞，蚯蚓生活在里面，不需要阳光。

师：它需要空气和水分吗？

生：需要。它们经常从洞里出来就是为了获得空气和水。

师：其实土壤里面本来就有空气和水，蚯蚓喜欢潮湿的环境，所以下雨的时候，蚯蚓会出来活动。

教学环节三：探究蚯蚓的生活环境

师：蚯蚓真的不喜欢干燥的环境吗？为了研究蚯蚓是否喜欢干燥的环境，我们一起来做一个实验。在一个纸盒里放入干泥土和湿泥土，再将蚯蚓放置在里面。为了不让人为因素干扰蚯蚓的选择，我们将盒子盖上盖子，十分钟以后观察变化。

生：（操作实验，观察现象）

师：你们观察到什么现象？说明什么问题？

生：我们观察到蚯蚓爬向了潮湿的土壤，说明蚯蚓喜欢潮湿的环境。

案例3 ——观察蜗牛的生活习性

【案例背景】蜗牛是小学生经常见到的动物之一，也非常适合用来做培养学生观察能力的实验素材。小学生由于先入为主的思维模式，很多时候对观察带有主观想象的成分，如何引导学生抛弃自我的非客观认识方式，走向讲究证据的科学方式，对蜗牛生活习性的观察是一个值得借鉴的案例。

【案例描述】

教学环节一：观察蜗牛的外形特征

师：你们见过蜗牛吧？它是什么样子的呢？蜗牛喜欢生活在什么样的环境里？

生：蜗牛喜欢生活在花丛中、菜园里，它有一个圆形的壳，两个触角喜欢晃来晃去。

师：请大家结合自己的观察，将蜗牛的外形画在记录纸上，越详细越好。

师：我们一起来交流一下你们的观察。

生：（汇报蜗牛的外形）

教学环节二：探究蜗牛的生活习性

师：有没有同学知道，蜗牛喜欢吃什么样的食物呢？

生：蜗牛喜欢吃土豆。

师：你见过蜗牛吃土豆吗？

生：没有，蜗牛生活在地下，土豆上经常有很多洞眼，我猜是蜗牛啃的洞。

师：蜗牛究竟喜欢吃什么？不喜欢吃什么？有什么办法能知道呢？

生：我们可以让蜗牛去吃一吃这些食物。

师：我们可以一起来研究一下。我们可以先将蜗牛放在圆盘中间，然后大家小组讨论一下怎样进行观察。

生：可以将不同的食物放在距离蜗牛一样远的地方，分别放上生菜、牛肉、蘑菇、香干。把这些食物和蜗牛都装在一个盒子里，盖上盖子。中间不可以有任何干扰，每隔半个小时去观察一次，多观察几次，看看是不是一样的结果。

师：我们可以现场观察，如果没有结果，我们可以再多观察一会儿。每次观察结束，别忘了做好观察记录哟！

案例评析

上述三个案例虽然都是观察动物，可是观察的侧重点不一样。观察蚂蚁时侧重于观察蚂蚁的外形结构特征。将课堂观察的蚂蚁与其他图片上的蚂蚁进行比照，看看自己的观察结论与其他不同类型的蚂蚁特征是否相符。

观察蚯蚓时侧重于蚯蚓生活环境。蚯蚓喜欢黑暗、潮湿的生活环境，通过探究活动让学生确信蚯蚓真的不喜欢干燥的环境。在证据面前，学生才能信服。

观察蜗牛则侧重于蜗牛的生活习性。蜗牛喜欢吃什么食物？对于学生带有强烈主观色彩的猜测，教师要引导学生用实验活动替代主观臆断，并且比较主观认识和客观事实之间的出入，反思自我认识的不足，从而形成一种尊重事实、尊重证据的科学求实态度。

教师在动物观察课型的教学活动中，要善于把握观察的本质，围绕需要达成的教学目标，启迪学生调动自我的认识经验，善于制造观察障碍，引导学生从新的视角观察习以为常的动物，遵循科学研究的路径，获得更多的科学认识。在课堂教学活动中有以下几个方面值得注意：

1. 动物样本的选择

尽可能选择生活中常见的动物作为观察对象。同时，这些小动物在课外可以随时找到，便于学生在课外持续地独立观察，不让观察活动随着课堂铃声结束而结束。

2. 课堂教学的结构

主要从动物的外形特征的观察、生活习性的观察、生活环境的观察、动物自我保护的观察等主题展开。无论是学生熟悉的还是不熟悉的，教师一定要善于感知孩子的观察视角，从孩子知道的开始，向孩子不知道的进发，让孩子启动观察的触角。要以孩子的观察盲区为话题，引导学生进行深度观察。

3. 观察本质的渗透

区分观察和动物两个主题的联系和区别，我们是借助动物实现观察的目的，而非以观察动物、发现动物特征为目的。观察的本质是有目的的研究活动，通过研究促进学生观察素养的提升。科学观察不是简单地“看”，而是科学研究的历程。学生对于观察任务和观察目的的理解和把握，对于他们提高观察质量和培养观察能力具有重要的意义。

第三节 | 植物观察课

植物观察课的教学目标主要是通过教学活动，让学生认识到自然界千奇百怪的植物背后存在着有序的机理，这个机理可以通过科学观察活动慢慢梳理、建立起来。植物观察课让学生认识到植物的结构和功能、植物是如何适应环境的、植物维持生命活动过程中的一系列变化及其原理，从而了解植物的生长奥秘。

植物观察课的教学内容主要分为以下几大块：

一是植物的结构观察。引导学生认识植物不是不“吃”食物，而是通过自身获取水、阳光等养分，制造有机物，满足自身生长的需要。理解根、茎、叶、花、果实、种子各部分结构对维持植物生存所起到的作用。

二是植物的生长过程观察。结合实际观察活动，让学生说出植物经历种子萌发、幼苗出土、茁壮成长、开花结果、种子繁殖的过程，并描述不同阶段的植物外部形态结构的变化历程，经过观察、比较、记录、绘图、整理等一系列的科学研究过程，让学生切身体会到植物世界生长的力量。

三是植物的生长环境观察。植物适应环境的能力是长期进化的结果，而非一日之功，通过引导学生观察和比较不同植物的外部形态特征，梳理这些特征与植物生存之间的联系，从而发现植物生存的奥秘。

案例1 ——观察整株植物

【案例背景】学生对整株植物的观察常常处于大而化之的状态，他们往往知道植物有根茎叶等部分，可是对于植物更多的细节知识并不了解。这一部分的教学内容适用于三年级。教学时，从一株植物的整体观察到部分观察，从一种植物的观察到多种植物的观察，从感性地看一株植物，到理性地记录观察所得，从观察草本植物到观察木本植物，从观察一年生植物到观察多年生植物，不断拓宽学生对植物的认识视野。

【案例描述】

教学环节一：回忆植物的特征

师：同学们，自然界的植物和人类一直是共同生存的。你记忆中的植物有哪些特征呢?

生：植物会开花。

师：所有植物都会开花吗?

生：不是的，有些植物不开花。

师：在植物身上你看到过什么?

生：我看过植物的叶子、果子。

师：植物的果子叫做果实。

生：植物身上还有许多小动物，像蜘蛛、小鸟、瓢虫都喜欢待在上面。

生：树上还有一些瘤子，是鼓出来的。

生：植物身上还有一些油会流出来。

师：那是植物分泌的胶状物。看来大家对植物的认识还是比较零散的，对植物的认识还远远不足。今天这节课我们就一起来观察一株植物。

教学环节二：观察大树

师：我们要去观察一棵真正的大树，你们觉得应该从哪些方面去观察呢？请各个小组先讨论一下。

生：（讨论如何观察一棵大树）

师：请大家来汇报一下。

生：我们小组觉得可以观察这棵大树有多高、多粗。

生：我们可以观察这棵树的形状是什么样子的。

生：我们还可以观察大树的根。

师：老师还要提醒大家，大家除了用眼睛去看，还可以用手去摸，甚至用鼻子去闻。同时还要做好观察的记录，做到言之有据，特别是对树皮的观察，我们可以用拓片的方法（教师示范）。下面开始分组观察，十五分钟后我们分组汇报。

生：（在校园内观察）

师：我们请各小组来汇报一下你们的观察发现。

生：我们小组发现大树有四层楼高，一个人无法合抱大树，多出了一只手掌宽度。

师：这组的观察非常准确，他们用具体的数据记录了这棵大树的资料，值得大家学习。

生：我们小组观察了香樟树的树皮，这是我们拓下的树皮，它有很多细纹，还有凹凸不平的花纹。

师：有没有小组观察到的树皮是其他样子的？

生：我们观察的泡桐树的树皮是光滑的，它的表面摸上去麻麻的，但是没有花纹。

师：这就说明同样是大树，树与树的皮并不一定相同，我们经过观察证明了这一点。

生：我们发现香樟树的叶子有一股味道，这股味道好像并不香。

师：用鼻子这一感官来观察，也是非常不错的方法！有哪个小组仔细观察了叶子呢？

生：我们看到大树的枝条上叶子非常茂盛。

师：这些叶子在树上是怎样生长的呢？我们一起来看一看。（出示不同大树的叶子，辨别叶子的生长特征）

生：我们发现第一种大树的叶子是整齐地、一对一对生长的；第二种大树的叶子是一堆一堆生长的；第三种大树的叶子是一片一片轮流生长的。

师：观察得非常仔细。你们观察到的这三种生长特征其实正是自然界植物叶子生长的典型特征，在植物学上分别叫做对生、簇生和轮生。

生：我们还发现不同植物的叶子形状也不一样，有的叶子是尖的，有的叶子是圆形的，还有的叶子是长条形的。

师：不同的植物，它们的生长特征不一样，随着我们观察的深入，对植物的认识也会越来越深刻。

案例2 ——观察植物的部分——叶

【案例背景】学生对叶子的观察普遍是单一的，一般只是对叶子的形状和大小做出观察，很少从生物学的视角对叶子的属性做出比较性观察。植物的叶子有形状的不同，还有厚薄的不同，甚至正面和反面也不相同，这是对叶子外形的观察。此外还有叶脉的区别，有的叶脉明显，有的叶脉几乎看不见。对叶子的观察教学要从一个单一的、静态的叶片观察发展到整体的、动态的观察，认识到叶子的生长是一个从小变大、从嫩变老，最终凋谢死亡的循环发展过程。这样从系统角度进行的观察活动，是基于学生的认识基础而又高于学生认识基础的，有利于学生思维的拓展和提升。

【案例描述】

教学环节一：落叶归类活动

师：课前同学们收集了很多植物的叶子，今天这节课，我们就来观察一下这些叶子的特征。教室里很多小组都有相同的叶子。如何判断这些叶子是相同的呢？

生：可以看这些叶子的颜色。

师：同一株植物的叶子颜色一定一样吗？

生：同一株植物的叶子有的是深色的，也有浅色的。

师：既然颜色不可以作为判断标准，那么什么才能作为判断的标准呢？

生：我们可以看看这些叶子的形状是不是一样的。

生：还可以看看叶子的叶脉是不是相同。

生：还可以看看叶子的反面是不是一样的。

师：那我们一起来观察一下，将教室里的叶子归归类，看哪些小组的归类是正确的，开始行动。

教学环节二：叶子的结构观察

师：同学们，刚才你们对教室里的叶子进行了观察，谁能说说叶子的结构吗？

生：叶子有叶脉，还有叶肉。

师：一片叶子由叶脉、叶片、叶柄组成。大家观察一下自己的叶子，看看这些部位在哪里。

生：（一一对照观察）

师：叶子不仅表面的结构不一样，边缘特征也不一样。你们观察一下，叶子的边缘有哪些形状？

生：我们发现叶子有圆形的边缘，还有齿形的边缘。

师：不同的叶子边缘形状也不一样，这是一种神奇的自然现象。

教学环节三：新旧叶片观察

师：同学们，前面我们观察了单个叶片的结构特征，接下来我们继续观察。一根枝条上面有多少片叶子？每片叶子是否一样，有哪些不同？

生：（小组仔细观察）

师：同一种植物的叶子，有哪些不同呢？

生：我们观察到叶子的颜色有的是淡绿的，有的是深绿的，有的偏黄，还有的是暗红色的。

生：它们的大小也不相同。

师：老师这里有几片同一种植物的叶子，你能按照生长顺序给它们排个队吗？

生：（对几片叶子进行排队）

师：谁来说说这几片叶子应该怎么排队？

生：最小的叶子在前面，接着是稍大一点的，然后是颜色暗红的，最后是那片黄色的小叶子。

师：你为什么这样排呢？

生：按从嫩到老的顺序。

师：那你们再来观察一下同一根枝条上的不同叶片，它们具有这样的特征吗？

生：有！

师：植物的叶子从枝条的顶端长出，后来枝条不断长长，叶片数量也随着枝条的生长不断增加，慢慢地新叶子就变成了老叶子。随着叶片的生长，叶子的颜色、大小也会发生变化。常绿植物的叶片，也是这样生长的。

案例3 ——观察植物的部分——花

【案例背景】小学生很多时候对色彩鲜艳的、花体较大的花比较有兴趣；对花体较小、色彩单一的花，很少去观察；对植物花朵的构造，只是简单地用花瓣代替对花的认识。在观察植物花朵的教学过程中，要带领学生进行花的解剖活动，让学生知晓解剖植物的简单程序，认识花瓣、花托、萼片、雄蕊、雌蕊的名称和基本特征，从科学的视角来认识花。

【案例描述】

教学环节一：观察比较不同的花

师：同学们，课前你们收集了不同植物的花，观察比较一下，这些植物的花有哪些相同和不同？

生：我们发现花瓣的形状不同，有的花瓣形状复杂，有的花瓣形状简单。

生：我们发现花的大小不同，有的花很大，有的花很小。

师：你们发现有哪些相同的地方吗?

生：花都有花瓣。

生：花的里面都有一些细细的长条。

生：花都是生长在枝条上的。

师：我们称花下面的长条叫花柄，称花瓣下面的花托叫萼片，有些植物的花没有萼片。

教学环节二：解剖桃花

师：下面我们来认识花的结构。今天这节课我们带来的是桃花。在实验活动开始之前，我们一起来认识一下需要用到的器材：解剖刀、解剖盘、镊子、解剖针。

生：(观察解剖器材，认识解剖器材名称)

师：下面我们来解剖桃花。请所有同学看大屏幕上的PPT，看清楚每一步的要领。

师：观察每一步的做法：用解剖刀将萼片部位切开，将叶片用胶带粘在记录纸上；用解剖针将雄蕊、雌蕊取下放在记录纸上，用胶带固定，并标注名称。

生：(进行分组解剖活动，并做好记录)

师：请各小组同学展示你们的解剖成果，给大家讲一讲如何制作记录单。

生：(分组上台展示小组的解剖记录单)

师：有些小组的标本固定得不够牢固，有些小组的标本有损坏，以后的实验操作要小心。

师：我们一起细细观察解剖下来的雄蕊和雌蕊有何特征，先来看看雄蕊。

生：雄蕊上面有个小黑头，下面是一根柱子一样的东西。

师：像小黑头的叫花药，像柱子的叫花丝。再来看看雌蕊。

生：雌蕊也有一个头部，中间是一根柱子，下面是一个鼓起来的东西。

师：雌蕊上面的部分叫柱头，中间的柱子叫花柱，下面鼓起来的部分叫子房。植物的授粉就是通过雌蕊的柱头完成的。

教学环节三：模拟花的授粉

师：接下来我们一起模拟体验花的授粉过程。需要的材料有棉签、花朵、花粉。我们先用棉签蘸取另一株植物雄蕊花药上的花粉，然后点在雌蕊柱头上，就完成了授粉的过程。每个小组都来体验一下这个过程。

生：（小组进行授粉活动）

师：完成得怎么样?

生：还行。

师：棉签帮助花朵授粉，和自然界的哪一种现象类似呢?

生：自然界中蜜蜂等小昆虫在花丛中采蜜，就能自然地把雄蕊的花粉传播到雌蕊上了。棉签的功能就类似于蜜蜂采蜜。

师：是的，植物的花粉从雄蕊到达雌蕊的过程就叫授粉。帮助授粉的除了小动物，还有风、水等物质。有些植物是异花授粉，有些植物是同花授粉，绝大多数植物是依靠自然界的力量授粉，极少数植物还可以人工授粉，从而增加产量。

案例评析

上述三个案例分别从整体和局部观察植物。

案例1从观察方法开始，从宏观的简单认识到微观的深层认识，渐进深入。特别是观察树皮，学生平时只是用肉眼看看树皮而已，在科学课堂上，不仅用眼睛观察，还要用手去触摸，用拓片的方式记录，这是学生以前没有接触过的，这正是科学课的魅力所在：用科学、专业的方式参与到科学学习活动中，提升学生的科学素养。

案例2和案例3则是从植物的叶、花部位进行观察活动。案例2中对植物叶子的观察，从日常的叶脉、叶肉观察过渡到叶子的边缘观察，还拓展到对一根枝条上的不同日期生长出的叶子的观察，从而建立不同叶子之间的联系，形成系统的科学认识。

案例3则是解剖植物花朵的实践活动。这个活动可以让学生体验严谨规范的科学实验，同时可以考验学生的细心、耐心，解剖活动的深度参与有利于学生观察能力的培养。

植物的观察课教学是小学阶段重要的观察和实践活动，教师要充分认识到植物观察课对学生观察能力培养的意义和价值。在具体的教学活动过程中，有几个环节需要把握：

1. 组织好实践体验活动

学生身边的植物无处不在，教师应和学生一起去采摘、收集、触摸植物，让植物活生生地呈现在课堂上。亲自实践作为植物观察的第一要义，是让学生深度观察的物质基础。

2. 从宏观和微观两个层面组织好观察活动

宏观层面主要是把握好观察的指导思想，从科学思想、科学方法、科学实验、科学记录等维度设计植物的观察活动。微观层面主要是围绕具体的观察活动，设计学生乐于参与的教学环节，让学生经历观察、比较、实验、记录、辩论等学习环节，从自我粗浅的观察到科学有序的观察，获得观察能力的提升。

3. 关注科学思维的运用

在观察类课型的教学中，用眼睛看和用脑子想要同步协调。植物观察课的思维主要是让学生认识到植物的系统性，不是就事论事，就观察论观察，而是通过观察活动拓宽思维，让学生认识到自己的观察视角的局限。在教师指导下的观察是从局部器官向整体结构的迈进，这样的变化其实隐含了思维的变化，教师要有这样的意识，从整体的视角、思维发展的视角、科学本质的视角促进学生的发展。

第四节 天文观察课

天文观察课型的教学通过对小学生身边常见的星体，如太阳、地球、月球、星星的观察活动，了解不同星体的运动特征，发现它们的运行规律。通过对这些星体运动的观察和观测，建构星体运动的模型，开展模拟实验活动，展开逻辑推理研究，将观察所得和观察解释结合起来，经历探究的历程，初步建立科学的宇宙空间观。

天文观察课主要包含以下四块内容：

一是对地球运动现象的观察。主要包括地球沿着地轴从西向东自转，形成有规律的昼夜交替现象，观察了解地球自转的方向、周期；了解地球自西向东公转的周期和规律，知道公转与四季形成之间的关系。

二是对太阳运动现象的观察。主要包括太阳每天在天空中东升西落的现象，物体影子在太阳光的照射下的变化，利用太阳辨别方向。

三是对月球运动现象的观察。描述月相的变化过程，了解月相的变化原因和规律，知道月球运动周期。

四是对星星和星座的观察。学会如何观察星星，认识不同的星座，重点认识大熊座、小熊座、猎户座，详细辨识北极星、北斗七星的方向和位置。

天文观察课需要在观察进程中培养学生的观察能力。具体来说，在观察太阳运动、影子变化的过程中，要做好记录，特别是影子的方向、长短的记录。对月球在天空中的位置变化和月相变化做好记录，特别是月相的变化，要持续观察记录一个月左右；当中如涉及阴天、雨天等特殊天气，要引导和激励学生坚持观察，体验科学研究的艰辛，尽量让所有学生经历一个完整的观察流程。

案例 1 ——观察太阳

【案例背景】太阳是小学生最熟悉的天体之一。从早晨到傍晚，学生常常通过各种方法去观察太阳，可是很少会将零散的知识串成一个体系，缺少对太阳运动的理性认识，至多只是对太阳的东升西落有大致了解，但是对太阳运动造成自然界的相关变化并没有太多的认识，比如说不知道太阳和影子之间的联系，不知道太阳和时间之间的联系。这些规律性的认识要在观察活动中予以提炼，使学生实现从一般认识到规律性认识的转变。

【案例描述】

教学环节一：认识太阳的高度和方位

师：同学们，除了阴天你们每天都能见到太阳，太阳每天是从同一个地方出来的吗?

生：我认为太阳应该是从同一个地方出来的。

师：如何判断是不是同一个位置呢?

生：我们可以每天观察太阳出来的位置。

生：我们可以看看太阳的高度。

生：还可以看看太阳出来的方向。

师：如何辨别太阳的高度呢？

生：我们可以借助身边的树木和建筑的高度来比照。

师：换了一个地点怎么判断呢？是否可以不借助建筑，只借助自己的身体呢？

生：我们可以用眼睛看。

师：这不太准确。我们可以借助自己的手臂和拳头。现在，让我们一起来试试用拳头测量一下教室里国旗的高度。

生：（全部参与测量）

师：学会用自己的拳头来做测量工具，我们可以用“几拳高”来描述一天当中任何时候的太阳位置。

教学环节二：认识阳光下影子的变化

师：伴随着太阳出来的，还有物体的影子，你们观察过物体的影子吗？影子一般在什么方向呢？

生：影子一般在人的后面。

师：树的影子呢？

生：在树的后面。

师：楼房的影子呢？

生：在楼房的后面。

师：有没有同学见过影子跑到大树、楼房的其他位置呢？

生：有，我看到学校楼房的影子有时在西面，有时在北面。

师：也就是说物体的影子会发生变化。这种变化的原因是什么呢？

生：因为太阳的位置会发生变化。

师：太阳位置的变化和影子的方向变化、长短变化有什么样的联系呢？我们一起来做个小实验研究一下。我们用铅笔和橡皮代表建筑物，用A4纸做记录纸，把铅笔插在橡皮上，将橡皮放在A4纸的中间部位，然后把不同时间段铅笔影子的方向和长度都记录下来，看看有什么发现。

生：（在不同的时间段观察、记录）

师：一节课完成不了对影子的观察，需要我们利用每个课间休息时间进行观察和记录。小组内的同学可以进行分工，确保每次都有观察者记录。

案例2 ——观察北斗七星和北极星

【案例背景】许多学生对于星空的认识都停留在表面。他们也许能够说出一些星星和星座的名称，但很少真正去观察天空。本课的教学目标首先要鼓励每一个学生能够在夜晚去观察星星。这里必然会遇到一些观察难题。第一个难题就是现代城市的光污染，让学生无法清晰地看到天空中的星星。第二个难题是孩子很少有机会走出高楼，在比较开阔的地带观察星空。同时，人们的生活节奏非常快，家长很少会陪同孩子去观察星空。这就需要科学老师做好沟通协调工作，尽可能动员家长在夜晚抽空陪同孩子观察星空。

【案例描述】

教学环节一：制造情境，走近星空

师：同学们，星空是个神奇的空间，有很多奇妙的现象，如果你站在夜晚的旷野里，你能够辨别东南西北四个方向吗？

生：能。

师：怎样才能知道呢？

生：指南针可以帮助我们。

师：如果不用指南针，还有什么方法能帮助我们？

生：通过天上的星星。

师：是的。今天这节课，我们就一起来认识天空中的星星，了解星星的名称和其中的奥秘，能帮助我们知道方向。

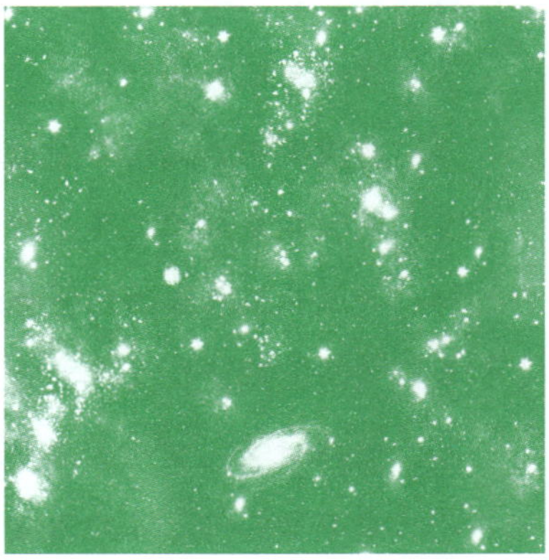

师：夜晚观察星星需要几个基本的条件：首先要在比较开阔的地方观察，在楼房里观察，视野会受到限制。其次要远离灯光明亮的地区。夜晚八点到九点是适合观察星星的时间，时间越晚观察效果越好。

教学环节二：认识北斗七星和北极星

师：怎样才能知道我们观察的星星是不是同一颗星星呢？

生：我们可以看它是不是在同一个方向。

生：我们可以看看它是不是在同一个高度。

师：同学们说得非常好，除此以外，我们还可以观察星星的亮度。有人把星空分成了88个区域，每个区域用动物或人名命名，比如大熊座和小熊座。今天我们就来认识大熊座中的北斗七星。北斗七星共有七颗星，外形像一个勺子（PPT出示北斗七星的图片）。你们猜猜看，北斗七星在天空中的样子一年四季有变化吗？

生：应该不会变化。

生：可能会发生变化。

师：我们来看看不同季节，北斗七星在星空中的位置。

生：我发现四季中北斗七星的方向不一样。

师：方向确实不一样，你们能够判断出它们分别是哪个季节吗？

生：（分组讨论不同指向的北斗七星与季节的联系，然后汇报）

师：我们可以根据北斗七星勺柄的指向来判断季节。勺柄指向东是春季，勺柄指向南是夏季，勺柄指向西是秋季，勺柄指向北就是冬季。

生：勺柄指向的东南西北，对应春夏秋冬。

师：是的，顺序是匹配的，这就是北斗七星的辨认规律。

生：（小组同学记忆辨认北斗七星的技巧）

师：利用北斗七星还可以辨识一颗非常著名的星星——北极星。由于它的位置一年四季几乎不会发生变化，所以它有夜间指路的作用。北极星属于小熊座，大家能看出北斗七星和北极星之间有什么联系吗？

生：（观察图片，讨论）好像看不出什么联系。

师：北斗七星的勺口最外侧两颗星和北极星是否在一条直线上？北极星距离北斗七

星外侧的两颗星大概是几倍远？

生：大概是六倍远。

师：我们利用大熊座和小熊座之间的联系，可以清楚地认识北斗七星和北极星之间的联系。

教学环节三：观察汇报，交流评价

师：最近一段时间，我们一起观察了天空中的星座。你们在观察的过程中，遇到过哪些困难，有哪些意外发现？

生：我观察了，但是看不清。

生：上周周末去老家，我发现天上的星星特别亮，但还是没找到北极星。

生：我发现很多星座与老师上课展示的星座对不上号，不能准确辨认。

师：是的，在茫茫的星空中要准确找到指定的星座不是件容易的事，需要有辨认技巧。技巧是在多次辨认的过程中训练出来的，经常观察就能够熟练。为了更好地交流星座观察，我们将在班级QQ群设立一个星座观察相册，当你观察到了认识的星座，就用手机拍个照，和大家分享。对于连续观察超过一个月的同学，老师将给他颁发小奖状；对于支持我们观察活动的家长，老师会写感谢信。

案例3 ——观察月相

【案例背景】对月相的观察是学生非常熟悉的活动。中秋节、月全食、月偏食时他们都会有意无意地观察到月相的变化；在背诵的古诗文中也有很多关于月相变化的描述，如“小时不识月，呼作白玉盘”“月有阴晴圆缺，人有悲欢离合”。但是学生知道的只是零散的信息，缺少对月相的连续观察及对月相变化特征的细节辨认。所以观察月相活动是培养学生亲近科学、亲近自然的好机会，也是培养学生体悟科学研究活动需要耐心、持之以恒方有所得的好契机。

【案例描述】

教学环节一：制造情境，激发兴趣

师：天空中有一弯明月悬挂着，有哪位同学知道，月亮哪些时间是圆的？

生：农历十五的晚上，月亮是圆的。

生：不仅是中秋节的十五，农历每月的十五，月亮都是圆的。

师：我们把看到的月亮的形状变化称为月相的变化。老师今天给大家带来了一些月相图片，你能把它们按照一定的顺序排列起来吗？

生：（小组交流讨论）

师：我们请一个小组的同学来介绍一下排列的顺序，其他小组同学思考，你是否同意他们的观点，为什么？

生：（上台介绍，不同小组之间展开辩论）

师：究竟哪个小组的观点是正确的呢？我们需要在实践中观察，绘出正确的月相变化图。老师提出一个要求：每天都要观察并记录，并且要求实事求是。

教学环节二：探究成因，理解奥秘

师：月相的变化就是月亮的形状发生变化。那么月亮本身会发生变化吗？

生：不会。

师：那为什么月相在不同的日子会有不同的形状呢？你觉得月相的变化是什么原因造成的，或者说月相变化与哪些天体有关呢？

生：月相的变化与月亮自身的运动有关。

师：你是说月球围绕地球公转，所以引起月相变化吗？

生：是的。

师：还有其他观点吗？

生：与太阳有关，月球自己是不会发光的，它只能反射太阳的光线。

师：好的，除了认为月相的变化与太阳、月球有关，还有其他观点吗？

生：也许与地球有关。

师：月相变化究竟是怎样形成的呢？今天这节课我给大家带来篮球、乒乓球、手电筒。我们用手电筒模拟太阳，用乒乓球模拟月球，用篮球模拟地球。我们将月球围绕地球运转，观察月球被太阳照亮的情况。

师：老师和一位同学先一起演示一遍。请大家观察，月球在公转过程中被太阳照亮的部分在哪里？

生：（上台指出被照亮的部分）亮面占到月球的一半。

师：当月球转到其他位置呢？亮面的大小有变化吗？

生：还是照亮一半。

师：对，无论月球围绕地球运转到哪个位置，太阳照亮月球的面积都是球体的一半面积。我们再来观察一个现象：在月球运转的过程中，从固定的位置观察，总是能看到被太阳照亮的那一半月球吗？

生：不是的，亮面有时看到的多，有时看到的少。

师：多是多少？少是多少？

生：多的时候能看到全部半个球面，少的时候看不到。其他时候有多有少，大小不等。

师：让我们一起通过模拟实验来观察一下。以一号同学的位置为参考，什么时候能全部看到亮面？什么时候看不到？什么时候看到的是二分之一亮面？什么时候是大半个亮面？什么时候看到小半个亮面？

生：（开始分组模拟实验，观察月相变化过程）

师：请大家来汇报你们的观察发现。

生：我们小组发现，当月球转到一号同学的正对面时，可以观察到全部月相，是个圆形；当月球转到太阳和一号同学中间位置的时候，被太阳照亮的那一面正好背着一号同学，他什么也看不见；当月球转到一号同学的左右两个层面的时候，分别可以观察到亮面的二分之一；其余的都是在从多到少或者从少到多发生着变化。

师：你们同意他们小组的汇报结论吗？还有没有补充的？

生：同意。

师：那你们觉得月相的变化，是月球本身的原因，还是其他原因呢？

生：是观察者看到的月球被照亮面的面积大小变化造成的。

师：对，由于身处地球上的观察者的特定位置造成了观察角度变化，从而产生了月相的变化。现在我们一起来观察月相变化演示仪演示的月相的变化过程。

教学环节三：观察汇报，交流评价

师：我们观察了一个月的月相。今天来请大家互相交流一下。能够坚持每天都观察的同学举手。

生：（坚持观察的举手）

师：持之以恒、不半途而废是科学精神的重要体现。坚持观察一个月的同学，老师会授予他们“小小月相科学家”称号。

案例评析

天文观察课的案例1侧重于观察方法的指导，把简单的观察活动上升为科学的观测活动，需要严谨的科学方法。观察太阳高度的变化，需要用方位和高度来表述日常生活中通俗意义的“高度”，使其向着“太阳高度”这一科学概念发展。

案例2侧重于观察规律的指导，如何发现天体之间的联系，如北斗七星和北极星之间的关联，需要在观察的基础上进行推理和测量，以便获得更加理性的认识。案例2还有一个显著的特征，即强化了对课外天文观察的评价活动，避免了一个教学评价的盲区。教师充分利用QQ群的群相册功能收集观察的图片，适当评价。特别难能可贵的是，教师通过给家长写信，对家长的支持进行表扬和感激，既是对天文观察活动的推进，也是对家校交流工作的推进，真正做到了以科学教学为纽带的育人工作的协同发展。

案例3侧重于对天文现象——月相变化的探究。由于学生难以直接观察天体的相对运动，学生的空间想象能力较弱，不能很好地进行推理和演绎，这就需要借助模拟实验来开展学习活动。对于月相变化的成因涉及哪些天体，教师引导学生观察模拟实验，特别针对学生不易观察的特定现象设置了几个问题：什么时候能够观察到全部亮面、什么时候观察不到全部亮面、什么时候观察到一半亮面……这些问题很好地促进了学生对模拟实验的理解，让模拟操作活动和思维活动同步发展。

在天文观察课教学活动中，教师首先要把握学生的实际学习情况，紧密结合学生的年龄特征和思维特征进行有的放矢的教学活动，绝不能照本宣科、一讲到底，否则学生会稀里糊涂学完，对需要掌握的内容还是一知半解。在这类观察课中有以下几个方面值得注意：

1. 把握好课内学习和课外学习的平衡

教师要分辨清楚课内和课外科学观察的侧重点：课内一般侧重于概念的习得，课外一般侧重于观测活动的实践参与。由于课外天文观察活动受到的制约因素较多，如天气、家庭成员的配合、时间安排、现场的可控性等，教师需要将课外观察活动与课内学习活动进行有效的衔接。其形式可以是汇报会，可以是观察记录图片展，时间可长可短，可在课堂上穿插进行。

2. 注意激发学生的观察兴趣

由于课外观察活动不受教师的直接监管，加之学生耐性较差，很多时候对天文类观察活动提不起兴趣，或者开始热情很高，中间拖拖拉拉，结尾不了了之。教师要特别注意学生观察兴趣的培养，让他们通过观察活动，真正体验到大自然的神奇和伟大魅力，自发产生“我要认真观察”的情感和动力。可以配合图片资料、视频资料、学生小论文等形式，让学生将自己独特的观察体验表达出来，成为一个个有趣的观察记忆。

3. 把握好天文观察的评价指导

天文观察活动在课外独立进行的比较多，更加需要教师对观察学习结果做出评价。首先是对个体付出的评价，对每一个学生的观察持续性、观察质量有个定量的评价，并能够纳入学期评价。其次是对观察成果的评价。可以通过小组的竞争，让他们及时展示自我的观察成果。教师可将学生的观察成果制作成微视频、小小手抄报、图片相册等，开展广泛的推介总结活动，让学生的天文观察活动在更大范围内得到宣传和展现，让科学教育的种子在学生心中萌芽。

第五节 | 长周期观察课

长周期观察课是小学科学课中的一种特殊课型，其教学活动并非全部在课堂中完成，需要将课内教学和课外实践相结合。目前，很多长周期的观察课都流于形式，其主要原因是缺少教师有效的指导监督和家长有力的支持，缺少对长周期观察活动的评价机制，缺少硬件条件的支持等。

长周期观察课主要包括以下四个教学内容：

一是植物种植长周期内容的观察，主要是种油菜、种凤仙花、观察豆芽的生长、种大蒜等活动。这些观察需要学生亲力亲为，自始至终参与每一个生长环节的观察和记录，特别是发现自己独特的观察问题，从而形成一个个探究性观察活动，这样更能激发学生自主参与长周期观察活动的热情。

二是动物饲养长周期内容的观察，主要是养蚕、养菜青虫、养蚂蚁、养蜗牛等活动。此类观察活动要求学生能够呵护小动物，关爱小动物，在陪伴动物生长的过程中进行科学观察，对动物的生活习性进行有目标、有计划、有过程的观察。由于部分家长的观念未能转变，他们不接受孩子参与这些饲养活动，这就需要教师做好宣传和动员协调工作，确保动物观察有效进行下去。

三是天文类的长周期活动，如需要坚持一个月的月相变化观察、连续进行一个月的天气变化观察，甚至需要常年坚持的降雨量观察活动。这类观察活动需要不断督查和反馈，才有高效完成的可能。

四是自制实验的观察，如观察霉菌的生长、制作一个生态瓶。由于完成时间较长，需要得到较多的关注和指导，方能圆满完成教学任务。

长周期观察课如果缺少教师的监控，家长的支持也不能全盘跟上，由于小学生意志力比较薄弱，兴趣转移比较快，课外观察活动极容易出现“虎头蛇尾”的现象。教师在实施长周期观察课的教学中，要特别关注这一特征。

案例 1 ——观察油菜花

【案例背景】学生对植物的观察很多时候停留在一个特定的阶段，比如春天的植物播种、植物发芽破土而出、植物开花色彩斑斓、植物果实累累等。对于植物的认识零散而单一。让学生通过一个完整的种植活动，串联起对植物生长的完整认识，既是对植物种植活动的体验，也是对植物结构和功能等概念的认识深化过程。

在植物种植观察课中，可以用来作为教学活动素材的植物有油菜和凤仙花，因为它们的种植周期相对较短，生长时间与教学时间比较匹配，便于教学活动的组织，也便于种植成果的体现。教师可以组织学生将油菜或者凤仙花种植在花盆或半截塑料瓶中，定期观察。

【案例描述】

教学环节一：种植前的观察活动

师：同学们，从今天这节课开始，我们要进行种植活动。你有过种植经验吗？

生：我妈妈种过大蒜。

生：我爷爷种过花。

师：看来都是家长种植的多，我们自己亲自参与的少。我们可以选择大蒜、青菜、油菜、凤仙花等不同的植物进行种植。老师给大家统一提供了油菜种子，每位同学都带来了一个花盆，全班将有五十多个花盆放置在教室旁的空地上，我们要经常抽空去观察这些油菜苗。

生：（阅读《油菜种植要领》）

师：请一位同学来讲一讲怎样种植油菜。

生：在花盆中放入一半土壤，加少量肥料，继续放入土壤至盆满。用水浇透土壤，用牙签将种子按入土壤中，覆盖上一层泥土，贴上班级姓名标签。

师：老师有个疑问：种子在泥土里深度不一样，发芽的时间会一样吗？

生：不一样，深的发芽慢，浅的发芽快。

师：如何才能证实呢？

生：我们可以把种子在一个花盆里放得深，一个花盆里放得浅，观察哪个先发芽。

师：那就让我们来试一试。

生：（操作种植活动）

师：接下来的时间里，我们要从哪几个方面观察呢？

生：观察种子什么时候发芽。

生：观察种子发芽后每天长高多少。

生：观察种子在什么环境下才能发芽。

师：你们认为种子在什么环境下容易发芽呢？

生：在阳光下容易发芽。

师：如果没有阳光，还能发芽吗？

生：不能。

师：我们可以做个对比研究。用两个同样的花盆种下种子，给它们同样的土壤、水分和深度条件。然后一个放置在教室外的阳光下，一个放置在教室里，观察它们是不是都会发芽。

教学环节二：对植物生长的观察1

师：前面我们对油菜的种子发芽进行了观察，今天这节课我们来交流一下油菜种子发芽的情况。你种植的种子是什么时候发芽的？

生：我的种子7天发芽的。

生：我的种子6天就发芽了。

生：我的种子5天发芽的。

师：我们举手看一看，哪些同学的种子是6天左右发芽的。看来，95%以上的种子是6天左右发芽的。那么，刚刚发芽的油菜种子是什么样子的呢？

生：幼苗有两瓣叶子，非常纤弱。

生：幼苗很嫩。

师：幼苗每天长了多少呢？

生：每天长0.6厘米左右。

师：教室里的种子和室外的种子，谁先发芽？

生：教室外的种子5天发芽的，教室里的种子6天发芽。教室里的种子更加纤弱，颜色也没有室外的深。

师：看来，接受阳光的程度不同，种子发芽的速度和质量也不同。现在，要想幼苗很好地生长，我们需要将发芽的幼苗移植到新的花盆里。每个花盆里栽种一棵幼苗，然后继续观察它们的生长情况。

生：（进行移植栽种）

教学环节三：对植物生长的观察2

师：这一周的油菜生长有哪些变化呢？

生：油菜长高了很多。

师：长到多高了？

生：15厘米了。

师：你能预测下一周、下下周油菜的生长高度吗？说说自己的理由。

生：下一周大概长到30厘米，下下周长到45厘米，因为一周长15厘米。

师：好的，请大家及时测量记录。除了油菜的高度，油菜的叶子会发生变化吗？油菜多长时间会开花呢？开的花又是什么样子呢？多长时间会结出果实呢？我们需要更多的观察和记录。我国著名植物学家竺可桢长期坚持观察植物，公园里的植物哪一天发芽、哪一天开花、哪一天结果，竺可桢都有翔实的记载。希望大家细心观察，也能成为一个个小科学家。

生：好的。

师：在观察活动结束的时候，老师希望大家召开一个种油菜汇报会，将自己的记录整理成一份种植小报，和大家一起分享你的喜悦和成果。

案例2 ——蚕的一生

【案例背景】饲养小动物是小学阶段常见的科学观察实践活动。学生非常喜爱小动物，从日常生活中他们对小狗、小猫、小鱼的饲养情况来看，他们愿意为饲养小动物做出努力，能关心小动物的成长、生活情况，但是小动物的饲养基本上是由家人完成的。让儿童全程饲养蚕，参与观察蚕的成长过程，对儿童的经历和能力都是一种挑战。从多次养蚕教学活动的经验来看，要想组织一次成功的养蚕观察活动，既要关注学生养蚕的硬件条件，即对蚕种、桑叶等资源的满足，也要对养蚕活动的软件条件进行辅助，即蜕皮、结茧等养蚕知识的指导，使学生经历一次完整的科学观察和体验活动。

【案例描述】

教学环节一：养蚕前的观察活动

师：同学们，你们知道图片展示的是哪些小动物？

生：它们分别是蝴蝶、蚕蛾、蜜蜂。

师：有谁知道毛毛虫与哪种动物有关？蚕与哪种动物有关？

生：毛毛虫长大了是蝴蝶，蚕长大了会变成蚕蛾。

师：今天这节课，我们一起来养蚕。在上课之前，老师为同学们准备了蚕种，请大家观察大屏幕上面三种动物的卵，哪一种是蚕卵呢？

生：透明的不是蚕卵，金黄色的不是蚕卵，黑色的应该是蚕卵。

师：究竟是不是蚕卵呢？我们一起来观察老师发放的实物，请每组同学仔细观察，可以用羽毛粘起观察，观察完进行小组汇报。

生：（观察5分钟，中途老师给予学生每组一个放大镜）

师：每组分别说说，你们观察到的蚕卵有什么特征？

生：蚕卵像油菜籽一样，黑黑的，是圆形的。

生：我们还发现蚕卵有大有小，不过大小差距并不大。

生：我们发现蚕卵的侧面有一个浅浅的小黑点。

生：我们还发现蚕卵有的是深黑色的，有的是淡黑色的。

师：那我们再来与大屏幕上动物的卵比较一下，蚕卵与蝴蝶卵、鱼卵、青蛙卵之间有何异同。

教学环节二：养蚕中的观察活动

师：我们一起来观察幼蚕的形态特征。谁来说说，你观察到的幼蚕外形有哪些特征？

生：我观察到幼蚕的身体是一节一节的，它的两侧还有许多足。

师：谁知道蚕有多少对足？这些足又是生长在幼蚕的什么部位呢？

生：幼蚕共有八对足，前面有三对，中间有四对，后面有一对。

师：你们观察到的幼蚕与开始的蚁蚕比较有哪些变化？

生：蚁蚕是黑色的，幼蚕是青白色的，蚁蚕又

黑又瘦，幼蚕又白又胖。

师：你们发现幼蚕和蚁蚕的身体除了大小变化以外，还有哪些变化？

生：幼蚕会蜕皮。

师：幼蚕为什么要蜕皮呢？

生：蚕在生长的过程中，身体长大了，外在的皮束缚了蚕的生长，所以要蜕皮。

师：你们有没有观察过蚕的外皮是从哪里裂开的？

生：从头部裂开的。

师：蚕蜕下的外皮又是怎样的呢？

生：蚕的外皮皱皱的、轻轻的。

师：蚕在生长的过程中所吃的食物一样吗？蚕是吃什么长大的？

生：蚕是吃桑叶长大的。

师：蚕吃不吃其他食物？

生：不吃。

师：蚕能不能吃其他食物呢？我们如何进行验证呢？下面开始分组研讨。

教学环节三：养蚕经验交流会

师：大家带来的蚕有的又白又胖，有的又瘦又黑，你们养蚕过程中有哪些经验呢，大家一起来分享一下。

生：我养蚕的时候，尽量给它吃新鲜的桑叶，少吃隔日的桑叶。

生：我养蚕的过程中，尽量少干扰蚕的生活，每天给它打扫卫生，及时清理蚕的粪便。

师：在养蚕过程中，你得到了家长的哪些帮助呢？

生：妈妈帮助我查找养蚕的知识。

生：爷爷帮助我找桑叶。

生：爸爸妈妈和我一起观察蚕的生长过程。

生：蚕生病了，爸爸还和我一起给蚕治病。

师：看来养蚕活动离不开家长的大力支持，我们也给家长们鼓鼓掌，感谢他们对我们养蚕学习活动的支持。

教学环节四：养蚕后的观察总结

师：我们一起来回忆一下，蚕的一生是怎样变化的？

生：蚕开始是蚕种，后来是蚁蚕，接着是幼蚕。蚕蜕皮好几次后就结茧，在茧里面变成蚕蛾出来。

师：我们把孵化之前的蚕叫做蚕卵，发育蜕皮的蚕叫做幼蚕，结茧的蚕变成蛹，蛹变成蚕蛾会钻出蚕茧，蚕蛾会交配产下新的蚕卵。蚕的一生要经历蚕卵——幼蚕——蛹——蚕蛾这四个变化阶段，我们把像蚕一样经历四个变化过程的动物称为完全变态动物，类似的动物还有蝴蝶、蜜蜂。同样是变态动物，我们一起来观察比较蝴蝶的一生与蚕的一生有何不同。

生：蝴蝶的卵与蚕的卵外形不一样。

生：蝴蝶的身体上没有毛，而蚕蛾身体上有毛。

生：蝴蝶的身体有花纹，蚕蛾的身体没有花纹。

……

案例评析

案例1围绕长周期种植过程的探究性学习，先后设置了油菜种子种植的深度与发芽时间关系探究、油菜种子发芽情况与光线环境关系研究、油菜开花与结果的周期、形态等观察研究。特别强调了观察活动要细致和记录活动要翔实这两个注意事项，并引用竺可桢物候观察的故事引导学生，激发他们对科学家的敬仰和对科学研究的向往。

案例2围绕长周期动物观察中的典型问题展开，对蚕的一生进行了梳理和总结，这是养蚕活动从感性参与到理性提升的重要体现。饲养活动中不局限于蚕卵的观察，还拓展到了蝴蝶、蜜蜂等动物的观察。这对提升学生对自然界的实际观察能力是很有好处的。

长周期观察活动从时间上来说，由于需要数周甚至数月的时间，小学生一般难以坚持，需要教师运用不同的教学策略推进长周期观察活动。例如，可以安排学生分工进行接力观察，观察对象不能分散，可以进行视频拍摄观察和记录。观察难以持续时，可以组织家长协助陪同观察。如果观察动机不强，可以组织网络竞赛活动。从空间上来说，远离了课堂和教师，就需要有隐形的动力来推进学生的观察活动，确保观察活动的质量。教师要能及时组织研讨会、汇报会、总结会等交流活动，分享全班同学的观察心得，指导观察活动中存在的问题，激励学生持续深度观察。

在小学长周期观察活动中，有许多实际存在的困难，科学教师是解决这些困难的重要责任人，主要体现在以下几个方面：

1. 需要教师的“亲历”和“针对”

教师亲自参与学生的长周期观察活动，一方面能够在实践中获得第一手资料，丰富自己的教学经验；另一方面，通过与学生的交流，发现活动中的问题，帮助学生理解活动的意义，促进活动顺利进行。在学生开展长周期观察活动之前，教师应让学生明确观察方法和观察要点，帮助学生制订具体可行的计划，设计简单易填的观察记录表。活动开展后，教师不仅要关心学生完成了多少作业、产出了多少作品，还应该主动发现和关注他们还有哪些不懂的地方。当学生遇到困惑时，教师给予他们及时的帮助，引导学生学会观察、比较、分析和整理；指导学生从书籍、网络中获取资料。教师的亲自参与可以针对性解决教学困难，提升长周期观察活动的实效性。

2. 需要教师调动家长的积极性

家长是学生课外观察的“导师”，教师要善于调动家长的积极性，支持和关心孩子的长周期课外观察活动。教师要能通过家访、家长会、家校通等诸多渠道向家长宣传科学实践活动的价值和意义，让家长支持孩子搞科学实践活动，特别是硬件材料的支持。教师要通过QQ群、微信群等渠道向家长展示其他家庭协助学生参与观察活动的图片和文字资料，调动起家长的积极性，适时进行表扬和鼓励，让家长也获得亲子活动的成就感。

3. 需要教师监督记录的“真实”和“原始”

长周期观察活动首先是科学学习活动。在进行长周期观察活动时，教师应要求学生有专用的实验记录本，记录观察活动中的各类发现、原始数据、实验过程，特别是存在的问题、失败的原因等。教师应及时检查学生记录的情况，了解学生的参与程度、活动成果、学习轨迹，以便及时修正教学策略。对记录结果做得好的或有代表性的记录进行表扬和展示，让学生自己进行比较，寻找差距，及时补上。记录单的设计，也要尽可能符合学生心理特征。中低年级的学生观察侧重于图画和照片记录，少用文字。高年级的记录尽可能翔实细致，增加自主性观察活动，通过漫画、迷宫图、转盘等记录形式增强学生的学习兴趣。

4. 需要教师“及时”和“有效”的评价

长周期观察活动最大的问题是可能“虎头蛇尾”，这就需要教师通过评价来推进观察活动。教师要关注评价时间的合理分布，在一个长周期观察活动期间，每节科学课上，教师可以安排10分钟交流。还可以利用上课前、下课后与学生交流谈话，检查了解学生观察活动的进展情况，给任务完成好的学生一些鼓励，给遇到困难的学生一些指导，给没有行动的学生以督促。反馈的形式可以采用展示法、个别交流法、师生探讨法等。教师还要善于利用评价的激励功能。为了让学生能坚持长周期观察活动，需要在班级中进行一些激励活动，比如根据观察情况，发放一些小奖品。奖品一般是小制作或实验的材料，如放大镜，塑料镊子等，让学生感受克服困难、取得成功后的喜悦，增强学生的自信心。

第六节 微距观察课

小学阶段的科学课，有一类观察活动是肉眼无法做到的，需要借助仪器。微观世界的观察活动和宏观世界的观察活动一样重要，就像科学家需要认识石块内部的分子、原子、质子特征和石块表面的特征，只不过认识的先后顺序不同，性质同等重要。我们把通过观察工具去观察物体结构和运动变化现象的教学内容称为微距观察课。由于微距观察需要观察工具的介入，因此对工具的使用是教学的重点之一。

使用显微镜观察微生物世界的教学内容，是微距观察课的重头戏，这类课程主要包括对各类微生物和细胞的观察。

第一类微生物的观察主要来自生活中常见的水中微生物和霉菌的观察。水中可以观察到的微生物有草履虫、吊钟虫、水蚤等，学生在观察这一类微生物时，重点比较肉眼观察和用显微镜观察的不同，通过观察、比较、分析，发现微生物的外形结构。显微镜的使用指导，是微距观察课不可或缺的内容。教师要让学生能够熟练使用显微镜观察物体，并且能够独立从水体中观察到微生物，学会绘制微生物观察记录。微生物中的霉菌观察，则是对生活中常见的自然现象“霉”的追根究底，水果表面的霉、馒头和米饭、面包表面的霉，都可以用作观察的素材。

第二类细胞的观察则涉及细胞标本的制作和使用，需要学生制作洋葱表皮细胞切片标本，配合前面掌握的显微镜的使用，就可以观察到生物的构造。学生在此基础上可以观察到更多的生物细胞，比较诸多细胞的形状、颜色、大小等特征，从而探索生物内部微观世界的奥秘。

案例1——观察微生物

【案例背景】对微生物的观察教学，是小学阶段学生继解剖花朵后走近生物学学习的重要内容。对微生物的观察、学习显微镜的使用和标本的使用，不仅是有趣、难忘的活动，也是复杂的科学探究过程。所以教师在备课过程中，特别要关注教学的效率，思考如何在一节课的时间里，让所有学生熟练掌握显微镜的使用，学会观察身边的微生物，感受微观世界的神奇和有趣。

【案例描述】

教学环节一：制造错觉，感受神奇

师：（展示显微镜下的头发）同学们，大屏幕上出现的图片是什么呢？

生：是竹笋吗？

生：可能是绳子吧。

生：像是一个树桩。

师：大家都想错啦。这是人类的一根头发丝，在显微镜下放大了许多倍，神奇吧？

生：真神奇。

师：显微镜能够让我们看到平常肉眼看不到的现象。今天这节课，我们就一起来认识显微镜、学习使用显微镜。

教学环节二：演示介绍，学习实践

师：（打开显微镜的箱子，取出显微镜的镜头盒和显微镜）显微镜是非常精密的仪器。我们首先要注意不要用力硬扳硬撬，不要用手指去摸显微镜的镜头。现在让我们一起看大屏幕，学习如何使用显微镜观察。

生：（看大屏幕，结合PPT介绍，学习显微镜的使用步骤）

师：在显微镜的使用过程中，有哪些是需要大家特别注意的？

生：要将显微镜倾斜着观察。

生：显微镜在使用时要先用粗焦旋钮调节，后用细焦旋钮调节，不能用反了。

生：不能将显微镜镜头贴着观察的标本，不然会污染镜头。

师：这几位同学都说得很对。在使用显微镜之前，我们先分组空手模拟使用显微镜，请大家一边空手模拟，一边描述要领，其他同学观察评价。

生：（空手模拟使用显微镜）

师：在刚才模拟使用的过程中，老师发现了一些问题。请大家记得用左眼观察时，右眼也要睁开，同时还要记录好观察图像。下面开始分组实践，用显微镜观察老师发放的池塘水样标本。

生：（分组观察池塘水样标本）

师：时间到了，我们一起来看看大家都观察到了什么。

生：（汇报）

师：你们用肉眼在烧杯中能够观察到这些物体吗？

生：不能。

师：这些物体有生命吗？有何依据呢？

生：是有生命的，因为它们在水中会运动。

师：这些生物叫做微生物。自然界中，微生物无处不在，空气中、水中、泥土中、动物和植物的体表体内都生存着微生物。

教学环节三：拓展观察、实践探索（牙垢中的微生物）

师：同学们，前面我们观察了一些微生物，知道了微生物无处不在。接下来，我们一起来观察人体中的微生物，看看牙垢中是否有微生物。

生：应该有的吧。

生：可能没有。

师：如何确定呢？我们一起来制作标本观察。

（指导学生用牙签取出牙垢，教师协助学生制作牙垢标本）

生：（分组观察牙垢中的微生物）

案例2　——观察细胞

【案例背景】学生已经学会了使用显微镜，认识了草履虫等微生物，对微生物世界有了粗浅的了解，但对于宏观生物的微观认识还不够深入。所以本课的学习内容就是对生物的内部世界进行深入观察和认识，通过观察活动培养学生的比较、归纳能力，引导学生从普通现象中总结出一般规律。

【案例描述】

教学环节一：诘难质疑，导入主题

师：同学们，前面我们观察过许多微生物，知道微生物也是有生命的。老师想问问大家，人体是由什么组成的呢？

生：微生物组成的。

师：微生物用肉眼能够看见吗？

生：看不见。

师：可是人体是可以看见的呀。再仔细想想！

生：人体是由肌肉组成的。

生：还有骨骼。

生：还有毛发。

生：还有指甲。

生：还有皮肤和血液。

生：还有脂肪。

师：人体的肌肉、骨骼、血液、毛发、皮肤、脂肪等都是组成人体的重要元素，有着各种各样的功能。今天这节课我们先来研究一下人体的皮肤。

教学环节二：实验操作，观察比较

师：今天这节课老师给大家带来了紫丁香叶子标本、洋葱表皮标本、人体表皮标本。标本其实就是从动植物身体上取下的样本，将样本装在载玻片上，便制成了实验标本。我们一起来观察这些标本，做好记录，结束后我们来交流。

生：（分组轮流观察三种生物标本）

师：时间到了，先请第一小组来说说。

生：我们观察到洋葱表皮里面有一个一个长条形的小格子，有的小格子里面还有一个个小黑点。

师：还有发现吗?

生：我们发现人体表皮的细胞是由一个个大一些的不规则方格子组成，每一个方格子里面都有一个大大的黑点。

师：紫丁香叶子里面能观察到什么呢?

生：我们观察到紫丁香叶子里面有各种颜色，还有一些大小不等的圆圈。

师：这些圆圈是什么形状的呢?

生：是长条形和圆形的。

师：你们是否观察到三种不同的生物内部有一些共同的特征呢?

生：它们都是由形状组成。

师：对，我们把组成生物体的一个个不同形状的结构叫作细胞，一个圈子就是一个细胞，生物体就是由若干个细胞组成的。现在我们来集中比较一下几种生物的细胞外形和结构特征。

生：（观察动物脂肪细胞、人体骨骼细胞、人体心脏肌肉细胞等生物细胞）

师：在观察的过程中，请大家注意做好完善的观察记录。接下来，我们一起重点观察洋葱表皮细胞。

生：（比较全班同学的观察记录）

师：比较了全班的洋葱表皮观察记录，有什么相同之处，又有什么不同之处?

生：相同的是都有长条形的结构，不同的是有的长条形结构大，有的小，有的中间有小黑点，有的中间没有。

师：我们一起来看看科学家的记录是怎样的（展示PPT，引导学生把自己的观察记录和科学家的观察记录进行比较）。在科学记录中要遵循实事求是的原则，看到什么就记录什么，不要添加想象成分，也不漏缺记录。

案例评析

案例1微生物的观察，侧重于发现微生物是有生命的。这是学生从宏观世界向微观世界观察迈出的第一步，主要通过观察微生物，理解微生物虽然肉眼看不见、手指摸不着，但可以通过显微镜找到踪迹。通过不同微生物的观察，发现微生物具有运动变化的特征。

案例2则是在案例1的基础上进行生物学专业知识的学习和消化。通过使用显微镜的观察活动，比较不同生物细胞形状和结构的特征，从而建立起“细胞”这一科学概念。案例2的教学重点是在借助仪器观察的基础性上进行观察比较活动，观察不同生物的细胞形状，比较不同生物细胞的相同特征，让学生经历从具象现象向抽象概念提炼的学习过程。

微距观察课是在一个微观的空间内发现生命奥秘的实践活动，旨在发现肉眼不能观察到的微观世界也是一个有规律的世界。微距观察课教学效果的好坏主要取决于以下几个因素：

1. 学会使用工具是决定教学成败的首要因素

要依靠显微镜的中介作用，才能看到微观的现象。显微镜是精密仪器，也是具有一定操作难度的器材。在日常课堂学习中，第一次使用显微镜观察，下课时能做到正确使用的学生不超过班级人数的一半，这就说明显微镜的使用教学还是存在着一定问题的，关键问题有两个：一是学生对显微镜的使用细节关注不够，如粗调旋钮和细调旋钮的使用顺序问题、双眼的分工问题等；二是学生在使用实践中，经常不能在短时间内观察到标本。实验技能的培养需要一次一次的实践，才能有所进步。这里最难的就是反光镜的调整和焦距的调整，两者有一个出现问题，都难以快速观察到标本，教学中需要特别关注上述问题。

2. 标本的制作是决定观察活动成败的次要因素

微距观察的标本有实验室已经制作好的永久性标本，也有课堂上制作的临时性标本。制作临时性标本需要用到载玻片和盖玻片，还会用到解剖刀、解剖针、染色溶液等专业工具。一般来说，在小学阶段，标本主要由教师进行制作发放，但是对于学生自主探究的活动，如探究牙垢里是否有微生物，则可以由学生在教师指导下进行制作，也可以由小组之间互相交流制作标本经验，顺利完成观察任务。

3. 观察的结果影响着科学观察认识的提升

微观世界的观察与宏观世界的观察最大的区别在于，宏观世界的观察直接呈现于学生面前，他们可以进行观察交流和讨论；而微观世界的观察只能由学生一个一个依次进行，不容易形成有效的观察讨论，从而使观察的整体性、全面性、细致性都有所缺失。而观察结果的获得又是科学概念建构的基础性工作，所以教师要特别重视对基础性的微观现象世界的指导和提炼，让学生对一个个具体的微观世界进行有效的讨论，形成一定的认识，逐步朝着科学概念的高度进发。

第七节 | 物质观察课

物质世界的观察是小学科学课最主要的观察学习内容，也是承担学生观察能力培养最核心的教学阵地。学生通过观察身边的典型物质运动变化现象，总结物质世界的内在规律性，发现自然界物质变化的原因。这一领域的观察活动有利于培养学生的好奇心和观察欲望。通过物质世界的观察活动，还能帮助学生养成乐于观察身边的自然现象、注重用事实说话、勇于探索的科学品质。

物质世界的科学观察活动主要包括物质材料的观察、水的观察、空气的观察、运动的观察、力的观察、声光电热磁和机械的观察。物质材料的观察主要从物质性质的角度来观察物体，例如从颜色、轻重、软硬、粗糙与光滑、是否透明等角度切入。这一部分的观察分布在各个年级，属于基础性观察。基础性观察旨在针对物质世界的简单、静态的观察，不涉及物体的运动变化观察。水的观察和空气的观察则是基础性观察的高级阶段，层次上从静态观察走向了动态观察，例如空气占据多少空间、空气的质量、空气可以被压缩等观察侧重于静态观察，空气的成分研究则属于动态观察。而运动和力的观察，则赋予了学生更多的思考空间。声光电热磁的观察则是更高层次的研究性观察，研究性观察活动强调对具体现象的运动变化过程的跟踪观察，在比较现象变化的过程中，建立观察现象变化之间的联系，从而得出结论、解释现象。当然，基础性观察和研究性观察的划分也不是绝对的，在基础性观察中也有研究的成分，研究性观察也是以基础性观察为起点的。

物质世界的观察活动数量是最大的，性质是最基础的，价值是最重要的。所以小学阶段的所有物质世界的观察活动要能和实验操作、探索活动结合起来，共同培养学生的观察素养。

案例1——观察水

【案例背景】水是学生日常生活中常见的物质之一，不过对水的物理性质，学生并不能够系统地、科学地认识。如何运用所掌握的科学方法辨别水和其他液体的异同之处，是认识水这一物质的重要内容。比较水的不同形态的特征，初步达成课程标准提出的认识标准——水是一种常见而重要的单一物质，也是小学科学课的重要内容。

【案例描述】

教学环节一：观察液体，辨别自来水

师：今天老师给大家带来了五杯液体——自来水、白醋、牛奶、盐水、未知液体。老师给大家的任务是，用自己的方法辨别出哪一杯是自来水，同时有个要求，不可以用嘴品尝液体，只有老师告诉你安全的时候才可以品尝。

生：（分小组观察液体，辨别自来水）

师：哪个小组来说说，几号杯是自来水呢？

生：我们认为3号杯是自来水。因为1号杯闻起来有酸味，我们认为是白醋；2号杯是牛奶，它的颜色是乳白色的；4号杯和5号杯比较浑浊，应该是盐水和未知液体。

生：我们认为3号、4号、5号杯都可能是自来水，具体是哪一杯不好说。

生：我们认为3号、5号都可能是自来水。

师：我们从颜色上可以判断2号杯不是自来水，因为自来水是没有颜色的，也称为无色液体。1号杯有酸酸的味道，而自来水是无味液体，所以1号杯里也不是自来水。那么，3号、4号、5号杯都可能是自来水。现在老师告诉你们，它们都是安全的，可以

品尝，你们判断哪杯是自来水？

生：（品尝3、4、5号杯液体）3、5号都是自来水，4号是盐水。

师：水是一种无色、无味、透明的液体。自然界中的水是一种重要的资源，人类离开了水将无法生活。自然界中的水除了液体形态，还有固体形态、气体形态。我们一起来看大屏幕中水的不同形态。

生：（观察水的不同形态）

师：（介绍不同形态的水在自然界中的分布，水形态的变化与体积的变化之间的关系等）

教学环节二：观察变化，深化认识

师：这是老师带来的冰块。冰块的温度和水的温度一样吗？如何测量呢？

生：可以用温度计测量。

师：我们一起来测一测。

生：冰块是零下4摄氏度。

师：如果冰块融化了，温度会发生怎样的变化呢？我们一起来测量冰块溶解过程中的温度变化情况。在冰块变化成水的过程中，请每隔3分钟测量一次温度，并做好记录。

生：（分组测量）

生：（汇报数据）

师：冰块变成了水，温度会发生变化。如果将盐放入冰块中，温度又会发生什么变化呢？我们给每组提供了盐和勺子，用新的冰块来完成这个实验，做好记录。

生：（分组测量）

生：（汇报数据）我们发现将盐放入冰块，本来零下4摄氏度的冰块温度迅速变成了零下14摄氏度。

师：看来盐加入冰块中会降低温度，这是一个很有趣的发现。

案例2 ——观察金属的性质

【案例背景】观察金属材料的性质属于静态观察向动态观察的过渡阶段。一般学生对于金属的观察往往处于感性阶段，比如软硬和颜色的不同，很少想到用动态的方式研究金属材料的性质。而科学方法的特征之一就是用不同的方式发现物质之间的异同之处。

【案例描述】

教学环节一：观察金属的光泽

师：老师给大家提供了铜丝、铝丝、铁丝、铅丝，大家比较一下这几种金属的光泽，并说一说你们是用什么方法来比较的。

生：我们用眼睛来看。

师：你们认为金属表面的光泽和内部的光泽一样吗？

生：不一样。

师：那怎么样才能观察到金属的真正光泽呢？

生：我们可以将金属切开，观察它的横截面。

师：很好，新切开的面是最新鲜的光泽。我们还可以用砂纸打磨金属的表面，观察它的光泽特征。

生：（分组观察）

师：我们按照金属光泽的顺序一起来给这四种金属排个序。

教学环节二：观察金属的导热性

师：不同金属的导热性一样吗？

生：不一样。

师：不同金属的导热性能如何比较呢？

生：可以同时加热，然后测量它们的温度。

生：可以把它们放入热水中，看看哪根金属最烫手？

师：非常好的方法，我们一起来试一试这个方法。

教学环节三：观察金属的延展性

师：金属除了光泽、导热性能不一样外，还有一些其他的性能差异，如果要选择一种金属，制作不易变形的材料，你们会选择哪种材料呢？

生：选择铁。

师：为什么不选择铝呢?

生：因为铝比较软，容易变形。

师：哪种金属材料最容易变形呢？你们有什么方法可以知道?

生：可以用手弯一弯。

生：可以用老虎钳拉一拉。

师：科学家在比较哪种金属最容易变形的实验中，采用的是锤击的方法，将金属锤成薄薄的薄片，看哪种金属最容易变形，大家也可以来试一试这个方法。

生：（分组锤击不同的金属）

师：你们有什么发现?

生：我们发现铝丝最容易变形，铝丝其次，铁丝最不容易变形。

师：金属可以变形的特征叫做金属的延展性，延展性最好的金属是黄金。

案例3 ——观察纸

【案例背景】学生对于纸并不陌生，但对纸的观察一般不深入。如果给学生一张纸，很少有学生能够进行细致的观察，他们一般会将观察目标定位于纸的软硬、花纹、厚薄等特征，不能将观察目标从表面转移到本质的观察。教学过程中要不断聚焦观察目标，引导学生逐步学会围绕目标深入观察。

【案例描述】

教学环节一：观察纸的毛边

师：同样是纸，牛皮纸、描红纸、A4纸、皱纹纸究竟有哪些不一样呢？我们撕开每种纸的边缘，看看它们的毛边有什么不一样?

生：（撕开纸的边缘）

师：大家可以用放大镜辅助观察。

生：（用放大镜观察）

师：请大家注意，这次我们只观察纸的毛边，观察它是有毛的还是无毛的、是光滑的还是粗糙的、是长毛的还是短毛的。

生：（继续观察）

教学环节二：观察纸的结实程度

师：不同类型的纸张结实程度一样吗?

生：不一样。

师：同样的纸张，横着的纸条和竖着的纸条结实程度一样吗?

生：不一样。

师：如何比较纸条的结实程度呢?

生：我们可以用手来拉一拉。

生：可以用弹簧秤来拉一拉。

师：我们是否可以直接用两张纸条互相拉扯呢?

生：可以。

师：我们重点观察什么呢?

生：观察哪根纸条更结实。

生：观察谁先断掉。

师：对。我们可以观察哪根纸条先变形、先出现裂纹、先出现断掉的迹象。

生：（分组实验，观察现象）

案例4 ——观察纺织材料

【案例背景】在这个新材料辈出的时代，学生对于材料科学并没有特别的关注。通过科学的视角、用科学方法去观察不同纺织材料的不同特征，是科学课的教学任务。本课教学中一个典型的问题就是无法用科学的方法去检测不同的材料特征，比如检测纺织材料的结实程度，学生用手拉扯根本不能拉断，手上用力大小也会发生变化。如何寻找更加合理的方法，减少科学研究中的实验变量，教师需要做出思考，尽可能减少学生难以觉察到的、不便呈现的变量，以便于教学的组织和推进。

【案例描述】

教学环节一：观察纺织材料的结实程度

师：老师给大家带来的这些材料分别叫做棉布、羊毛、尼龙、丝绸，有什么办法知道哪种面料最结实呢？

生：我们可以用手来拉一拉。

师：用手拉是一种非常模糊的感觉。什么样的方法更科学合理呢？

生：我们两人互相拉一拉。

师：我们可以将纺织材料的纤维抽取出来进行比较。那么，怎么抽取纤维呢？（教师示范如何抽取纤维）

生：（分组抽取四种面料的纤维）

师：我们可以采取将纤维两两对拉的方法，观察哪种纤维最结实。

生：（分组操作）

教学环节二：观察纺织材料的燃烧特征

师：在第一个实验中，我们发现这四种纺织材料有的结实，有的不结实。现在，我们还可以用燃烧材料的方法观察它们的其他特征。

师：（老师演示）用镊子夹住四种纺织材料，分别用酒精灯燃烧。注意用眼睛、鼻子多种感官观察。

生：（分组观察）

师：你们有什么发现？

生：我们发现尼龙燃烧的时候有一股味道，尼龙会快速地缩成一个球；羊毛烧完的粉末是白色的，有一股臭味；棉布烧完没有味道。

师：现在我们知道了不同的纺织材料燃烧后不同的现象。老师这里有两种面料，你能根据它们的燃烧情况，判断它们是哪种面料吗？

生：（分组探究）

教学环节三：观察纺织材料的吸水性

师：现在我们来比较不同纺织材料的吸水性能。请大家想一想，什么样的实验方法最合理呢？

生：要求用同样大小的纺织材料。

生：要观察哪种纺织材料中水上升得多。

生：浸入水中的深度要一样。

生：浸入水中的宽度要一样。

师：为了让实验结果更有视觉冲击力，我们可以在水中加入红色的墨水。

生：（分组进行吸水实验）

案例5 ——观察土壤

【案例背景】大部分学生对土壤并不陌生，可是很少知道土壤有不同的类型。有些学生从常识角度对土壤的颜色做过观察，对土块的软硬有所认识，但是从未对土壤的内部特征做过思考。科学课需要让学生了解不同类型的土壤黏性有何区别、不同土壤的渗水性有何区别、不同土壤的颗粒大小是否一样、土壤的渗水性与土壤颗粒大小之间有何关联……这些实验的展开过程，是科学老师要关注的重点。

【案例描述】

教学环节一：观察土壤的黏性

师：今天老师给大家带来的这些土壤是一样的吗？我们首先来做一个小实验，用手来捏一捏三堆土壤，看看你有什么发现？

生：（分组进行捏土壤活动）

师：每组说说有什么发现？

生：我们发现1号土壤捏不起来，开始是什么样子，捏完还是什么样子。2号土壤捏起来很黏，3号土壤很疏松，捏起来后碎了。

师：我们在每堆土壤里面加点水，再来捏一捏，看看有什么变化。

生：（分组加水观察）

师：这次有什么发现？

生：1号土壤还是捏不起来，2号、3号土壤都可以捏成团了。

师：看来土壤的黏性是不一样的，大家观察比较一下，三堆土壤的黏性如何排序？

生：1号土壤的黏性是最差的，2号土壤的黏性是最好的，3号土壤黏性介于1号和2号土壤之间。

教学环节二：观察土壤的渗水性

师：土壤的黏性不一样，与它们的渗水性有没有关系？

生：有关系。

师：我们用实验来研究一下三堆土壤的渗水性。实验要求是这样的：将同样多的土壤放入渗水盘，再把同样多的水浇入土壤里，观察比较几号土壤渗出的水多。

生：（开始实验）

师：来汇报一下你们的发现。

生：我们发现1号土壤渗出的水最多，3号土壤其次，2号土壤渗出的水最少。

师：现在我们来讨论一下土壤黏性和土壤渗水性之间的关系。

教学环节三：观察土壤的颗粒

师：为什么土壤渗水会出现不同的现象呢？我们一起来观察一下土壤的颗粒大小。

生：（用肉眼观察）

师：老师给每组同学发放一个放大镜。

生：我们发现1号土壤的颗粒非常大，2号土壤的颗粒比较小，3号土壤的颗粒居中。

师：我们一起来看大屏幕上的土壤颗粒内部示意图，看看土壤颗粒大小与渗水性之间是否存在联系。

生：我们发现土壤的颗粒越大，渗水性越好；土壤颗粒越小，渗水性越差。

师：土壤的渗水性与颗粒大小之间确实存在联系。如果要种植植物，选择什么土壤好呢？

生：选择渗水少的土壤好。

师：为什么？

生：便于土壤保持水分。

案例评析

本节中的五个观察案例各有特色。

案例1凸显了多感官观察和工具支持观察的重要性。观察不仅仅局限于用眼睛观察，耳朵、鼻子、舌头、皮肤都是观察的感官。对水这一液体的观察，教师通过比较牛奶、白醋、盐水、自来水等液体的异同之处，激发学生利用眼睛、鼻子、舌头诸多感官来观察辨别，特别是观察盐水和自来水的区别。不能轻易品尝成为观察中的一道鸿沟，激励学生寻找更多的观察方法。对冰块与水的温度变化观察，则运用了温度计这一工具，从定性观察走向了定量观察，使观察更加精确和深刻。

案例2强调了观察方法的指导。对于金属的导热性和延展性，通过在日常生活中学生接触不到的科学方法，进行了重点介绍和实践。特别是对金属延展性的观察，从静态的观察向着动态的观察转换，让学生通过锤击的方法，比较金属横截面积大小来判断金属延展性，对于学生来说是一个新的尝试。

案例3针对的是聚焦观察目标。这一案例就是通过对纸的毛边的观察活动发现纸的基本特征，在实验过程中学生能体会到不要被无关的现象转移观察注意力的重要性。学生会知道，在观察纸的毛边时，不能被纸上的文字和图案所吸引，否则无法完成实验目标。在研究纸的吸水性的实验过程中，会形成不同的花纹图案，学生也容易转移注意力，教师需要提问学生，重点观察什么方面才能研究吸水性能。

案例4的观察活动启迪我们，对于小学生的观察活动，要提供适合的观察条件，尽可能减少观察的变量，减少学生观察中一些不必要的困难。比如对纺织材料的结实程度的观察，一般会考虑用同样大小的材料进行比较，但同样大小的材料不便于拉扯比较，教师就让学生抽取纺织材料纤维丝进行比较，减少了变量。

案例5强调科学观察活动要突出科学原理。观察不仅仅是为了获得知识，也不仅仅是为了获得技巧，更重要的是为了促进科学概念的形成。在比较土壤渗水性的实验过程中，学生发现土壤颗粒的大小与土壤的渗水性有关联，土壤颗粒大小不同造成土壤内部空隙的大小不同，从而形成水通过通道的量不同，这才是土壤观察活动所要达成的终极目标。而科学名词和科学实验观察活动只是达成这一目标的载体和路径。

在物质世界观察课的教学中，教师要特别关注观察本质之于教学的意义所在，不能主观地进行观察、指导、组织，而应充分理解科学的求真性质，使科学观察成为一种客观、理性的活动。在教学过程中，要充分关注以下几个问题：

1. 重视观察的易错性

人们常说：耳听为虚，眼见为实。可恰恰是我们的眼睛会欺骗自己，最好的例子就是魔术表演。因此，训练学生观察得细致准确是非常重要的教学内容。要强调观察和质疑、观察和推理等科学思维方式的结合，强调多次观察的重要性。重视观察中出现的差异，将差异作为学习中的新资源，追求精益求精的科学精神，让学生通过物质世界的观察活动提高科学素养。

2. 强调观察的客观性

在小学阶段的观察活动中，最常见的现象就是学生在观察中掺杂着自己主观的认识，比如观察蜗牛的时候，看到蜗牛缩进壳里，就认为蜗牛怕冷或者蜗牛害怕，赋予观察物体一定的感情色彩。不剔除“可爱”“恨”“喜欢”等情感判断，就不能达到客观观察的目标。

3. 凸显观察和记录的准确性

小学生一般不太习惯在观察中进行记录，教师要培养学生的记录习惯，要求学生一边观察一边记录，还要求记录准确。小学生做观察记录，常见的问题就是记录的形式不恰当，记录的位置不准确，记录的数据不真实，记录的过程不完整，记录的分析和总结不连贯。教师要明确说明，科学观察和科学记录是一体两面的组成，只有观察没有记录的活动不能成为科学，只有记录没有如实观察的活动是虚假观察。

4. 理解讨论对于观察的意义

一个人或者一个小组的观察是有限的。通过交流和分享，可以交换彼此的观察信息，弥补观察经验上的不足。科学课堂小组实验学习活动有一个重要的意义，就是以差异为中心展开讨论，丰富对规律认识的全面性和深刻性。

第三章

实验探究课的教学

第一节 | 科学实验的意义

科学实验（Scientific Experiment），是人们为实现预定目的，在人工控制条件下，通过干预和控制科研对象而观察和探索科研对象有关规律和机制的一种研究方法。通俗地说，实验是人类获得知识、检验知识的一种实践形式。实验法是自然科学研究领域最早被人们普遍使用的研究方法之一，是近代自然科学建立的基础，国外有的学者认为，研究（Research）就是实验、实验、再实验及反复验证的过程。科学家们都擅长充分利用实验方法，经历不断的反复实验，最终取得巨大的科学成就。将科学实验应用于科学教学中，就是在教师的指导下，学生应用已有知识和技能，利用一定的仪器设备，通过实验探索获得新知识的教学过程。“科学的真理不应该在古代圣人蒙着灰尘的书上去找，而应该在实验中和以实验为基础的理论中去找。”由此可见，实验是学习科学不可或缺的一种必要方法和途径。科学实验具有真实性、实践性、可重复性、可持续性的特点。正因这些特性，科学实验在现代科学中占有越来越重要的地位，在科学学习中成为教师教学的不二法宝。与任何其他教学方法相比，实验都是不可替代的方法，它能有效地培养学生的实践能力，推进其科学素养的形成。

一、科学实验具有真实性，促进科学知识的理解

认知心理学家对如何获取深层次理解提出了如下观点：真正的理解建立在学习者对自我、对知识的建构上——学习是认识主体在已有知识经验的基础上通过互动，主动建构起来的。其实这便和我们耳熟能详的“听，会忘记；看，能记住；做，才能理解”这句话是一个意思。举个实例，关于“衣服穿多了，确实会觉得暖和，那么衣服能发热吗？”这个问题，如果简单地通过举生活实例告知学生“衣服不能生热”，学生是不信服的，而如果引导学生自行设计一个实验，并通过实验证明“衣服确实不能生热”，学生原有的错误概念就会自然消失。第一手的真实实验数据将会成为最有利的证据，帮助

学生理解掌握真正的科学概念。

二、科学实验具有实践性，促进探究技能的形成

在实验室亲自动手做实验，亲身体验科学探究的挑战和乐趣，是大部分科学家和科学教育者所认可的科学教育的核心。学生通过亲历实验，亲身体验科学探究的乐趣，解决问题，将是课堂上最大的成功与收获。

自然界的现象存在错综复杂的普遍联系，其内部又包含着各种各样的因素。因此，任何一个具体的研究对象，都是多样性的统一。这种情况带来了认识上的困难，因为研究对象的某些特性或者是被掩盖了起来，或者受到其他因素的干扰，以致不容易被认识清楚，或者是通常情况下根本就不能被察觉发现。通过科学实验，学生就可以利用各种实验手段，对研究对象进行各种人工控制，使研究对象的特性能以纯粹的本来面目暴露出来，就能发现研究对象在自然状态下难以被观察到的特性。

以“面包发霉的影响因素”这个实验为例，学生首先会做出多种预测——“温度、水分、空气、光照强弱”等这些条件都有可能会影响面包发霉。那么要对其进行深入研究，必须要创设实验对象的相同条件，只有在同等条件下实验，才能获得有价值的发现，此实验即小学科学教学中学生必须掌握的对比实验。在这个实验中，学生把两块相同的面包放入培养皿，放在同一个窗台上，一起保持干燥，在每块面包上滴上10滴水，每天保持湿润。通过创设不同的水分条件，同时又保证其余条件都相同，就可以成功探究出“水分”这个因素是否真正影响面包发霉。回顾整个实验过程，学生经历了预测、实验、分析等系列过程，即经历了十分典型的科学探究过程，有助于学生形成科学的研究思想和方法。

三、科学实验具有可重复性，促进科学态度的养成

科学实验具有可重复的性质。在自然条件下发生的现象，往往是一去不复返的，因此无法对其反复地观察。在科学实验中，我们却可以通过一定的实验手段使被观察对象重复出现，这样既有利于我们长期进行观察研究，又有利于我们进行比较观察，对以往的实验结果加以核对。比如研究“白醋和小苏打混合后产生了什么气体？”这个问题，

学生便可以通过反复实验，获取足够的气体进行多样化的验证，以培养学生质疑、严谨、细致的科学态度。

在开展“用水测量时间”实验时，也是多次进行重复实验：或者往漏杯里一次性加入150毫升水，重复3次测量量杯里积聚100毫升水所需的时间；或者往漏杯里一次性加入150毫升水，重复3次测量量杯里积聚到10毫升、50毫升水时所需的时间。学生通过反复实验，既提高了实验数据的准确性，同时更有机会认真观察到几次实验中水流速度的变化，最终通过分析获得发现。学生的协作态度、求真精神、独立思考在这一实验过程中也可逐渐展现。可以说，只有在科学实验中，许多重要的科学态度才有可能形成，诸如求真、求变、严谨、怀疑、坚毅、好奇……而这些态度的养成，亦可为他们今后的学习、生活以及终身发展奠定良好的基础。

四、科学实验具有可持续性，促进科学素养的提升

《义务教育小学科学课程标准》指出，要“保护学生的好奇心和求知欲”。好奇心和求知欲是推动学生科学学习的内在动力，对其终身发展有重要作用。小学科学课程的组织与教学要兼顾知识的获得、技能的形成、情感态度价值观的培养；创设愉快的教学氛围，激发学生的学习兴趣；提供多样的探究机会，激发学生的学习乐趣；鼓励长期的实验探索，激发学生的探究志向。很多时候实验会因课堂时间的限制而告一段落，但实验的开展又并不局限于一节课。其实，课堂实验的结束可以看成是课外实验的开始，我们可以通过延伸实验引领学生持续探究、深入发现，在长期的坚持中，培养学生的科学品质、科学精神，促使学生科学素养的进一步提升。

小学科学实验，依据传统的教学理论，通常可以按实验性质分为验证性实验和探究性实验；按实验中的主体地位可分为教师演示实验和学生分组实验；按实验研究的质和量可分为定性实验和定量实验；按实验的作用又可分为对比实验、析因实验、模拟实验。其实，实验教学的各种类型也不是割裂的。本章节将对模拟实验、对比实验、验证性实验、探究性实验进行重点论述。

“若言琴上有琴声，放在匣中何不鸣？若言声在指头上，何不于君指上听？”让我们巧妙地通过实验教学，引领孩子们破解一个个“神奇”的现象，让科学的“神奇”延

续，让“神奇”再产生新的“神奇”，这便是我们科学教师的神圣使命。

第二节　模拟实验课

在科学探究过程中，有些问题单凭观察是难以得出结论的，这时就需要通过实验来探究。实验当然也离不开观察，但与单纯的观察不同的是，实验是在人为控制研究对象的条件下进行的观察。在难以直接拿研究对象做实验时，就可以用模型来做实验，即模仿实验对象制作模型，或者模拟某些条件进行实验，这样的实验叫做模拟实验。

模拟实验是科学实验的一种基本类型，有利于充分发挥学生的想象力、洞察力、判断力，提高处理问题的能力、自我建构的认知能力，启迪学生的创造性思维，培养创造力。

小学科学中常见的模拟实验有三类。一是模拟运动，如模拟昼夜、四季、月相的规律等，通过模拟实验和建构模型等方法，了解由于地球的自转和公转运动产生的昼夜交替、四季变化等自然现象和规律。二是模拟成因，如模拟火山、地震、岩石风化、地表变化，模拟风、雨、露的形成等，通过对地球上的大气、水体、土壤、生物、岩石等组成物质，以及一些自然现象和规律的观察、实验、分析、推理，初步认识地球物质不断变化并且互相影响。三是模拟原理，如模拟呼吸运动、消化系统、血液循环等，初步认识人体的结构组成以及保健常识，进而形成健康生活的意识，养成良好的生活和行为习惯。

案例1　——模拟自然现象：雨的形成

【案例背景】本课是在了解凝结的基础上，通过模拟实验探究雨是怎样形成的。这个活动具有很大的开放性，但同时雨又是日常生活中常见的现象之一，学生有一定的兴趣。我们在设计时要力求在学生自主探究、小组合作的基础上进行实验操作，帮助学生再次感知物质状态的变化，尤其是水的三态之间循环往复的变化，通过实践发现这种变化是可逆的过程，从中初步体验自然现象的变化规律，体会到科学技术的运用可以影响雨的形成，改善干燥的环境。

【案例描述】

教学环节一：复习“凝结”的相关知识

师：水蒸气是什么样的？什么叫凝结？

生：水蒸气变成水的过程叫凝结。

教学环节二：推想雨的形成可能与什么有关

师：（出示课件，描述下雨时的情景）雨的形成可能与什么有关？

生：水、水蒸气、云等。

教学环节三：小组讨论、制订研究计划并展开研究

师：（出示PPT，引导学生制订研究计划）

（1）用什么温度的水产生的水蒸气多？

（2）用什么容器装水容易观察？

（3）怎样使水蒸气变冷？用什么容器装制冷的物体，使它的底部形成的小水珠容易聚集在一起？容器放在什么位置？

（4）实验中我们观察什么？

师：请大家根据提示，讨论探究计划并交流：你们准备用什么器材？为什么选择这些材料进行探究？实验中我们应该观察些什么？

师：请大家注意，实验方法必须要能够在课堂上实施、操作。

师：请各组派代表到“材料超市”选择与本组设计相匹配的实验器材。注意以下几点：小组分工合作；倒入适量的水；实验中注意安全；完成实验报告单的填写。

方法1　方法2　方法3　方法4

师：大家在实验中观察到哪些现象？实验结论是什么？

师：（播放动画——雨的形成，学生观看后重新描述雨的形成。认识水的变化过程

是可逆的）

教学环节四：学习与运用

师：说说雨的益处和害处。

师：（学生交流后，播放人工降雨的相关动画）

师：请大家构思一篇科普小童话——“小水滴旅行记”。

案例评析

雨的成因既是本课教学的重点，又是本课的难点。在教学中，模拟实验的运用是突破重点的一个有效手段，学生通过观察模拟实验中小水滴是如何从实验器材上连续不断滴落的，分析出了雨的成因。在这个过程中，从自然界进入实验室，由抽象变为形象，降低了学生的理解难度，得出实验室里雨水形成的原因。之后再用动画课件，从实验现象推想到自然界中的雨水是如何形成的，这样就突破了难点，有助于学生对雨的形成概念的建立，也让学生经历了一个完整的探究，学生的思维更加有条理，语言表达能力也得到提高。

案例 2 ——模拟消化系统：食物在体内的旅行

【案例背景】消化系统的主要功能是分解、消化食物并吸收营养物质。食物的消化过程来自学生的直接经验，但是学生由于不能亲眼所见，感觉很陌生，正是这陌生与熟悉之间的矛盾引发了学生对身体进行探究的兴趣。本课的教学应发挥学生的主体作用，以消化器官图为基础，以“食物在体内的旅行”为主线，结合模拟实验，初步认识主要消化器官的功能，并建立起食物消化需要多个器官共同完成的概念。

【案例描述】

教学环节一：激发研究消化器官的热情

师：今天老师要带大家进行一次特殊的旅行，让我们用热烈的掌声欢迎导游闪亮登场。

师：今天的导游就是这个美味的汉堡，它要带我们去一个充满生机与活力的地方。

你们知道是哪里吗?

生：到我们的身体里面。

生：到我们的胃里、小肠、大肠里。

师：是呀，今天我们就跟着汉堡导游去我们身体里面旅行一趟。(板书：食物在体内的旅行)

教学环节二：初步认识消化系统

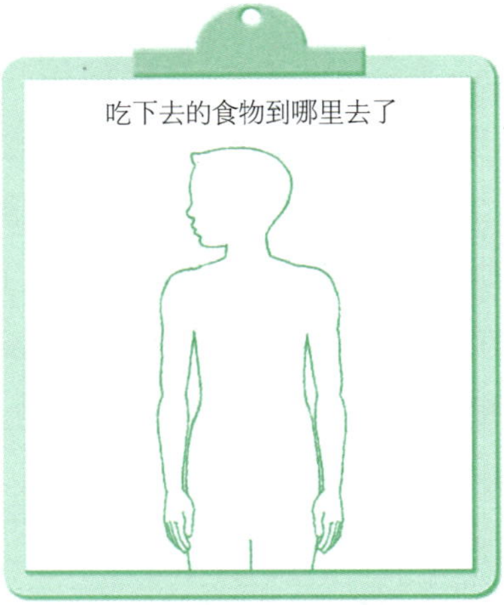

(来自于教科版《科学》四年级上册教材)

师：汉堡导游带我们旅行的第一站会是哪里？下一站会到哪里?

生：(交流自己的想法)

师：同学们都有自己的想法，下面就请大家来画一画旅行图，你认为汉堡导游会带我们去到哪里？注意：只画出食物经过的地方，路径要清楚，器官要明确，最好把名称标出来。

生：(在记录纸上画出食物旅行图，完成后交给老师拍照展示)

师：这是我们各组同学画的食物旅行图，我们先请这一组同学来介绍一下：汉堡带我们依次经过了哪些地方?

生：(根据自己小组画的旅行图进行介绍)

师：看来，我们各组的旅行图都不太一样，那有没有相同的地方？你们都画了哪些地方?

生：都有胃、小肠和大肠。

生：都是从嘴巴开始。

师：还有吗?

生：……

师：那汉堡究竟按照什么样的路线旅行呢？下面我们来看一下科学家们是怎么定义的。

生：(通过观看视频，了解食物在体内的旅行过程)

师：食物旅行的路线称为消化道，旅行所到达的每一个地点叫做消化器官。

师：老师这里有一套人体消化器官拼图，你们能完成它吗？

生：（小组合作完成拼图）

教学环节三：认识消化系统各器官的作用

师：我们已经认识了食物要通过的消化器官名称、食物消化的顺序以及这些器官在人体中的大体位置，但是，这些消化器官在消化食物时的作用是什么呢？

生：（说说自己所了解的消化器官）

师：是这样吗？让我们一个个来了解。

师：大家一致认为食物进入体内首先到达口腔。那么，口腔有哪些功能呢？

生：牙齿能把食物嚼碎，唾液能润湿食物，通过舌头的搅拌与唾液充分混合。

师：食物从口腔下去，到了哪里？

生：（通过视频仔细观察，食物通过口腔进入食道后，食道发生了什么变化）

师：食道有什么特点，主要具有什么功能？

师：其实整个消化道都是以蠕动的方式推送着食物前行的。食道是一条由肌肉组成的通道，本身并没有消化作用，它上接口腔，下面连着哪里？

生：（仔细观察视频，发现食物进入胃部，胃就会分泌消化液并开始蠕动，了解贲门、幽门的作用，并发现胃中有气体排出）

师：食物在经过胃的消化后会变成什么样子？让我们通过模拟实验来体验一下胃的消化功能。实验要求：我们用透明塑料袋代替胃，里面装入一些米饭、面条、蔬菜等食物，然后加入适量的水表示胃分泌的胃酸和胃液；用我们的手轻轻揉捏，表示胃在蠕动，看看食物会变成什么样？

（来自于教科版《科学》四年级上册教材）

生：（分组进行模拟实验并汇报交流，知道食物经过胃的作用，进一步磨碎，变成了食糜）

师：食物通过胃的简单消化变成食糜。接下来就来到了小肠和大肠。它们又给我们带来了哪些惊喜呢？

生：（结合小肠、大肠模型和视频，说说它们的特点和功能）

师：它们在肚子里面也是这么长长的吗？

生：不是的，他们是盘曲在我们的肚子里面的。

师：谁愿意和老师一起来把它们盘起来？

师：小肠进一步消化食物，吸收食物中的营养；没有被消化吸收的食物在大肠这里逐步被吸收水分，最后连带废气通过肛门排出体外，从而结束这一场旅行。

师：现在你能简单地说一说食物在体内的消化过程吗？

生：（在最后一段小视频的观看中结束本课的学习）

案例评析

学生进行实验活动的目的是借助实验更好地观察现象，获得解决问题的思路和证据。模拟实验是在无法进行实际观察的情况下，借助一些类似的实验情境进行的研究活动。模拟实验中的“模拟”的意义在于最大程度地创造符合实际的情境。

在模拟消化系统这一案例中，教师借助人体消化器官拼图让学生分组进行操作，借助这一模拟器材发现人体消化器官的排列位置和顺序，操作便捷，直观了然。此外，教师在教学中采用APP演示，既形象又直观，既激发了学生的科学兴趣，又顺理成章地解决了教学难点。在这个活动中，学生把自己的初始想法与事实相对照，完成对消化过程、消化器官的再认识和自我完善的过程。

特别是在对消化器官的功能认识环节，教师抓住“胃的消化”这一核心活动，采用现场模拟的方式，让学生观察到了食物变成食糜的消化过程，还理解了胃的蠕动原理，充分发挥了模拟实验对知识理解的支持作用。

案例3 ——模拟人体运动系统

【案例背景】由骨骼、关节和肌肉组成的运动系统是人体八大系统之一，人体的各项运动都是三者相互联系、共同协作的结果。骨骼对身体有支撑和保护功能，肌肉能为运动提供动力，关节起到连接作用。它们的活动和变化对于学生来说能够感受到，但不能直接观察。因此帮助学生通过一系列的模拟实验来发现骨骼、关节和肌肉的作用，感受到人体的精密、和谐之美是非常有意义的。

【案例描述】

教学环节一：从欢快活泼的舞蹈导入问题

师：在上课之前，老师带领大家欣赏一首歌曲《健康歌》，让我们一起运动起来！

生：（全体一起跟着《健康歌》跳舞）

师：在我们刚刚完成的这个舞蹈中，我们的哪些身体部位动起来了？

生：大腿、胳膊等。

师：那下面我们就摸摸自己的胳膊，看看你都摸到了什么？分别有什么特点？

生：骨头硬，有血管、筋、脉搏，上面有肌肉，有关节。

师：在刚才的舞蹈当中，骨骼、关节和肌肉共同合作参与了运动。今天这节科学课我们就来探究骨头、关节、肌肉有什么作用。

教学环节二：探究骨骼、关节和肌肉的作用

1. 探究、体验骨骼的作用

师：谁能根据你的经验说一说，关于骨骼你都知道些什么？

生：（交流对“骨骼”的原有认知）

师：这是人体骨骼模型，请同学们观察一下，你发现骨骼还有什么特点？你能说出身体中一些骨头的名称吗？

生：骨骼是一节一节的，有的地方是空的……

生：有肋骨、脚趾骨。

师：每个人的身体中都有骨骼，大家摸到的骨头是硬的，有些骨头围成一些腔体，你能根据这些特点猜测出骨骼有什么作用吗？

生：（交流自己的猜想）

师：我们可以通过模拟实验和体验活动进行研究。

师：这是两根同样的橡皮泥，我要把这两根橡皮泥立起来，现在请大家仔细观察，说一说你们看到了什么现象。

生：（一根立起来，一根倒下去）

师：（把两根橡皮泥断开，让学生观察内部）在这个模拟实验里，橡皮泥模拟的是肌肉，吸管模拟的是骨骼里面有吸管支撑的这根橡皮泥没有倒下去。直立的橡皮泥与直立的人体是相似的。因此我们可以得出什么结论？

生：骨骼有支撑的作用。

师：这是我们的头骨，里面有什么？

生：大脑。

师：大脑是一种很嫩、很软的物质，跟我们食用的豆腐脑很相似。下面我们用豆腐脑来做一个模拟实验。实验方法：用豆腐模拟大脑，在上面盖上一个透明的玻璃器皿模拟头盖骨。拍一拍，你发现了什么？拿掉玻璃器皿，再拍一拍，看到什么现象了？这说明头骨有什么作用？

生：保护大脑的作用。

2. 探究、体验关节的作用

师：关于关节你都知道些什么？

生：（汇报交流）

师：我们已经知道关节是可以活动的，人的身体中有很多关节，你能找到哪些关节？

生：肩关节、肘关节、腕关节、膝关节、踝关节……

师：关节都长在什么位置上？

生：两块骨骼的中间。

师：我们把骨和骨之间的连接叫骨连接，我们身上有很多骨骼是连接在一起的，但是有的不能活动，比如胸骨、肋骨。我们把能活动的骨连接叫关节，比如肘关节、腕关节。

师：现在请你根据刚才研究骨骼的方法，设计一个方案研究一下关节有什么作用，大家可以先自己独立思考完成研究方案，然后把你的想法在小组内说一说。

生：（小组讨论汇报）

师：（选择一位同学的方案展示）大家想到不让关节活动来进行验证的方案非常棒！假如我们没有关节会怎样呢？

生：（用热水瓶外壳套住肘关节，然后试着系红领巾；用小塑料环套住指关节写字，体验受限制的关节运动。分别汇报自己的实验感受）

师：大家都有哪些发现？

生：我们知道了关节可以使我们的肢体活动灵活。

师：那同学们想一想，身体有了关节和骨骼就可以运动起来了吗？

生：不能，还得有肌肉。

3. 探究、体验肌肉的作用

师：肌肉有什么作用？下面我们来做一个体验活动。

生：完成伸臂、曲臂运动，用手摸一摸并观察上臂骨肌肉的变化。

师：当肌肉鼓起来的时候，这就是肌肉的收缩，当它恢复到原来的状态时就是舒张。当肌肉收缩和舒张时，我们的手臂有什么变化？这说明肌肉有什么作用？

生：牵动骨头运动。

师：肌肉怎样长才能牵动骨头运动呢？这是自制的上臂骨骼模型，用两把尺子模拟骨头，用皮筋或绳子来模拟肌肉，在尺子上面不同的位置打了几个洞，用它来模拟肌肉的生长位置。肌肉附着在什么位置才能在收缩时使骨头动起来呢？

生：（利用自制上臂骨骼模型，研究肌肉怎样让骨头运动起来，并汇报发现）

师：通过刚才的模拟实验和分析，我们知道了肌肉能牵动它所附着的骨头运动起来。

教学环节三：体验“三者”协调运动

师：刚才我们研究了骨骼、关节、肌肉的作用，思考一下，在我们刚才进行的这些活动当中，这三者都参与了吗？

生：都参与了。

师：请你做一做、想一想，在曲臂、伸臂动作中，这三者是怎样协调配合完成动作的？试着做一个下蹲或者提脚后跟的动作，用手摸一摸，感受骨骼、关节和肌肉是怎样运动的。

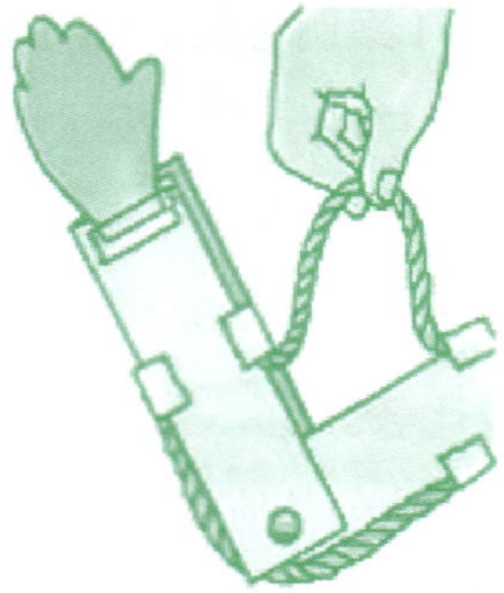

（来自于苏教版《科学》五年级上册教材）

生：（体验活动并交流）

师：我们身体的每一个活动，都是由骨骼、关节和肌肉这三者相互协调配合完成的。

案例评析

实验是学生进行观察、思考最直接的方式之一。人体内部的结构难以直接被观察和研究，我们便采用模拟实验。但要注意的是，进行模拟实验时，要清晰明了地展示模拟物、被模拟物，要引导学生仔细观察现象，学会从实验现象中提取有用信息，从而学会有效研究。

案例中的用玻璃瓶装豆腐后进行拍打的模拟实验，解释了头盖骨对大脑的保护功能，生动直观，会给学生带来一定的震撼。用热水瓶外壳套住肘关节系红领巾、用小塑料环套住指关节写字这两个模拟实验，设计思路巧妙，学生参与性广，达到了通过模拟实验理解学习内容的目的。

在对有关骨骼、关节和肌肉的探究中可以采取比较灵活的处理方法。在引导学生认识骨骼作用时，可以直接呈现骨架模型。利用模拟实验和体验活动，帮助学生了解骨骼的支撑保护作用，并对后面研究关节和肌肉的作用产生启发。

案例4 ——模拟太阳系的运行

【案例背景】太阳系是一个以太阳为中心，包括受太阳引力作用而环绕其运动的其他天体在内的天体系统。小学生对于宇宙的知识了解相对比较匮乏，空间概念不强，而太阳系中的其他天体平时又难以直接观察到。因此利用一些资料来帮助学生认识太阳系，在活动中建立太阳系模型，不仅能够加深太阳和太阳系中的组成天体在学生头脑中的印象，更能培养学生的空间想象力和理解力，对建立有关宇宙空间的概念十分有益。

【案例描述】

教学环节一：模拟情境，激发对宇宙探索的兴趣

开启星空投影仪（呈现银河星云）。

师：太阳、月亮、星星、银河……壮丽而遥远，神秘且充满未知。宇宙总会让我们产生无限遐想，引起我们深深的思索。今天老师就带同学们一起走向太空。

师：展现在大家面前的就是银河星云，你看到了什么？

生：星星。

师：是的。你们看到的这一颗颗星星都是银河系中的恒星。

师：谁来说说你知道的恒星？

生：太阳。（板书：太阳）

师：太阳有什么特点？

生：发光、发热。

师：是的，我们把像太阳这样能够自己发光的天体叫作恒星。（板书：恒星）

师：我们的位置在哪里？

生：地球。（板书：地球）

师：地球又在哪里呢？

生：太阳系。

师：今天我们就来学习太阳系。（板书：太阳系）

教学环节二：自主探究太阳系相关知识

师：你知道太阳系中有哪些成员吗？

生：（金星、水星……）

师：刚才你们所说的金星、水星，都是行星。太阳系一共有八大行星，它们都有共同的特点，知道是什么吗？

生：围绕太阳转。

师：太阳系中的所有天体都是围绕着太阳公转的。

教学环节三：建构八大行星模型

师：今天，我们的主要任务就是建构一个八大行星的模型，大家有没有信心挑战一下？

生：有。

师：老师这里有一个篮球，我们用它模拟太阳系中的太阳。那么，要完成这个模型建构，我们需要解决哪些问题？

生：要知道八大行星有哪些。

师：谁来说一说？

生：水星、金星、地球、火星、木星、土星、天王星、海王星。

师：还有什么问题需要解决？

生：模拟行星的材料。

师：（展示材料盒）是的。老师已经给大家准备好了材料，有回形针、干燥剂、珍珠1号、油菜籽、塑料球、珍珠2号、水晶、蓝松石。还需要解决什么问题呢？

生：还需要有轨道。

师：（展示轨道板）老师给同学们提供了一块展板，我们可以在这块展板上制作我们的模型。

师：还有什么问题要解决的？

生：测量工具。

师：为什么你觉得需要测量工具呢？

生：测量行星的大小、行星到太阳的距离。

师：是啊，这几个行星不一样大，我们一开始并不知道哪一个材料适合模拟哪个行星，所以我们要用工具来测量。这里还涉及到一个比例的问题。我们一起来看这张数据表。

PPT：太阳直径大约是1,390,000千米。

行星	赤道直径（千米）	太阳缩小为直径30厘米时的行星大小（毫米）
水星	4,880	1.051
金星	12,104	2.612
地球	12,756	2.752
火星	6,792	1.459
木星	143,000	30.826
土星	120,500	25.899
天王星	51,120	10.954
海王星	49,500	10.486

师：太阳直径大约是1,390,000千米，而篮球直径是30厘米。我算了一下，大约缩小了46亿倍。那此时，八大行星相应也要缩小。把数据反映在我们的模型当中，我们需要通过测量来选择合适的材料制作八大行星。

师：像油菜籽这么小的材料，怎么量呢？今天老师给同学们带来了一个好帮手——游标卡尺。（视频播放：游标卡尺测量）

师：接下来请大家先测量、再选材，最后请同学们在这块底板上建构行星模型。

记录表样本

名称	第一次测量	第二次测量	第三次测量	平均值	可模拟的行星
回形针					
干燥剂					
珍珠1					
油菜籽					
塑料球					
珍珠2					
水晶					
蓝松石					
注：找最接近的数值。单位：毫米					

师：（学生做的时候拍照，随机展示）我们一起来看，这是第X组的？你们是怎么选择的？

师：其他小组跟他们的选择一样吗？

师：（挑排列顺序不一样的）我们再来看这一组的。

师：八大行星到太阳的位置分别是什么样的呢？

生：水星、金星……（板贴排列顺序）

师：太阳系的八大行星是按照这样的顺序绕日运行的。今天我们构建了一个八大行星模型。太阳缩小，行星也缩小了。还有什么也会相应地缩小？

生：行星到太阳的距离也会缩小。

师：没错。我们来看一看具体的缩小比例。

PPT：太阳直径大约是1,390,000千米

行星	与太阳平均距离（万千米）	太阳缩小为直径30厘米时行星与太阳的距离（米）	赤道直径（千米）	太阳缩小为直径30厘米时的行星大小（毫米）
水星	5,800	12.51	4,880	1.051
金星	10,800	23.31	12,104	2.612
地球	15,000	32.37	12,756	2.752
火星	22,800	49.21	6,792	1.459
木星	77,800	167.91	143,000	30.826
土星	142,900	308.42	120,500	25.899
天王星	287,100	619.64	51,120	10.954
海王星	450,400	972.09	49,500	10.486

师：我们一起来看这张数据统计图。按照刚才的比例来算，水星离太阳大约13米，太阳在这里（上课教室），水星就在×××的位置，金星在×××，地球在×××，火星到了×××的位置，木星差不多到×××，土星在图上的这个范围（根据实际地点决定）……

师：由于课堂空间有限，老师用了这个底板来给同学们做模型。如果同学们有兴趣，课后也可以利用导航来找找八大行星的位置。

教学环节四：通过模拟软件了解矮行星、小天体

师：太阳系是不是就只有我们摆出来的这些天体呢？

生：不是。

师：还有什么？

生：冥王星。

师：冥王星曾经是第九大行星，随着探测技术的发展，它被排除出行星的行列。你觉得为什么冥王星不属于行星？

师：还记得“行星”的定义是什么吗？

生：质量足够大。

师：是的，质量必须足够大才有可能成为行星。冥王星直径在2300千米左右，很明显它不符合。我们再来看一下太阳系各大行星的运转轨道。（播放视频）

师：行星是在椭圆轨道上环绕太阳运行的、近似球形的天体。而观察冥王星运行的轨道，很明显，这一点它也不符合。所以，我们把冥王星降级成了矮行星。

师：（播放另一个矮行星的视频）除了八大行星、矮行星，太阳系中还有哪些成员呢？

生：卫星。（板书）

师：这些卫星是怎么运行的？

生：围绕着行星运行。

师：地球的卫星是？

生：月亮。

师：是的，太阳系中还有一些小天体，包括流星、彗星。（板书）

师：（播放彗星的视频）彗星通常直径只有几千米，主要由具挥发性的冰组成。最著名的就是哈雷彗星了，每76年可以在地球观察到它。（播放彗星轨道的视频）

师：还有一些小行星。（板书）我们来看这颗智神星。（播放视频）小行星主要是由岩石与不易挥发的物质组成。这颗智神星就位于小行星带，（板书）这里有成千上万颗我们肉眼看不到的小天体，它们沿着椭圆形的轨道不停地围绕太阳公转。主要的小行星带位于火星和木星轨道之间。

师：现在谁能用自己的话来概括一下什么是太阳系？

生：整个太阳系就是以太阳为中心，包括围绕它转动的八大行星、围绕行星转动的卫星、矮行星、小天体（包括小行星、流星、彗星等）组成的天体系统。

教学环节五：拓展延伸

师：宇宙离我们这么遥远，我们是怎么知道这些天体的秘密呢？

生：望远镜。

师：是的，太阳系的第一次探测是由望远镜开启的。伽利略是第一位发现太阳系天体细节的天文学家。

师：根据最新的探测，科学家认为第九颗行星可能在太阳系的边缘附近。不管怎样，在天文望远镜观测证实之前，太阳系是否存在未知行星还只能是推测。同学们不管是平时做实验、上课、运算，都应该像科学家一样，要用数据和事实说话。

案例评析

本课虽然只要求建立一个简单的太阳系模型，但实际上对于学生来说仍有很大的难度。用什么材料来建模型？行星的位置如何确定？这些都是影响学生建模的重要问题。实际活动中，要帮助学生降低建模的难度，有步骤地进行：首先通过大小不同的球形材料的选择，来解决对赤道直径数据的处理问题；接着对行星和太阳的平均距离进行同比例缩小，解决了行星的位置问题。在数据处理和建模的过程中，学生会对太阳系中天体的大小对比产生强烈的印象，从而建立起正确的太阳系空间认识。

同时，利用视频的虚拟情境创设，让学生身临其境，大大降低了学习难度，提高了学习兴趣，顺利突破了本课的教学重（难）点，从而完成了本课的教学目标。

案例 5 ——模拟地质运动：火山和地震

【案例背景】火山和地震这部分内容离学生的生活比较远，学生对它们的了解只是依靠电视等媒体的传播，没有切身感受，对火山地震的形成原因等具体内容的了解不深入。可是学生对此又非常感兴趣，他们也通过各种途径了解了一些相关的知识。因此在本课教学中采用学生观察现象、想象推测、模拟实验与动画演示相结合的方法来突破重（难）点。

【案例描述】

教学环节一：观看课件导入

师：同学们，今天老师给大家带来了一段视频，请同学们认真观看视频并思考，视频中发生的是什么现象？你看到了什么？

生：火山喷发时有红色的岩浆喷出，同时还有浓烟冒出、石块飞出。

生：我看到火山喷发时，红色的岩浆像液体一样流出。

……

师：大自然在赐予人类财富的同时，也给我们带来了巨大的灾难。今天就让我们一起来认识火山、研究火山。

教学环节二：认识火山喷发现象

师：对于火山，你有什么想研究的问题？

生：火山喷发是怎么形成的？

生：火山喷发与我们人类的活动有关系吗？

生：怎样才能防止火山喷发？

师：同学们提出了这么多想要研究的问题，说明大家对火山很有兴趣。你们认为在所有这些问题中，应该先解决哪个最基本的问题？

生：我们可以首先研究火山喷发是怎么形成的。

师：好。下面我们一起来进行火山喷发模拟实验。先在铁盒里放一些土豆泥，将它塑成山的形状，并在土豆泥“山”顶端挖一个小洞。接着往洞口倒入一定量的番茄酱，并用薄薄的一层土豆泥封住洞口。然后将铁盒子放到铁架台上，用酒精灯加热。

师：实验中要注意安全，不要将脸直接对着铁盒的上方，实验完成后及时用抹布清理桌面。

生：（在教师的指导下进行分组实验）

师：请大家观察桌面，你发现了什么？

生：番茄酱从封住的土豆泥洞口流出来了。

师：真正的火山喷发时喷发出来的又是什么呢？

生：我估计土豆泥可能是土壤，番茄酱可能是地球里的岩浆。

师：你的用词很准确，“估计”“可能是”表示是自己的猜测。可光有猜测，没有证据不行，科学讲究证据，你们根据自己搜集的材料讨论讨论，看有结论吗？

生：（小组讨论）

师：各组的看法是什么？

生：我们认为喷发出的番茄酱就是岩浆，因为书本资料说火山爆发，炽热的岩浆直冲天空，实验中冲出来的正是番茄酱。

师：炽热的岩浆为什么会从地底冲出来呢？

生：地球内部有巨大的压力，将岩浆压出来的。

师：那它是沿着什么路线从地球内部一直跑到地表呢？

生：因为地层中有裂缝，所以岩浆沿着裂缝出来了。

师：为什么地球上有的地方有火山喷发，有的地方一直没有？

生：火山爆发一般在地壳比较薄的部位或者地壳裂缝距地面较近处。

师：请你根据刚才的发言，将火山爆发的原理详细地分析给大家听，其他同学可以补充。

教学环节三：认识地震

师：了解了火山喷发的原因，我们就可以对它进行监测和预告，以降低和减少自然灾害对人类的影响。然而除了火山以外，无情的地震往往也会给我们人类带来巨大的伤害。

生：（观看2008年5月12日汶川大地震的视频资料，交流观看后的感想）

师：地震也是一种非常可怕的自然灾害。那为什么会发生地震呢？让我们一起来做个模拟实验吧。把你桌上的毛巾叠起来放平在桌面上，用手按住两头向中间挤压，你观察到了什么？

生：毛巾向上拱起来了，毛巾形成了褶皱。

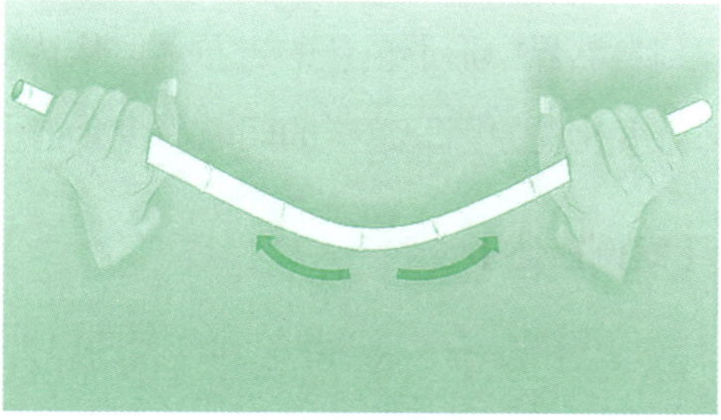

师：怎么会发生这个现象呢？

生：毛巾受到了力的作用，从两端向中间挤压，就形成了褶皱。

师：如果把毛巾看作地壳岩层，这个现象能够说明什么呢？

生：岩层也会发生褶皱现象。

师：那么岩层为什么会断裂呢？请你用手握住枯树枝的两端，用力将它压弯、折断，你又发现了什么？

生：手在枯树枝断裂时除了有震动，我还听到了“啪”的声音。

师：这又能说明什么问题？

生：岩层受到的力大到一定程度时，就可能发生断裂形成地震。地震时大地会震动，而且还会有轰隆隆的声音。

师：地壳的岩层在受到巨大的挤压时会发生褶皱，褶皱突然断裂时会释放出巨大的能量，使大地猛烈地震动起来，产生巨大的破坏力量，这就是地震。

师：第一架自动测地震方位的仪器是哪个国家发明的？

生：（了解张衡和他发明的地动仪）

师：发生地震时，我们应该如何保护自己？

生：立即离开房屋，到室外空旷的地方去。

师：如果来不及撤离呢？

生：躲在坚固的床或桌下。

……

案例6 ——模拟地质运动：岩石的风化

【案例背景】学生一般对岩石不会陌生，因为喜欢玩石头是孩子们的天性。他们会关注到自然界中形形色色的岩石。但从认知和技能上说，他们对“岩石会不会变化、探索岩石变化的原因”这样的问题很少会进一步思考。

【案例描述】

教学环节一：观察各种岩石的外观，激发探索兴趣

师：这节课我们来研究岩石。岩石大家都见过吧？都有哪些模样呢？一起来看看！

生：（通过课件欣赏各种典型的岩石图片）

师：这些都是从著名的风景区拍摄到的。在平时的生活中，能不能见到岩石？

生：在河边、路边、建筑工地上可以看到。

师：我这里有一些岩石的标本，请大家一起观察一下！

生：（对鹅卵石、小石头、沙子进行观察）

师：这些岩石跟屏幕上展示的有哪些不同？

生：鹅卵石表面很亮很光滑，上面还有花纹。

生：生活中常看到的岩石有点小，这一块还有尖尖的棱角。

师：这一小包沙子也是岩石吗？它具有岩石的哪些特征？

生：是的，颜色、手感和岩石很相似。

师：自然界中的岩石真是千姿百态。这些不同模样、大大小小的岩石之间有什么关系呢？

生：（小组内开展讨论，并把想法用“图画+文字”的方式记录下来并汇报交流）

师：很多同学都认为，自然界中的大岩石不断地碎裂，就成了小岩石和沙子。是不是这样的呢？

教学环节二：探究岩石改变的自然原因

师：岩石可是很坚硬的，要让它碎裂、变小需要力量。讲台上的这块岩石，谁有办

法来改变它？

生：用锤子用力敲打、往地上砸、磨……

师：这些都是靠什么力量让它发生改变？

生：人的力量。

师：大自然中，是什么力量在改变岩石？

生：气候冷热、风、流水、动物、植物……

师：岩石在自然条件下的变化我们很难观察，但可以通过模拟自然环境的某些条件进行实验，这样的实验叫模拟实验，它的优点是可以在较短的时间内解决一些难以用直接方法解决的问题。

1. 实验一：模拟冷和热的作用

师：这里有酒精灯、火柴，还有一杯冷水，可以用它们来模拟自然界中什么样的环境？这个实验怎么做？

生：酒精灯的火焰模拟自然界热的情况，冷水模拟冷的环境。

生：自然界中冷和热在不断变化，所以要反复多做几次。

师：岩石就从刚才我们观察的几块中间来选取，你会选择那一块？

生：（说说这样选择的理由）

师：可以直接用手拿着岩石烧吗？

生：不能直接用手拿，会烫伤手，要用镊子夹住。

师：实验中还有什么大家应该注意的地方？

生：要正确使用酒精灯，用镊子夹住岩石在酒精灯的外焰上加热。

生：要注意安全，戴好护目镜。

（学生在教师的指导下进行模拟实验）

师：实验中我们看到了什么，说明了什么？

生：我看到岩石产生了裂缝。

生：岩石上有碎屑掉下来了。

生：这说明冷热变化会让岩石发生改变。

师：自然界中日夜交替、四季温度的变化都会对岩石产生破坏作用，使岩石碎裂。

生：（观看视频“温差对岩石的作用”）

师：在冷热的交替作用下，岩石裂开了。可是裂开的岩石棱角都很尖锐，它们又是怎样变光滑的呢？下面我们来进行第二个模拟实验。

1. 放砖块，拧紧瓶盖

2. 用力摇晃（每人摇50下）

（来自于教科版《科学》五年级上册教材）

2. 实验二：模拟流水的作用

师：我们要用到的实验材料有：装有小半瓶水的塑料瓶、碎砖块等。你们能按照图示，合作完成这个实验吗？提醒大家要留下一块作为样本，以便后面观察比较。

生：（把砖块放入瓶中，拧紧瓶盖，每位学生用力摇晃瓶子50下）

师：请大家把摇晃过的水、砖块倒在有纱布、滤杯的烧杯中，请你们仔细观察、比较砖块的变化。

生：通过和之前留下的砖块比较，可以看出被水泡过、摇晃过的砖块棱角被磨圆了。

师：拿掉上面的滤杯，小心地拎起纱布的四个角，把它放在盘子里，看看纱布上有什么？哪儿来的？

生：纱布上留下了一些细砖屑，这是从砖块上掉下来的。

师：再来观察一下水的情况，水里发生了什么变化？

生：水变成了和砖块一样的颜色，说明水中分布着许多颗粒更为细小的砖屑。

师：这是老师上一节课实验后留下来的水，比较一下，有什么发现？

生：水中的小砖屑都沉到了水底。

师：实验中，砖块模拟的是自然界中的岩石，我们晃动瓶子中的水，模拟的是自然界中水的流动。这个实验说明了什么？

生：水流的力量也会让岩石发生改变！岩石表面被磨圆了，从岩石上掉下来的小颗粒就是我们常见的沙子。

师：自然界中是谁在晃动岩石，让岩石的模样发生了改变？

生：河流、洪水、雨水等。

师：岩石在冷热变化、流水的作用下会改变模样，我们把这种现象叫做风化。

教学环节三：欣赏风化带来的自然之美

师：自然界中，还有许多现象也会让岩石产生变化，一起来看看！

生：（观看关于“动物、植物、风、冰雪等自然力对岩石作用”的视频）

师：从视频中可以看出还有哪些现象会让岩石发生变化？

生：动物、植物、冰川、风……

师：风化作用会改变地球的地形地貌，形成许多美丽的景观。课后，让我们走进大自然，去感受自然界的神奇力量吧！

案例评析

在课堂教学中，探究不仅涉及提出问题、猜想推测、收集证据、模拟实验、进行解释、表达与交流等活动，还涉及对科学探究的认识。对“火山和地震”的认识中，通过模拟实验和课件展示，引导学生展开大胆的推测，探究火山和地震的成因，同时在交流互动中了解人类对火山和地震的探索，在探究过程中学会推理和合理的想象，掌握预防地震的基本方法，增强学生的生命意识，培养学生敢于献身科学的重要品质和创新精神。

或许不用上“岩石在空气、水、生物等的作用下会发生风化作用”这一节课，学生就能解答“引起岩石变化的原因有哪些”这一问题。但这种认识往往来自课外的阅读，至于这些环境因素是如何产生作用，以及变化的过程中会出现哪些现象，学生并无确切的感知。从这一点来讲，学生并没有形成或没有完全形成风化作用的概念。课堂上通过两个模拟实验，用事实作为依据，来帮助孩子建立相关的科学概念。在研究流水的作用时，把观察的要点细分为三层：第一层是与留样砖块比较，观察砖块的变化；第二层是观察纱布上的情况；第三层是观察水的情况。在亲手操作实验、结果比对、讨论交流的过程中，学生们真切地感受到了流水对岩石风化起的作用，有了事实和情感的依据，科学概念才有了根。

模拟实验可化抽象为具体，化复杂为简单，使学习内容直观化；也可化长时间为短时间，化大空间为小空间，化笼统为具体，有利于培养学生的实际操作能力，达到学用结合的目的。但是如果教师在教学中目标不够明确，教学思路不够清晰，往往会降低实验精确度，使实验现象不够明显。因此教师在指导学生进行模拟实验时，要注意以下几点：

1. 掌握原理是模拟实验的基础

首先教师要深入研究教材，理清教材序列，了解客观事物的现象，认识研究对象的本质，准确地描述原型，才能构建对应的模型，进行模拟实验，解释现象。其次教师还要对学生的情况有充分的了解，在教学中应运用多种教学方法、借用多种手段帮助学生观察相关自然现象、理解知识、认识原理或成因，以便较准确地反映客观事实，增强模拟实验的实效性。

2. 建构模型是进行模拟实验的关键

在选择实验材料时，应注意提高模型或实验条件与原型的相似度，增强模拟实验的可信度。

3. 收集资料并归纳是模拟实验的重点

通过模拟实验收集资料，把观察记录的资料进行归纳推理，得出结论，印证原型中的现象、原理、成因等机理的本质，最终形成正确的认识。

当然，每一种类型的模拟实验都因研究内容的特点，有各自独特的地方，教师在组织模拟实验时，可以根据它的特点，侧重于某一方面重点指导，充分认识、重视学生的前概念，理清教材的知识序列，利用各种媒体与手段，让学生在模拟实验中有效体验，逐渐培养学生的科学素养。

第三节 | 对比实验课

对比实验，指设置两个或两个以上的实验组，通过对结果的比较分析，来探究各种因素与实验对象的关系，它是运用比较的方法来揭示事物的性质和变化规律的一种实验方法。对比实验的方法是进行单因素比较。要进行单因素比较，则必须设法控制其他可能有影响的诸多因素，尽量使这些因素完全相同。这是对比实验的基本要求，也是对比实验过程中自始至终要遵循的重要原则。

在对有差异的同实验组两个实验进行对比分析时，要注重引导学生对实验条件的不同进行对比，对实验过程所发生的不同现象进行对比，以及对不同的实验结果进行对比。要让学生知道对比什么，怎样比，对比的结果与实验过程条件的变化存在着哪些因果关系。

组织对比实验的步骤可以分为前后两部分，前一部分主要是组织学生进行实验的操作和对实验现象进行细致观察。这一步骤具有实验教学的共性，侧重于培养学生实验和观察的技能。后一部分是学生运用对比分析的方法逐渐深入地发现实验现象差异以及这种差异中所包含的事物变化的某种规律，从而学到新的知识。后一部分侧重于培养思维能力和学生获取新知识的过程。

案例1 ——摆的研究

【案例背景】本课通过对摆的研究，了解摆的运动规律，知道摆的快慢与摆绳的长短有关系，而与摆重和摆角无关。在学习本课之前，学生只了解生活中有些物体的运动是摆动，如钟摆、秋千、摇篮、拳击沙袋等。在本课的研究过程中，学生将自己动手制作简单的摆，在玩摆时发现不同摆的区别，讨论交流所发现的问题，进而制订研究方案，逐步展开科学探究活动。

【案例描述】

教学环节一：根据前期数据，激发学生假设

师：请大家拿起手中的摆和钩码，看看在10秒钟内，你们的摆都能摆动多少次？

（教师把各组的结果写在黑板上）

师：看到这些结果，你们有什么想法？

生：我想摆的快慢肯定跟摆下面钩码的重量有关。

师：说说你的根据。

生：我发现我们小组的摆下面的钩码是铁的，旁边小组的钩码是橡胶的，我们的一定比他们的重。所以两个组的摆，摆动的快慢不同。

教学环节二：紧扣关键问题，引导学生设计

师：说一说，你们小组是怎样设计的？

生：我们小组准备研究摆的快慢与摆重的关系，假设摆越重，摆动得越快。在这个实验中，保持不变的是摆长和摆角，需要改变的是摆重。

师：怎样改变摆重？

生：我们分别用1个、2个、3个钩码做摆重。

（教师把钩码串联起来，钩码变长）

生：这样不行。摆重虽然改变了，但是加上钩码，摆长也变长了，而摆长应该是保持不变的。

师：那怎样做既可以增加摆重，又不改变摆长呢？

生：（讨论如何增加摆重）

师：真是人多力量大，这个实验设计还有需要改进的地方吗？一个小小的错误，就可能导致整个实验的失败。所以，在设计时一定要认真。

（学生纷纷检查、讨论，然后师生一起评价。）

教学环节三：交流实验发现，帮助学生总结

师：哪个小组先说说，你们实验的结果如何？

（学生交流摆动角度与摆动速度发生变化时的现象）

师：还有哪个小组做这个实验了？

（学生补充交流）

生：我们小组的假设对了！

师：你们假设的是什么？

（学生交流摆长长，摆动慢；摆长短，摆动慢的现象。）

生：我们的结果和他们的一样，但是，我们的假设错了，我们假设的是摆越长，摆

得越快。我们只对了一半。

师：假设错了，不代表你们的实验就错了，能够通过实验验证一个说法是对或错，就是一次成功的科学探究。

师：通过今天的实验，你们发现了摆的什么规律？

生：摆的快慢只与摆长有关，与摆重和摆角都无关。

（来自于教科版《科学》五年级下册教材）

案例2 ——研究摩擦力

【案例背景】摩擦力的大小与材料的粗糙程度和接触面间的压力有关，学生有一定生活经验，比如结了冰的路面与结冰之前的路面光滑程度不一样。不过，对于大部分学生而言，他们并没有真正地去关注和思考过摩擦现象。因此，“什么因素影响摩擦力的大小”是学生的未知领域。整个教学过程以学生的探究为核心，将科学探究的思想和方法“由扶到放”地落到实处，激发学生爱科学、学科学的兴趣，使他们乐于合作，善于交流，以促进学生科学素养的形成。

【案例描述】

教学环节一：游戏导入，认识摩擦力

师：同学们，今天上课前，老师先给大家表演个小魔术，这个魔术的名字叫“魔戒”。

（教师演示金属环在橡皮筋上从低处向高处上升）

师：大家看，把金属环挂在筷子上，它就下滑了。不过，在橡皮筋上它没有下滑，就是因为有摩擦力。

教学环节二：简单操作，感受摩擦力

师：大家思考一下，我们生活中有哪些摩擦现象呢？

生：（举例）

师：手的感知是很灵敏的，现在大家就用手在桌面上搓一搓、试一试。

生：（尝试并交流，感受摩擦力）

师：大家看，我在木板上拉动这个小木块，小木块受到摩擦力了吗？

师：拉动这个物体，摩擦就发生了。（播放PPT：物体滑动的示意图）请问摩擦力发生在哪个部位？

生：发生在两个物体的接触面上。

师：那摩擦力的方向朝向哪里呢？

（教师举例说明，若与拉力方向相同，木块会越跑越快，而实际操作是稳定的匀速移动。之后教师出示摩擦力的定义，学生阅读）

教学环节三：对比实验，研究摩擦力

师：摩擦力也是一种力，大家知道，力不仅有方向，还有大小。我们今天就来研究一下摩擦力的大小。大家猜想一下，物体受到的摩擦力的大小可能会和什么因素有关呢？

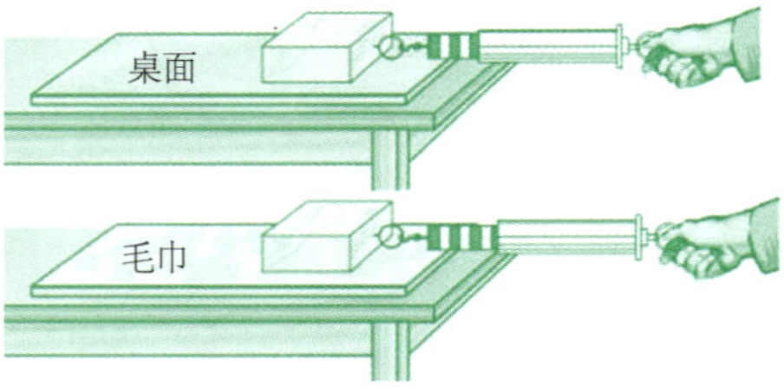

生：（提出各种猜想）

师：刚才大家提出了多种猜想，现在我们就先来研究一下，看是不是与材料有关。老师提供了这些材料（出示图片），你认为哪一种材料对小木块的摩擦力最大？

生：桌面、毛巾。

师：研究摩擦力时，除了这些，我们还要用到实验室里的仪器，怎么使用这些工具与材料呢？

生：（依次上台领取材料和工作单，开始实验）

教师巡视指导，提醒学生要利用控制变量法来完成实验。

师：哪个小组先来汇报一下？

生：我们组的实验结论是毛巾的摩擦力最大，桌面的摩擦力最小。

师：哪些小组与他们的结论相同？

生：我们的结论是泡沫板产生的摩擦力最大，桌面产生的摩擦力最小。

师：同学们，现在出现了两种实验结论，哪种是准确的呢？

生：大多数小组的结论和我们小组的一样，我们的应该是正确的。

师：我们有十个组，每个组的材料都是相同的，而且每种材料做了三次实验，也就是说，我们进行了三十次重复实验。我们先暂时接受大多数小组的结论。这一组同学，请过一会儿再重新做实验来检验一下。

师：桌面、泡沫板与毛巾，大家觉得它们三者有什么区别？

生：毛巾最粗糙，桌面最光滑。

师：看来材料越粗糙，产生的摩擦力越大。除了刚才的实验结论，对于小木块受到的摩擦力大小，还有其他可能的影响因素吗？

生：老师，我们组发现，在桌面上也可以产生很大的摩擦力。

师：你们怎么会有这样的发现？

生：如果改变小木块的重量，就是加上不同的钩码，摩擦力的大小就不一样了，钩码越多，产生的摩擦力越大，有时候比在毛巾上的还大。

师：也就是说，如果选择好一种材料并且保持不变，在上面拉动小木块，改变放在上面的钩码的数量，摩擦力大小就会不同。其他小组有没有这样的发现？

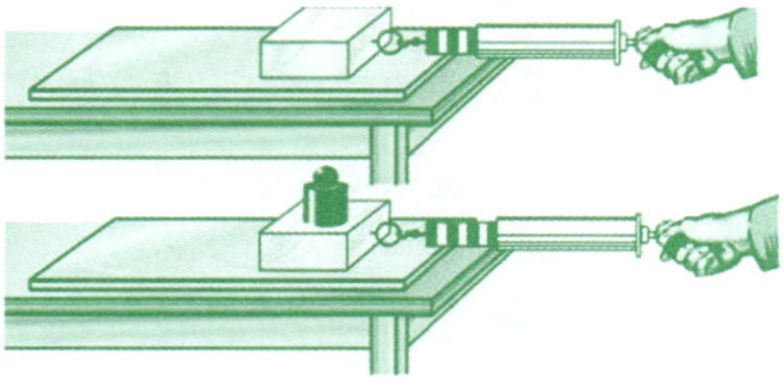

师：面对这个新发现，我们可以用实验来验证一下他们组的说法。不过，你们应该怎么处理小木块呢？

生：每次拉动不同重量的小木块。

师：改变重量可以通过放不同数量的钩码来实现。那么材料怎么选择呢？

生：确定好一种材料后，不再更换，每次我们只改变小木块的重量。

师：对，这就是我们一直强调的实验公平性，要确保只改变一个条件。

案例3 ——溶解实验

【案例背景】在之前的学习中，学生会注意到溶解的快慢问题，想到是什么因素影响了溶解的快慢。搅拌是学生比较容易想到的方法，因为前面几课的实验中多次使用了这一方法，他们在生活中也有这样的经验，这是本课学习的基础。本课从“搅拌对溶解的影响”这个对比实验入手，到学生自行设计“怎样加快溶解”的实验，指导学生运用对比实验的方法，探究影响物质溶解快慢的主要因素。

【案例描述】

教学环节一：创设情境，引入问题

师：老师倒了一杯冷的纯净水，放入了一颗水果糖，想请同学帮我试试够不够甜。（请一位学生试喝。预设：不甜或没有味道）水中放入了糖，怎么会不甜呢？请大家帮老师想想办法，让我能较快地喝到糖水。

生：（交流各种方法）

教师板书：搅拌、加热（热水）、捣碎……

师：同学们想出了这么多办法，真是令老师佩服。你们的这些办法是不是真的有效呢？这节课我们就来研究这个问题：溶解的快与慢。（板书课题）

教学环节二：由扶到放，实验探究

1. 以搅拌实验为例，探讨实验方法

师：我们都知道猜想是科学发展的前提，我们已经迈出了非常重要的一步，但是，这些猜想是正确的吗？现在，我们就来当一回小小科学家，亲自验证。我们先来验证第一个猜想：搅拌能加快物质的溶解。老师为大家准备了食盐，你准备用什么样的实验来验证“搅拌能

（来自于教科版《科学》四年级上册教材）

加快溶解”？大家思考一下。（引出对比实验）

（师生共同讨论相同条件和不同条件。相同的条件：水量相同、盐量相同、温度相同、同时放盐、观察时间相同；不同的条件：一杯搅拌、一杯不搅拌）

师：这个实验我们已经设计好了，小科学家们，按照我们刚才的实验方案严格控制条件，开始小组实验，并完成实验记录单。

（学生实验，教师巡视）

得出结论：搅拌能加快食盐的溶解。

2. 分别探究“加热能否加快溶解”与“捣碎能否加快溶解”的实验

（分组进行，1～6组探究“热水能否加快物质溶解”，溶解物质是食盐；7～12组探究“捣碎能否加快物质的溶解”，溶解物质是方糖）

师：在实验前，老师还是想请同学们设计一下，你们准备怎么来验证猜想，以及你们要完成的相同条件和不同条件，把它们填写在实验记录单二中。

（学生汇报记录结果，教师进一步完善）

师：大家注意到没有，我们填的两张记录单中，不同条件有几个？

生：一个。

师：因为如果不同的条件多了，我们就不知道这个溶解的快与慢究竟是哪个条件引起的，对不对？所以做实验的过程中要严格控制实验的条件。

（学生实验，教师巡视）

生：（得出结论——加热能加快物质的溶解；捣碎能加快物质的溶解）

师：我们的实验都完成得非常好，我们通过三个实验，证明搅拌、加热、捣碎都能加快物质的溶解。我们做的是什么实验？

生：对比实验。

师：在实验中我们找出了相同条件和不同条件，而且对比实验的不同条件只有一个。

教学环节三：实际应用，回归生活

师：大家做实验这么认真，老师奖励每人吃一颗水果糖。但先思考一下：怎样吃糖，可以让它溶解得更快呢？

生：（讨论游戏方案——同时放入嘴中，每组不同成员用不同的方法吃糖并记录）

师：下面分组进行吃糖游戏，请大家做好记录。

生：（汇报游戏结果，谈谈感受）

案例评析

上述三个案例都属于典型的对比实验，引导学生亲身经历通过控制单个变量进行对比实验的过程。在“摆的研究”过程中，学生要研究的因素至少有三个，但是教师紧扣住“摆锤重量与摆动速度”这一个因素，引导学生思考对比实验中的不同条件和相同条件，以及控制变量的具体方法。在学生思考、讨论、交流的过程中，所有学生对对比实验了然于心。

在“研究摩擦力”的过程中，由于五年级的学生对于对比实验已经相当熟悉，所以教师一开始没有讨论对比实验的变量问题，而是直接让学生从感兴趣的问题入手进行研究。在做“溶解实验”时，考虑到这是学生真正意义上首次运用对比实验来进行研究，教师从“搅拌”这个因素开始引导，对实验中需要控制的变量一一进行讨论，在后面另外两个因素的研究中，教师也要求学生先设计，再交流，最后实验。这样由扶到放的过程，使学生真正学会用对比实验的方法开展科学实践活动。

教师在对比实验课型的教学活动中，要灵活选择适当的教学形式，实现教学设计过程与科学探究过程的和谐统一，同时还要考虑学生的认知规律，循序渐进教学，使学生在学习对比实验的同时各方面的能力都得到发展。教师需要注意以下几点：

1. 关注对比实验顺序的安排

儿童的思维活动是有序的，他们在学习新知识时需要经历由浅入深、从易到难、由具体的感知到能运用语言描述在大脑形成的表象，再由具体的表象到抽象和概括的思维活动过程。教师在组织对比实验时要充分考虑学生的这一思维特征，按照学生的认知规律，合理安排对比实验。

2. 关注对比实验现象要具有明显差异

有差异才有对比。大多数对比实验中可变化的条件比较多，但是为了帮助学生尽快发现对比实验中的某种差异，教师应创设能产生较明显差异现象的实验条件，在差异明显的条件下进行对比分析，有利于学生发现事物变化的规律。

3. 关注对比实验材料的选择

教师在选择实验材料进行对比实验时，要选择具有典型性的、有结构的材料，以避免在实验过程中出现复杂的多种变化现象。简化实验过程，排除次要因素的干扰，尽可能让学生从简化的实验现象中发现某种变化的规律。

第四节 | 验证性实验课

验证性实验课主要让学生根据老师的指导在实验室内进行独立操作，通过对实验现象的观察和对实验结果的分析来验证新知识。也就是根据学生的认知发展水平及动手实践能力，将前人探索出的结果、规律在充分讲解的基础上，让学生有外显的、主动的"像前人一样探索的"亲历活动。学生通过对一些简单仪器的使用，细致地观察一些实验现象，验证规律，训练动手实践能力，从而实现相关的情感态度目标。

验证性实验的内容需要根据课程标准和实验内容的要求、学生的实际情况来确定。像植物的茎和叶的作用、食物中的营养成分、人体呼出的气体的主要成分、冷暖变化对岩石的破坏作用、摩擦起电、磁铁的磁化、光的直线传播等内容，就可以用验证性实验的方法来学习。

验证性实验虽然比不上科学家所做的科学实验那样复杂和规范，但是也可以让学生像科学家那样，用简单的科学实验的方法，去探索、认识自然界中事物的性质和规律。这不仅是一种科学能力的培养，还是一种科学素养的体现。因此在验证性实验课堂上，我们可以遵循"提出问题——猜测假设——设计实验方案——实验验证——得出结论"这样的流程，让学生像科学家一样来进行验证。

案例 1 ——探究呼出气体的成分

【案例背景】空气质量关系到人类生存，是现在受到普遍关注的问题。学生知道"人每时每刻都在呼吸，呼吸意味着生命的存在"，但是他们对于"呼吸"的认识大多只停留在表象上，只是模糊地知道吸进的气体和呼出的气体是不一样的，但是并不明白有哪些不一样，所以让学生在猜想的基础上展开验证性试验，用简单器材做实验，在整理分析实验现象的过程中，发现呼出气体的主要成分。

【案例描述】

教学环节一：体验“呼吸”活动，认识人的呼吸行为

师：新鲜空气是怎样进入人体的？

生：通过呼吸。

师：人每时每刻都在呼吸，呼吸是几个动作？我们来感受一下。

生：（做深呼吸并认真体会）

师：呼吸其实是两个动作——呼和吸。把身体内的气体排出来的过程是“呼”，把周围的空气吸入人体的过程是“吸”。

师：人为什么要呼吸呢？如果不呼吸人会怎么样？

生：因为人需要吸入新鲜的空气，不呼吸人会死亡。

师：那我们就来吹气球感受一下呼吸。请大家做好准备，吸足气，一次性呼出。

师：吹到最后感觉如何？

生：再不吸气感觉就要没气了。

师：为什么会有这样的感觉？

生：因为我们吸进的是氧气，呼出的是二氧化碳。

教学环节二：初步认识人呼出和吸进的气体的不同

师：呼出的气体和吸进的气体都是无色无味的，谁知道它们的不同之处在哪里？

生：吸进的气体中氧气多，呼出的气体中二氧化碳多。

师：你是怎么知道的？

生：以前爸爸讲过的。

师：大家觉得她说得对吗？

师：怎样证明呼出的气体中含有大量的二氧化碳呢？

生：做实验。

师：如果要验证呼出的气体中含有大量的二氧化碳，我们要先来了解一下二氧化碳有哪些特点。

生：二氧化碳可以用来灭火。

生：二氧化碳不能帮助呼吸。

师：二氧化碳还有一个非常显著的特点：能使澄清的石灰水变浑浊。

教学环节三：设计实验验证人呼出的气体

师：刚才我们已经了解了二氧化碳的一些特点，下面请大家根据这些特点来设计实验，证明呼出的气体中二氧化碳比较多。

生：（小组交流）

生：我们可以收集一瓶呼出的气体，将这个气体加入到澄清的石灰水中，如果能让清石灰水变浑浊，那里面就应该含有较多的二氧化碳。

师：还有其他的方法吗？

生：还可以将一根燃烧的小木棒放到收集的气体中，看看火会不会灭掉。

师：这两个方法都不错，但都要收集呼出的气体。今天老师要教你们一个新的方法——“排水集气法”，来收集一瓶呼出的气体，请大家看大屏幕。

（视频显示：取一只集气瓶——装满水——用盖玻片盖严——倒立在水槽中——把盖玻片拿开——把吸管一端伸入集气瓶中吹气——瓶中充满气体——在水中用盖玻片盖严——从水中取出——瓶口向上放在桌上）

师：步骤清楚了吗？各组先来收集一瓶呼出的气体，然后再收集一瓶吸进的气体。

生：（收集气体）

师：接着我们可以分别用注射器抽取10毫升的气体，分别加入两个装有澄清石灰水的小烧瓶中，观察石灰水是否发生了变化。再把燃烧的小木棒伸进两个不同的集气瓶中，看看有什么现象发生。

师：下面各小组开始实验，器材轻拿轻放、认真观察做好记录，注意安全。

生：（分小组开始实验）

师：实验结束了，请各小组来交流一下你们的发现。

生：我们将呼出的气体加到清石灰水中，石灰水变浑浊了；吸进的气体加到清石灰水中，现象不明显。

师：这个现象说明了什么？

生：说明我们呼出的气体中二氧化碳比较多。

师：还有什么发现？

生：燃烧的木棒放到呼出气体的集气瓶中容易灭，也说明这个气体中有许多二氧化碳。

师：通过刚才的研究，我们发现了人体呼吸时，呼出的气体中二氧化碳的含量比较多，氧气比较少。至于气体中是否还有其他的成分，大家可以去查阅一下资料。

案例 2 ——探究茎的输送功能

【案例背景】植物在我们生活中随处可见，学生已经知道植物的基本结构有“根、茎、叶、花、果实、种子”，而且对植物的外表观察已积累了一定的经验，但是对于各部分的作用并不是十分清楚，其中茎是植物一个非常重要的部分。所以本堂课将通过有趣的实验，让学生形象直观地了解植物的茎有输送水分和养料的作用，将抽象的科学知识变得通俗易懂。

【案例描述】

教学环节一：创设情境，引入研究

师：出示一棵油菜花。你认识它吗？谁能给大家介绍一下它各部分的名称？

生：（介绍根、茎、叶、花、果实、种子）

师：这些都是植物的基本结构，我们种植植物，要给它们经常浇水。那么，为什么我们把水浇在植物的根部？

生：因为根能吸收水分。

师：根吸收的水分是怎样到达植物的叶和花的？

生：我觉得是通过茎来运输水分的。

师：除了这个作用，茎还有没有其他作用？想一想，叶子的光合作用制造的养料是怎么运输到植物全身各处的？

生：我觉得茎还有运输养料的作用。

师：如果茎的确有运输水分和养料的作用，那么它的内部应该有怎样的结构才能帮助运输水分和养分呢？

生：茎的里面应该有管子，像自来水管一样，能够让水和养料通过。

师：水分和养料走的是同一根管子还是不同的管子？

生：我觉得应该是不同的管子，因为如果走同一根管子，有可能会撞到一起。

师：是不是跟同学们想的一样呢？今天我们就来通过实验，验证一下我们的猜想。

教学环节二：验证茎有运输水分的作用

师：茎的内部是不是真有同学说的管子？我们有什么办法可以观察到它的内部构造？

生：可以切开来看看。

师：我们科学课上主要有两种方法：横切和纵切（演示两种方法）。

师：为了便于大家的观察，老师用红色墨水把水染成红色，然后把这些植物的茎放入水中，浸了几个小时。下面我们用横切和纵切的方法来看看茎的内部发生了什么变化，观察完成后，请大家把看到的现象画下来。

生：（把茎进行横切和纵切，观察茎的横切面和纵切面，把观察到的现象记录下来）

师：你们发现了什么？说明了什么？

生：横切后，发现横切面上有一圈红色的水珠，说明水就是在这里经过的。

生：纵切后，看到茎内有两条红色的线，也说明了水从这里经过。

师：观察得真仔细，看来茎的内部确实有运输水分的管道，这也证实了茎有什么作用呢？

生：茎有运输水分的作用。

师：植物体内的这种管子在科学上叫做“导管”。茎内的“导管”与根部的、叶部的“导管”都是相通的。

教学环节三：验证茎有运输养分的作用

师：刚才我们在茎的内部找到了运输水分的导管，那么运输养料的管子在哪里？

师：展示晾衣服的图片（说明在两棵小树间拴铁丝晾衣服，时间久了，在拴铁丝的树皮上方会形成突起的树瘤）。

生：（小组讨论）

师：（展示资料卡）植物的营养是通过树皮自上而下运输的，如果破坏了树皮，叶子制造的养料向下运输的通道就被切断了，养料便积存在破坏的树皮处，形成瘤状物。

师：现在你们知道运输养料的管子在茎的什么地方吗？

生：运输养料的管子在树皮里。

师：是的。在植物体内，茎担负着运输的使命，在茎的内部有两种管子：一种管子可以运输根吸收的水分，另一种管子运输叶制造的养料。

案例3——探究叶的蒸腾作用

【案例背景】大多数的学生知道叶子会进行光合作用，可以吸收二氧化碳，制造氧气，净化空气，而对于叶的另外一个作用——蒸腾作用，并不十分了解。根据生活中的现象，引导学生进行验证，发现蒸腾作用和叶子上的气孔有关系，理解蒸腾作用的价值。

【案例描述】

教学环节一：观察现象，提示主题

师：大家知道植物是靠什么“喝水”的？

生：根。

师：植物喝的水又是靠什么运送到全身各处的？

生：茎。

师：植物的根能从土壤里源源不断地吸收水分，这些水是不是全部留在了植物的身体里呢？

生：（交流）

师：是不是跟你们猜的一样？我们来观察一下这棵植物。

师：（演示）今天早上我准备了这盆花，选了上面的两根茎，一根茎上的叶子被我都摘掉了，还有一根茎上面留有比较多的叶子。然后我用塑料袋分别把它们罩了起来，扎紧了袋口，在太阳下放了半天。现在我们来观察一下，你发现了什么？

生：有叶子的那个塑料袋内有一些小水珠，没有叶的塑料袋内没有小水珠。

师：为什么会出现这样的现象？你们觉得可能是什么原因造成的？

生：可能和叶子有关。因为有叶子的那个塑料袋里有小水珠，可能是植物身体里的水变成水蒸气从叶子里跑出来了。

师：那你们觉得叶子表面应该有什么样的结构，水蒸气才会跑出来？联系我们人出汗的样子想一想。

生：我们人身上有汗毛孔，汗会从汗毛孔里出来。汗毛孔肉眼看不清，我猜叶子上可能也有许多我们肉眼看不见的小孔。

教学环节二：验证叶子表面的结构——气孔

师：为了证实我们的猜想是不是正确，今天我们就请来一位帮手——显微镜，来帮助我们观察叶子，看看能不能找到你们刚才所说的小孔。

师：（讲述显微镜的正确使用方法，介绍蚕豆叶下表皮的玻片标本）

生：（分组观察）

师：你们看到蚕豆叶上面是什么样的？叶面上有什么？

生：有许多花纹，中间还有一个一个椭圆形的孔。

师：（展示“叶下表皮气孔”图）

生：（学生再次和显微镜头下的图案比对）

师：我们可以看见蚕豆的叶下表皮有很多小孔，小孔两边是两个半月形，这些小孔叫做“气孔”，植物的叶上都有气孔。

生：真的有气孔，那水蒸气肯定是从气孔里出来的。

师：是的，通过我们刚才的观察，我们在叶的表面确实找到了一些小孔。根吸收的水分运到植物体内，有的被植物体自己用了，有的则在受热的条件下变成水蒸气散到体外去了。植物体内的水分受热变成水蒸气，从气孔跑出去，飞到空中，这种作用就叫做蒸腾作用。

案例评析

上述三个案例都是属于验证性实验，都是从我们的亲身体验或者生活现象入手，让学生经历了典型的“观察——推测——验证——发现”的科学活动过程。但是三个验证实验的侧重点各有不同。

案例1在验证我们呼出的气体里面有什么的时候，注重根据已经知道的二氧化碳不能帮助燃烧、能使清石灰水变浑浊两个主要特点来引导学生收集气体，并进行验证。在这些过程中都需要学生能够规范操作，以确保验证实验的效果。

案例2在验证茎的运输作用的时候，是从根吸收水分的经验开始的，通过简单的“横切”或者“纵切”茎的验证实验，学生非常容易地发现茎有运输水分的管子。而茎里运输养分的管子不是很容易观察到，就通过生活中见到的现象来进行解释，通过已有的经验，形成新的认识。

案例3在验证叶的蒸腾作用的时候，则要借助显微镜才能更好地帮助学生观察到叶的结构。让学生认识到在进行验证实验的时候，也可以借助一些工具，能更加有效地帮助我们观察到一些肉眼看不到的细节，从而了解一些更微小的结构。

三个案例中的验证性实验都是根据学生已有的认知水平，严格按照设计步骤完成准确的操作，得到预想中的实验结果。

验证性实验是通过科学、规范的操作，帮助学生获得生动的感性认识。当学生的认识水平不高，或者实验操作有一定难度的时候，验证性实验有着必要的存在价值。教师在进行验证性分组实验设计和教学时，要注意以下一些问题：

1. 学生动手前是否明确实验目的、了解操作的程序、知道实验的方法，这是完成验证性实验的前提。

2. 在准备材料时，我们要注意材料的精简、可操作性和正确性，合理安排好实验过程中材料分发的时间和分发的形式。

3. 引导学生在实验过程中各尽其职，分工合作，将观察到的现象、数据等实事求是地用不同的记录方式记录下来，以便更好地培养学生实事求是的科学态度。

第五节 探究性实验课

探究性实验是指面对现有的科学问题或科学实验出现的问题，通过一系列的科学假设和实际验证，根据实验现象和结果，经过严密分析推理来解决问题的实验方法。探究性实验始终将探究作为目标和学习方式。在探究性实验的过程中，除了书本知识的学习，还囊括了科学方法与技能的训练、科学能力及情感、态度、价值观的培养。探究性实验又可分为探究性演示实验及探究性分组实验。

探究性演示实验是指教师在教学中用点拨性的语言、动作等多种方式来展示思考的过程和方法，启发学生规范地进行科学探究。探究性演示实验多用于中、低年级教学中，学生还没有完全具备探究能力的时候，教师通过不断地点拨、展示、质疑、实验计划制订等方法，在不同的环节及时予以不同的演示、示范，克服学生探究的盲目性，激发学生的思维参与，调动其积极性，帮助学生逐渐掌握并学会自主探究。

探究性分组实验是指探究者根据一定的实验目的，利用现有的实验条件，以小组为单位，通过控制实验变量来探究研究对象的未知属性、特性，以及与其他因素的关系，依据实验现象探测出结论的实验方法。目前我们所采用的探究性实验教学多为探究性分组实验教学，它是学生在未知的情况下，对提出的问题进行假设，并以小组合作的形式亲自设计探究方案并共同开展实验寻求问题的答案，不强调事先预定教学结构，以实验的未知性和神秘性充分调动学生主动参与。探究性分组实验，强调让学生按照自己的想法选择学习内容和进展速度，课堂不再局限于让学生快速地掌握某一概念、规律，而是通过开展探究性分组实验让学生亲身参与研究、探索的过程，充分体现了“过程有时比结果更重要”。

案例1 ——马铃薯在液体中的沉浮

师：（展示一大一小两个马铃薯）老师这里有两个马铃薯，现在我把它们分别放入两个水槽中，你们觉得谁会沉谁会浮？

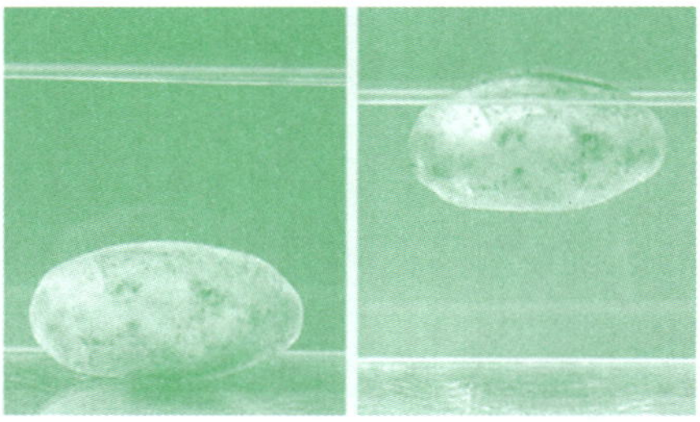

生：大的会沉下去。

师：为什么呢？

生：大的重，小的轻，重的物体在水中应该会沉，轻的物体在水中会浮起来。

师：同意他的说法的请举手？

（有部分学生举手）

生：小的会沉。

师：为什么呢？

生：大的马铃薯虽然重，但是它的面积大，而小的马铃薯面积小，更容易沉下去。

师：有人同意他的说法吗？

（极少数学生举手表示同意）

生：我觉得两个都会沉下去。

师：你又是怎样想的？

生：因为它们都有重量呀！

师：有人同意他的说法吗？

（大多数同学举手赞成）

生：我不同意，有可能两个马铃薯都是浮在水面上的。

师：有人同意他的说法吗？

（极少数学生赞同）

师：到底这两个马铃薯放入水中谁会沉谁会浮？我们怎样才能知道？

生：放到水里试试。

师：好。（将大的马铃薯放入清水中，小的马铃薯放入准备好的盐水中）刚才说大的会沉的同学对了。我们再来观察，（将两个马铃薯调换位置）刚才赞成小的会沉的同学也对了。

生：有盐！那一缸是盐水。

师：别着急，我们再来观察一下，（将两个马铃薯同时放入两个水槽，马铃薯同时沉或同时浮）马铃薯在水中到底是沉还是浮？

生：说不准，因为刚才有一槽水是盐水，一槽水是自来水。

生：在清水中马铃薯是沉的，在盐水中马铃薯是浮的。

师：这么肯定？

生：是的。

案例2 ——“不倒翁”的秘密

师：同学们在进教室前肯定和我们今天的神秘嘉宾“大不倒翁”打过招呼了吧，现在老师手里有一个小不倒翁，它是什么样的？

生：头尖尖的、身子圆圆的。

师：轻轻推它，它会怎样？把它按到底松手，它会怎样？

（学生玩不倒翁。）

师：不倒翁为什么不会倒呢？

生：里面是空的。

师：你有什么办法可以让它站起来？

生：在里面加东西。

师：（出示弹珠、螺帽）给它加重，能不能让它成为不倒翁呢？

生：加了东西，还是倒了。

师：这是为什么呢？

生：在里面加了东西，这个东西会滚来滚去，它还是站不起来。

师：那你有什么好方法能让重物“不跑”了呢？

生：把物体粘住。

师：（出示双面胶、橡皮泥，利用它们固定重物）

（学生开展实验，交流发现）

师：重物加在哪儿？为什么要加在下面？

师生小结：不倒翁不倒的秘密——上轻下重。

师：给我们的不倒翁装上一个“脚”——方形底座，推倒了它还能站起来吗？

师：加了脚的不倒翁和原来的相比有什么不同？

师生小结：原来不倒翁不倒的秘密还在于——底部是半圆形。

师：（出示塑料片）你能利用现有材料制作不倒翁吗？

（生制作并演示，只能左右摇晃不倒，一旦前后摇晃就站不起来了）

师：原来的不倒翁，它的底部无论是哪个方向看都是圆的，这样的形状就叫半球形。

师：现在大家知道不倒翁的秘密了吗？

案例3 ——降落伞的下落

【案例背景】本课将引导学生观察降落伞的构造，指导、引领学生通过“降落伞下落快慢”的探究，验证猜测，了解降落伞下落快慢与伞面大小、伞面形状、伞绳长短、伞绳数量、伞绳材料、重物形状等因素有关。

【案例描述】

教学环节一：观察导入，认识降落伞的组成结构

师：同学们，这节课咱们一起来研究降落伞。课前，老师让大家尝试制作了降落

伞。谁想给大家展示一下？说说你的降落伞是怎么做的。（找一名学生展示）

生：我用了一块八角形的塑料纸，在八个角上各穿了一个小洞，把线穿过去，下面打了个结，挂了个笔帽。

师：再请一位同学来展示，并说说你的降落伞分为几个部分。

生：三部分。上面的布是一部分，绳子是一部分，夹子是一部分。

师：看来，不管我们的降落伞用了什么材料，都由三部分组成（画图）：最上面的部分我们称为伞面，最下面的悬挂物称为重物，连接伞面和重物的线绳叫做伞绳。

教学环节二：提出问题，对影响“降落伞下降快慢”的因素做出假设

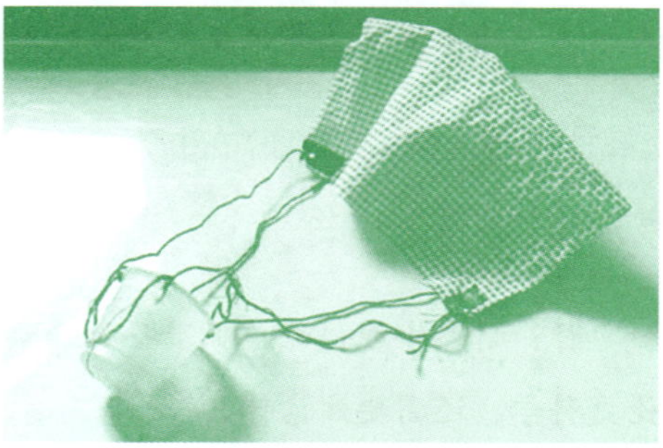

师：大家手中都有一个降落伞，下面让我们开展一个比赛，比一比谁下降得慢。为了公平公正，在比赛时需要注意什么呢？

生：同时放飞。

师：还要注意在同一高度。这点很重要。但是哪个部分的高度要相同呢？伞面、伞绳、还是重物？

生：重物。

师：放飞的方法有需要注意的吗？

生：（边说边演示）要提着伞面的中心，然后松手让降落伞自然下落。

师：同学们说得都很好。接下来就请各小组推选一位代表到前面来比赛，其余同学请注意观察。（学生比赛）

师：通过刚才的比赛，你发现了什么？

生：降落伞下降有快有慢。

师：大家觉得降落伞下降快慢和什么因素有关呢？

生：我觉得与伞面大小有关。

师：有什么关系呢？

生：伞面大了下降慢，伞面小就下降快。

生：我觉得和下面重物的重量有关，重物越重，下降得就快。

生：伞面的形状也会对速度产生影响。

生：伞面的材料也会影响速度，使用不透气的材料应该下降得慢。

……

（教师鼓励学生充分猜测，同时把学生的意见板书，如伞面材料、伞面形状、伞绳长短、伞绳数量、伞绳材料、重物形状……）

师：同学们真了不起，提出了这么多可能影响降落伞下降快慢的猜想。要想知道我们的这些猜想对不对，应该怎么办？

生：做实验。

师：可是因为时间关系，我们无法对所有的猜想进行一一验证，今天我们先从伞面大小、重物的重量这两个方面进行研究。

教学环节三：制订计划，开展“降落伞下落快慢是否与伞面大小、重物重量”有关的探究

师：请各小组讨论你们准备选择哪个因素进行研究？打算怎样研究？为了使实验结论更科学，还需要注意什么？

（教师展示课件，讨论相关问题及注意事项。之后，学生分组讨论）

师：哪个小组选择了“伞面大小对下降速度的影响”这个课题？说一说你们打算怎样研究，和大家分享一下自己小组讨论的方案。

生：我们打算做两个伞面大小不同的降落伞，然后看谁下降得慢。

师：快慢怎么表示？观察哪个方面？

生：观察谁先落地。谁先落地谁就下降快，谁后落地谁就下降慢。

师：很好。制作降落伞时还需要注意什么？

生：伞线的长短、数量要一样，伞绳和重物也要一样。

师：放飞时需要注意什么？

生：放飞时高度要统一，还要同时放飞。

师：哪个小组选择了“重物轻重对下降速度的影响”这个课题？也请你来说一说你们打算怎样研究。

生：我们打算做两个重物不同的降落伞，只改变重物的重量，其他的条件都一样。

师：很好。要做到同时放飞，你认为是一个人拿着放还是两个人拿着放呢？

生：一个人放，能最大限度地保证同时放飞。

师：需要验证几次呢？

生：要多实验几次，避免误差。

师：看来同学们对验证的方法已经进行了比较深入的探讨。接下来请各小组长根据你们选定的课题来选择材料，然后开始制作、验证。

（学生活动，教师巡视指导）

教学环节四：交流汇报，获得结论

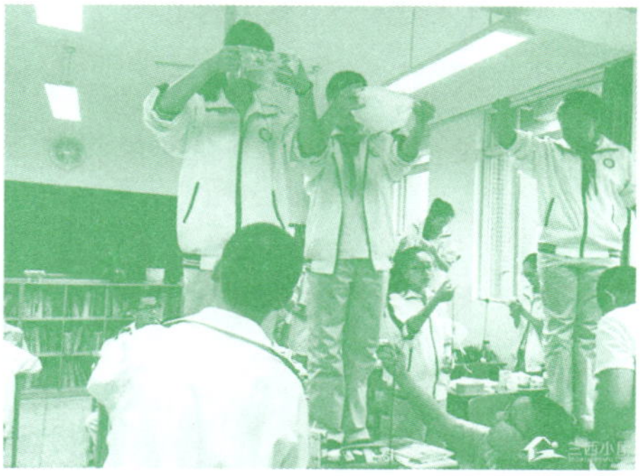

师：谁来给大家说一说你们是怎样进行验证的？看到了什么现象？得出了什么结论？

生：（展示后汇报）我们发现伞面大的下降慢，伞面小的下降快。

师：你们组得出了什么结论呢？

生：降落伞下降的快慢和伞面大小有关。降落伞的伞面越大下降越慢，伞面越小下降越快。

生：（展示后汇报）我们发现重物重的，下降快，重物轻的，下降慢。我们的结论是：降落伞下降的快慢和重物轻重有关，重物越重，下降越快；重物越轻，下降越慢。

师：其他小组和他们的结论相同吗？

生：相同。

师：同学们，刚才我们一起对影响降落伞下降快慢的两个因素进行了研究，在我们的验证方法中有一个共同点，你发现了吗？

生：只改变要研究的因素，其他因素不能改变。

师：如果课下我们想研究其他因素，是不是也要用到这种方法？

生：是的。

师：影响降落伞下降快慢的因素非常复杂，我们可以运用课堂上的研究方法继续进行深入的研究。

案例评析

以上三个案例都属探究性实验，案例1从观察入手，引出要研究的问题，没有急于让学生推测，而是反复调换马铃薯的位置让学生观察，引起持续的思考，激发学生思维火花的碰撞，点燃他们的探究欲望，为下面的探究做好准备。

案例2则是针对学生爱玩的天性，对多种材料合理运用，引领学生开展层层深入的探究，激发学生学习兴趣和参与积极性，引导学生在不成功中找原因，在失败中动脑筋，将学生的思维推向更深处。

案例3是一节典型的探究性实验课，以降落伞为切入点，让学生亲历了“提出问题——做出猜想——实验验证——得出结论”的完整过程，体现了科学课以探究为核心的理念。以学为主、亲历实践，学生始终在动手实践、自主探究中学习知识，初步实现了从“我学会”到“我会学”的转变，激发了学生的学习热情，培养了他们的探究能力和自主学习的意识。

科学课程改革的核心就是大力提倡实验教学，实验教学的核心就是“探究”，如何通过探究性实验来加深学生对科学的理解、培养小学生的科学探究能力，我们有如下建议：

1. 创设情境，营造自主探究的思维环境。

探究性实验的首要环节是“提出问题”，所有的探究都始于问题。许多教师都会通过创设情境激发学生兴趣，从而提出问题。确实，情境作为教学的有机组成因素，具有引导学生经历学习过程、发展学生科学素养的重要作用。情境创设的方式多种多样，究其根本都是为学生营造自主探究的思维环境。

2. 精备材料，满足自主探究的基础条件。

实验材料是一个无声的老师，它决定着实验的可行性和有效性。实验材料是学生解决科学问题、获取科学知识、提高探究能力的基本载体。开展探究性实验教学，对教师准备材料方面有着更高的要求：课前我们要精心筛选出具有代表性的实验材料，不求多，但求精（精细、精准）；对现有实验材料进行改进，使其具有典型性、目的性；充分挖掘生活中的原材料……最后还要通过有效调控实验材料，有效组织整个探究性实验的开展。

3. 亲历实践，培养自主探究的能力态度。

小学科学是一门实践性课程，教师应当结合实际情况，组织学生亲身经历探究性实验中的各个要素。因为在每个要素中都会涉及多个科学思维方法。“没有思维的科学课，再好的模式也是失败。”只有学生亲身参与实践，获得最真实、感性的体验，他们的科学思维、科学能力、科学态度才会逐渐形成。

4. 教师引领，促成自主探究的和谐有效开展。

在探究性实验中处理好学生自主和教师指导的关系尤为重要，在突出学生主体地位的前提下，教师要保证指导的适时有效；要对学生在探究中会出现的问题有通盘考虑，即有预见性；要对学生在探究中提出的问题及发现有较高的灵敏度，当学生遇到问题时能立即予以帮助；要做有心的倾听者，时刻关注学生的交流动态，做好连接的纽带。

5. 拓展资源，感受自主探究的乐趣魅力。

在开展探究性实验教学的过程中，我们应该不断拓展资源，认识到教室以外还有厨房、公园、田野、天空等更为广阔的学习天地；认识到下课以后也可以开展探究；认识到科学技术不断发展的演变历程就是一次次失败到成功的过程。在教学中，努力建立课堂与生活的紧密联系，激发学生在课堂外继续拓展学习，主动探究。

第四章

户外考察课的教学

第一节 | 户外教学的意义

科学课的“户外活动”主要是指户外教学。这些户外活动是为教学服务的，可以同时实施环境教育及科学教育。自然学科的户外教学以生物、生态、地质、景观、天文等内容的观察为主。户外教学的场所小到教室外面的走廊、校园、社区，大到参观植物园、动物园、博物馆乃至远足、旅行到其他的地方。教学时间可长可短，根据户外活动的项目内容安排一节课、两节课、半天，甚至更长。而且，为了更加有效地实施户外教学，通常会有活动前的启发指导和活动后的总结梳理。因此，在某些科学课户外教学项目设计时，可以与综合实践活动课程或校本课程结合。

一、户外教学的意义

户外教学可以增加儿童的生活常识，拓展儿童的生活领域，增长儿童的生活见闻等。但是户外教学是在室外进行，活动空间比较大，所以教学的组织难度增大，甚至可能会有一定的安全隐患，那我们为什么还要进行户外教学呢？

1. 有趣：户外教学是孩子们的兴趣所在

在《窗边的小豆豆》一书中，巴学园里学习自然科学的方法，除了在那辆公共汽车里做实验，还会走到树林里到处看，多么让人向往。我们反对填鸭式地塞给孩子既空洞又乏味的书面教条理论，应该让孩子走出课堂，亲近自然，用眼睛和心灵去感受大自然的魅力，让孩子们找到真正的快乐和兴趣，主动去探索、去创造。

2. 直接：户外教学可以直接接触到大自然

从人类混沌初开之时，认识世界的方式就是观察自然，直接和自然对话，直接触摸自然，从整个自然中获得我们需要的信息。户外考察，或许可以让我们回归到人类最初、最直接的认识世界的方式，了解我们的生活环境，让书本知识的学习和社会实践相结合。户外考察课不仅可以让学生初步感受到科学家尤其是博物学家做研究的过程，培养学生的科学考察能力和探究能力，还可以培养学生实事求是的科学态度。

3. 补充：户外教学可以弥补课堂教学的局限和不足

《义务教育小学科学课程标准》有一个很有意思的视角，它把“我们的世界”分成两部分，一部分是“自然世界”，一部分是“人工世界”。但是，随着班级数的增加，学生的活动越来越局限于教室内，尤其是城市中的孩子，常常只能在“人工世界”里学习理论中的“自然世界”。而户外活动，恰恰就是鼓励学生接触真正的“自然世界”。走出去，我们接触到的是真实的“自然”。

《义务教育小学科学课程标准》中提到：“教室、实验室是科学学习的重要场所，但教室、实验室外还有更广阔的科学学习天地。校园、家庭、社区、公园、田野、科技馆、博物馆、青少年科普教育实践基地……到处都有科学学习资源，到处都可以作为科学学习的场所。不要把学生束缚在教室、实验室这些狭小的空间里，不要把上下课铃声当作教学的起点和终点。”户外教学，是课本教学的有力延伸及必要补充。

二、户外教学的特点和注意事项

户外教学的活动方式主要是以欣赏大自然为主，通过探索、调查、访问、参观等方

式，让学生了解生活环境里的知识。因此户外教学要把握这么一个特点：它并非出游，它是教学活动。教学活动就应该有详细的计划和明确的教学目标，它的整个过程也要渗透各种教育理念。同时，所有的活动要符合教育、教学的法规。

1. 考察前的精心策划：寻找户外活动与科学教学的契合点

科学课程的社会资源十分丰富，应当积极开发、利用社会教育资源。要让课堂内所学的内容有活化、整合、运用的机会，要让科学经验与科学概念建立有机联系，科学作业的设计应承担这些任务。

户外考察时，道路旁、水边、山中，处处可能出现意想不到的状况，我们应该要做好所有安全细节的应对预案，包括走出校外活动前对上级部门的申请、购买保险的考虑、急救箱的配置等。指导教师一般会有2名或更多，万一有个别学生出现状况需要处理的时候，另一个指导教师能照应其他的学生，家长志愿者的参与也是一个不错的选择。

2. 考察中的任务清单：用于指导学生活动过程中的目标、任务和方法

在时空都有限的室内课堂上，探究问题结构良好、容量合适，40分钟里面，教师容易通过流程性的教学设计来完成科学教学任务。而户外考察的项目，对教师的教学组织是很大的挑战。所有观察，不会都在教师的直接控制之下，学生会接触到更多庞杂的无关信息，他们需要筛选哪些是真正需要的信息。在户外考察过程中，教师要引导学生发现对于科学思维发展更有价值的真实问题，以帮助学生更好地面对真实的生活。

因此，如果要外出考察，就要有明确的考察目标并制订考察方案，学生要知道出行的地点，事先准备哪些装备。适时提供一份学习清单，可以减少学生盲目的活动：一份厨房中的探索清单，可以引导学生对司空见惯的油、盐、酱、醋产生浓厚的兴趣；要使学生在科技馆、博物馆、青少年科普教育

实践基地流连忘返、不走马观花，最好的方法也是让他们带上任务清单：观察什么、计算什么、操作什么、思考什么……教室和实验室以外的考察活动应该是科学教育的有机组成部分。

3. 考察后的信息分享：不是简单地进行正误判断

一次考察活动，学生会获得很多方面的锻炼，包括对考察计划的制订、对考察任务的执行与创新、和同伴的合作、考察信息的筛选和分析、考察报告的设计与分享等等。我们可以参考研究性学习的评价方式，在考察计划制订之初，就和学生共同商讨出考察评价的各个维度，比如：我能制订至少三个步骤的考察计划吗？我能说出三个考察中的安全注意事项吗？我在考察前查阅过资料，考察过程中能认真观察，至少记录下三点我的发现吗？我能写下图文并茂的考察报告，至少有三张配图吗……

细致而全面的考察评价，对于学生的考察过程有指导意义，可以在考察后，让学生再次梳理自己的考察行动。

第二节 | 水域考察课

人们在赖以生存的环境中获取所需要的物质和资源，同时，不加限制地索取和消耗也造成了对自然资源的破坏和环境的污染。《义务教育小学科学课程标准》十分重视对学生的环境教育，在课程性质中就提出要培养学生的“环境保护意识”和“社会责任感”。小学阶段对于环境污染的研究主要分为三部分：空气污染、水污染和固态废弃物的污染。其中“水域考察”项目，是水污染研究的一个典型课例，一般放在高年级进行。

对于小学生而言，考察水域污染是一个非常严肃的话题。同时，水域污染并不只是一个简单的环境表象，工业污染背后的利

益博弈、生活污染背后的习惯沿袭等各种因素，都不是小学生能够完全理解的。但正因为如此，考察并直面水域污染，也可以成为小学生培养社会责任感的重要契机。当然，也有部分地区小心保护水体资源，山青水绿环境宜人，完全可以作为积极的事例给学生以教育意义。

案例1 ——制订考察自然水域的计划

【案例背景】水质采样的活动，一般在课堂上不易实施。建议可以由学生在课后，在家长的陪同下以亲子作业的形式来完成，学生也可以组成研究小组，邀请家长志愿者陪同完成。那么，在课堂上，我们就需要指导学生制订好考察的计划，明确考察的目的、地点、时间、器材、考察程序、考察内容、人员分工、注意事项……事实上，这样的考察活动和研究性学习之间，并没有十分严格的界限，如果一堂课来不及完成这份计划，在研究课上还可以继续补充和修订。

【案例描述】

教学环节一：讨论水域考察的内容

师：同学们，我们已经研究过家里一天的生活用水，那么这些水从哪里来？用过之后，又会排到哪里去？

生：（讨论生活用水与自然水域里水的关系）生活用水从大自然的河里抽取过来，再排放到大自然里面去。

师：那么，在你平时上学放学的路上，你有没有观察过，我们自然河道里的水，现在是什么情况？

生：（交流生活经验）

师：关于现在自然河道里的水质状况，还有哪些可以研究的问题？

生：（自由发言、互动。教师可以用思维导图的方式简单记录）

师：为了深入地研究同学们提出的这些问题，今天，我们就来筹备一项任务：考察一处自然水域。

师：请大家和小组里的同学讨论一下，如果我们去考察自然水域，可以观察水域的哪些情况？请记录员用关键词记录在“考察内容”一项中。

生：（分组讨论并记录；交流讨论的结果；组与组之间相互补充）

师：（根据学生发言，设计“水域考察任务”）你会采用哪几种观察方法？你会观察水域的哪几个地方？你想带什么工具？怎么记录你观察到的情况？如果你遇到住在河边的居民，可以怎样和他们交谈？问他们什么问题？如果遇到的正好是环保局的工作人员呢？

教学环节二：讨论水域考察的安全注意事项

师：去水边观察可不是闹着玩的，会有很多安全问题，你有什么要提醒大家的吗？

生：（自由发言）

师：同学们，我们必须在爸爸妈妈的陪伴下，才能去进行水域考察，千万不可以独自行动。我们要选择有驳岸的地方或从桥上垂下水样采集器，（系绳的小水桶或广口瓶）而不要在野坡、斜坡等处，那些地方容易发生侧滑。有的同学可能要给水域周围环境拍照，取景时请看好脚下，不能边走边取景。采集到的水样也不能随便尝。

教学环节三：讨论水域考察的人员分工并评价

师：你是打算和小伙伴一起进行考察，然后请家长做你们的顾问呢，还是只和家长去河道边考察？

生：（交流）

师：如果是小组一起活动，很显然，你们需要约好时间地点。而且，也需要分工，每个人都负责一些事情。

生：（讨论并交流：家长顾问、采访、文字、拍照、查资料……）

师：（展示教师给本次水域考察的评价建议）有需要补充或修改的吗？

师生共同制订评价标准后，将含有“考察内容、安全事项和考察评价”三部分内容的“水域考察任务”清单打印下来，分发给各小组。

案例2 ——水域考察情况的课堂分享会

【案例背景】不论城市还是农村，很多河道的污染情况都令人担忧。大量污水排放和垃圾倾倒使得水中污染物（尤其有机污染物）增多，污染物在生物及化学分解过程中会大量消耗水中的溶解氧，使得整个水体处于严重的厌氧发酵状态，由此产生的硫化氢、硫醇、氨和胺等会让水体发臭。有些污染特别严重的水体还会冒气泡，生成沼气。填河、截断河流、做石驳岸等，也会使河流的自我净化能力越来越弱。

教师需要因势利导，利用实验室的器材优势，指导学生根据采集来的水样，用更多的方法来观察和比较，并且以归纳法整理考察结果，培养学生的环境保护意识，拓展考察之后的创新行动和环保行动。

【案例描述】

教学环节一：分享考察结果

师：同学们，我们已经考察过自然水域了，下面请大家分享一下各组的考察进展。

生：（按小组交流“水域考察任务”，互动评价）

教学环节二：水样对比实验

师：采用比较的方法，我们更能够清晰地发现自然水域里的水的特点。请大家把自然水域的水样倒在1号烧杯，并在2号烧杯里接200毫升自来水。

师：（指导学生根据颜色、气味、是否浑浊、水中杂物等方面进行观察）

生：（分组观察比较。实验后半程，用提供的显微镜、滴管和载玻片等工具进行更细致的观察）

生：（交流观察比较的结果）我们观察到自然水域的水样和自来水有这些相同和不同……

教学环节三：讨论污染源及治理方案

师：（根据学生的发言，整理维恩图）你们觉得，你们考察的那片水域有没有受到污染？如果污染了，可能是什么原因？

生：（讨论污染源）

师：（引导学生摆事实讲道理）我们当然不希望这些水继续被污染下去，如果你能做市长，你会怎样治理这些河道？你会给这个城市的水污染治理提出什么合理建议？

拓展游戏：学生可以模拟水域周围的各个角色，为其代言，如居民、污染源厂长、环保局工人、小鱼小虾、河水、岸边的石头……

案例评析

两个案例都是在研究水域污染问题，但时间点不同，活动方式不同。

案例1是在考察行动之前的指导，以谈话为主，谈话方式为师生互动、组内交流以及组间交流。同时，师生共同设计考察任务清单，涉及考察的内容、安全注意事项以及考察的分工，为学生即将开展的考察行动，打下扎实的基础。

案例2是在考察行动之后的分享交流会，学生展示和分组实验穿插进行。教师引导学生把小组的户外考察活动在课堂中再现出来，并用实验室的显微镜等专业设备，进一步观察学生获得的水样，把学生的研究推向微观世界。同时，还采用了对比研究的方法，把自然水域的水样和自来水进行比较，更加凸显出自然水域的特征。

考察自然水域的主要方式如下：

直接观察：观察水质、进行水质采样和比较。

间接观察：观察水域周围的环境，认识污染源。

采访调查：采访调查水域附近的居民以及相关的管理部门。

我们也可以让学生去查资料，了解更多相关知识。考察成果可以是照片、视频、考察报告、水域污染情况分析手绘地图、水资源保护建议、水污染小品表演等。

水域考察要考虑如下问题：

1. 人身安全

无论如何，一旦走出教室，学生的危险系数就增加许多，更何况是去水边。因此，安全教育一定要反复强调。在真正的考察过程中，我们建议由家长带领孩子去实施。这样操作有几个优点：家长陪伴，安全性提高很多；水域的观察点可以比较分散，如果以班级为单位，能够观察到的水域可能就只有1～2处，不够全面。

2. 让考察活动落到实处

这一份和学生有商有量制订的“水域考察任务”清单至关重要。关键是，学生并不只是知道“我要考察什么”，他还会理解“我为什么要这样去考察水域情况”。

3. 在实验室里研究分析水质

让学生更加清晰地认识到水是否受到污染，并回顾自己的实地考察情况，分析为什么会受到污染（也可能是为什么能保护得这么好）。

最后的“假如我是市长……”的畅想，则把较为严肃的“改进建议”转化为学生的职业角色体验。这样的畅想更能润物细无声地培养学生的社会责任感。

第三节 | 地质考察课

在《义务教育小学科学课程标准》中，和地质考察相关的课程内容主要集中在地球

与宇宙科学领域，给出的主要概念是“地球上有大气、水、生物、土壤和岩石，地球内部有地壳、地幔和地核”；相关学习目标是“知道岩石是由矿物组成的，观察花岗岩、砂岩、大理岩的标本，认识常见岩石的表面特征，知道矿产是人类工农业生产的重要资源”。也就是说，地质考察课可以让学生初步意识到地球物质在不断变化并相互影响，这是一个较为宏观的认识。

对于位于平原地区或者城市地区的科学老师和学生而言，地质考察具备一定的难度。抬头远眺，看到的是水泥森林；低头沉思，看到的是柏油马路，根本就没有上课的条件。也正因为客观条件的限制，地质考察课是小学生学习过程中非常容易缺失也亟需弥补的部分。

指导小学生进行地质考察，首先要做的是激发他们对于地形、地貌，包括岩石和矿物的兴趣；其次是学习一些简单的辨别岩石类型的方法、模拟岩石及地形变化的实验；再次，通过这样的活动，指导学生更敏锐地观察，丰富儿童的生活，以一种崭新的视角来看待我们的世界。

案例1 ——收集岩石

【案例背景】激发学生观察岩石的兴趣，是研究岩石的首要任务。这一教学环节可以放在前一课结束前5分钟，是观察岩石及野外考察的“预告片”，更好的时机可以放在开学初和学生一起浏览本学期的学习内容。这样，留给学生的采集时间更充分，采集到的岩石样本也会更丰富，学生的学习也将贯穿整个学期。城市中的学生如果采集岩石标本有困难，那么前往矿物博物馆参观，也是一个不错的选择。

【案例描述】

教学环节一：课外收集岩石标本

师：同学们，我们即将开始研究岩石。请问，你曾在哪里见过岩石？

生：（交流）

师：如果我们观察和讨论岩石的时候，能有自己亲手收集到的岩石就好了。（展示

老师或以前学生收集的岩石，讲述收集岩石时发生的故事）

生：（交流）

师：如果这段时间你有机会外出旅行，也千万不要错过收集岩石的好机会哦。

师：（引导学生交流收集岩石的注意事项，强化关键词并板书）

（1）**安全**：一定不能独自去危险的地方收集岩石，如水边、山崖边，去野外收集岩石要有大人陪伴。

（2）**样本**：采集小块的样本，遇见很大块的岩石，可以用榔头在边角上敲一块下来。

（3）**多样**：尽量收集不一样的岩石。

（4）**名片**：做岩石的“名片”，可以有很多创意，设计得更个性化。

岩石名称：
采集地点：
采集时间：
采集人：

（5）**标本盒**：找一个月饼盒或鞋盒，隔出小格子，给你的岩石一个“家”。（教师展示自制岩石标本盒，演示制作小隔断的方法）

教学环节二：矿物博物馆之旅

师：同学们，除了收集岩石，有人去矿物（地质、自然）博物馆参观过吗？（上网查找离学校最近的矿物博物馆地址）

生：（交流）

师：在矿物（地质、自然）博物馆，我们可以看到地质学家们收集到的各种不同的岩石和矿物，甚至还能在矿物（地质、自然）博物馆里看到一些化石。如果有时间，可以在周末的时候，请家长陪你一起去参观，你可以一边参观，一边做记录。

案例2 ——观察和比较不同的岩石

【**案例背景**】观察岩石的内容一般放在中年级的科学课上进行。学生要知道岩石是由矿物组成的，要观察花岗岩、砂岩、大理岩的标本，认识常见岩石的表面特征；知道矿产是工农业生产的重要资源。在认识各种岩石的初始阶段，学生首先要观察岩石的特征，并根据岩石的特征进行分类。

【案例描述】

教学环节一：交流收集到的岩石

师：同学们，你们这段时间收集到了哪些岩石标本，和大家分享一下吧。

生：（组内交流自己的岩石标本，交流采集信息）

生：（班内展示并介绍自己收集到的岩石标本，描述其中最特别的岩石）

师：关于这些岩石，你们有哪些问题？

生：（交流自己关于岩石的问题）

师：能够有这么多的问题，说明大家都很爱思考。地质学家们研究岩石，首先会从岩石的外部特征来观察。请大家观察和比较一下，你们收集到的这些岩石标本，有没有比较接近的特点，说不定它们就是同一类岩石。

生：（小组内观察和比较岩石标本，按照一定的分类标准进行分类，交流分类结果）

教学环节二：观察和比较岩石的方法

师：请大家再查阅一下书本，看看观察岩石还可以采用哪些方法？

生：（阅读书本，交流阅读收获）

师：（演示比较硬度的方法及注意事项）

师：（演示滴稀盐酸的方法，强调安全事项）

生：（分组观察和记录，交流观察实验的结果，讨论岩石的分类）

教学环节三：指导课外科学阅读

师：要研究岩石，我们还需要一些相关的知识储备，除了我们现在的科学课本，还有没有其他的可以参考的书？

生：（交流）

师：如果这本书不是很重的话，可以带到学校和大家一起看。除此之外，老师也看到过一本不错的书：《岩石与矿物》。大家可以去图书馆借来看看。

拓展游戏：岩石连连看

材料：岩石标本盒，盒内放约10种常见岩石的标本，贴上序号，另附卡片，标注岩石名称。

游戏方法：抽掉标注岩石名称的卡片，将10种岩石的名称打乱顺序，写到黑板上，学生采用各种方法观察岩石样本，辨认出只有序号的岩石样本究竟是哪一种岩石。

案例3 ——考察大自然的地形地貌

【案例背景】我们常常把地形和地貌混在一起表达。事实上，地形指的是陆地上单一的大面积的地表起伏形态，比如高原、平原、山峰、盆地、丘陵等；地貌则是由太阳辐射能引发的外力（包括流水、海浪、冰川、风力等）通过多种方式，对地壳表层物质不断进行风化、剥蚀、搬运和堆积，从而形成了地面的各种形态，比如喀斯特地貌、丹霞地貌、沙漠、蘑菇石等。

【案例描述】

教学环节一：认识地形地貌

师：同学们，你们外出旅行的时候，有没有注意过大自然的地形地貌？你见过特别的地形地貌吗？

生：（交流）

师：（根据学生交流的情况，区分地形和地貌，展示相关的地形图片或立体地形地图：高原、平原、山峰、盆地等。展示相关的地貌图片：沙漠、戈壁、草原、溶洞等）

拓展游戏：地形沙盘

材料：写有地形的标签纸（也可以在学生交流时，当堂生成）、彩泥、大的绿色KT板和小的绿色KT板。（形状不等，学生可自由选择）

游戏方法：各小组派代表抽签，认领本组需要完成的地形泥塑名称，在规定时间内完成该地形泥塑并放在大KT板上，然后看别的小组能否辨认出该组设计完成的地形。

教学环节二：认识地形地貌的方法

师：你们知道我们这里是什么地形吗？你是怎么知道的？

生：（交流）

师：如果我们有机会升到高空俯视，那我们对于居住地区的地形，一定有更深的认识。（课前安排，也可以提前寻找相关视频资料）我们班有几个同学在飞机上拍了俯视大地的照片，我们可以一起来看看。

生：（交流各自收集到的地形资料）

案例评析

三个案例，尽管都是地质考察课的教学内容，但是形式极大差异。岩石是可以直接被观察到的，地形地貌却更多以间接观察（比如照片和视频）为主。尽管在案例中，我们设计了“岩石连连看”这样的游戏，但并非为了让学生确凿无疑地认出各种不同类型的岩石，而是为了让学生能够采用更多的观察方法来辨别岩石的特征。学生们会相互讨论交流所采用的方法，验证自己所用的观察方法是否合适。

地质考察，除了在大自然中考察，还有两个方法也可以拓展学生的相关认知：一是参观博物馆，二是科学材料阅读。地质考察课的学习过程中，可以设置一个长周期作业，制作自己的岩石标本盒，学生的制作过程就是他们观察的过程；也可以设计一个短周期作业，比如，用彩泥捏出各种不同的地形，全班一起做地形沙盘。

在地质考察课施教过程中，要充分发掘旅行的意义。学习过地形考察课与没学习过地形考察课，学生的注意力会完全不一样。比如，再去坐飞机时，他会留意从机窗往下看，对于地形就会有更深刻的认识；再去爬山的时候，他就会细心触摸山上花岗岩的粗糙颗粒；再去参观博物馆时，他会去长久凝视一块化石，想象着沧海桑田的变化……这就是科学学习对于学生看世界的影响。

第四节 | 生态考察课

生态考察的重点是“生物”与“环境”，与水域考察有相似的部分，在水域考察时要观察水中生物的情况，但是生态考察课更关注生命体在环境中的生存状态及其活动。教师应指导学生通过讨论、调查等多种途径，研究某些动植物的基本生存需要和环境之间的关系；学习调查的方法，初步认识动植物之间、动植物与环境之间相互依赖的关系；讨论人类活动对动植物的影响，培养学生热爱大自然、爱护生物的情感，提高环境保护意识。

学生的生态考察可以由近及远，由小到大。校园就是一个小小的生态环境系统，从校园可以扩展到更广大区域的考察：一个公园、一片树林，甚至一个山头。在生态考察过程中主要有两个难点：

一是“这是什么”。要如实记录生态考察的情况，而很多学生对于看到的花草树木及小动物都说不上名称，直接影响了学生的记录情况，他们不知道该如何记录。

二是“为什么这样”。学生们需要分析一些“看不见”的要素，比如生物和环境之间的关系。

解决这两个难点，需要教师的科学引导。

案例 1 ——校园生物大搜索

【案例背景】引导学生进行校园的生物搜索，也可以学习制作校园生物分布图。学生手绘校园地图，并将生物名称、数量标记于相关位置，这样的记录方式可以更直观形象。在考察过程中，可以让学生安装相关APP软件。

如：认识植物的软件——“形色”“花伴侣”等；

认识昆虫的软件——“上海昆虫”“自然观察”等；

认识鸟类的软件——“中国野鸟速查”“动物守护者”等；

综合识别软件——“万能拍照识别”“百度识图”等。

【案例描述】

教学环节一：制作校园生物分布图

师：同学们，你们在校园中看到过哪些动物和植物？

生：（小组交流，全班交流）

师：（出示校园平面图，将相关动物植物的文字、编码或图片标注于平面图上。指导分布图的标注方法）

师：同学们，这是我们初步制作的校园生物分布图，你们觉得，它有没有涵盖校园中出现过的所有生物？

生：肯定不完整。

师：今天，我们将用有限的时间来尝试进行“校园生物大搜索”，也请大家利用这次校园生物考察，把我们的“校园生物分布图”补充得更完整。

师：（指导相关APP的使用方法）

教学环节二：学生实地考察

如果校园范围很大，可以划区域，将校园平面大图裁成和小组数相等的数量，让各小组分工考察，并做好组内分工。

学生考察过程中出现下列情况时，需要老师指导或调整：

（1）组内分工不平衡，有的学生大包大揽，而有的学生无所事事；

（2）走马观花、浮光掠影地观察，一块区域还没有完全考察好，就晃到别处；

（3）被APP的功能吸引而忽视了真正的考察活动；

（4）不注意保护动植物，声音太大惊扰到小动物；

（5）教师统一下发的校园平面图不够有个性，但学生手绘平面图又没有更多时间……

教学环节三：考察、反馈、分享

师：请各组把你们的“校园生物分布图”拼接到黑板上。

生：（交流各区域考察到的生物种类和数量）

师：这些生物在这个区域的生长生活情况怎样？

生：（交流）

师：考察过程中，有没有发生什么有趣的故事？

生：（交流）

师：通过这次全班考察，你觉得我们的“校园生物分布图”完整了吗？

生：还不够完整，四季应该会不一样。

师：是的，所以我们还可以继续观察下去。请把这张“校园生物分布图”带回班级，随时可以将你的发现补充上去。

案例2 ——模拟考察“卧龙自然保护区”

【案例背景】这是一次模拟的户外考察，学生“穿越”到卧龙自然保护区，全班合作进行角色扮演，“科考人员”观察并记录在不同环境条件下熊猫数量的变化，然后分析影响熊猫数量变化的环境因素。

【案例描述】

教学环节一：考察游戏的规则

模拟准备：“水”“食物”“栖息地”头饰若干，总量比班级人数多50%左右，利于学生选择；各年份熊猫考察数据表1份。

模拟考察规则：

（1）全班同学按照1～4报数，不同的数代表不同的角色：1—“水”，2—“食物”，3—“栖息地”，4—“熊猫”。另选择3位“科考人员”，2人统计，1人记录。

（2）教室是“自然保护区”，报数是4的“熊猫”们在保护区外，其余报数是1、2、3的角色在保护区内。

（3）“熊猫”们任意选择一张“水”“食物”或“栖息地”的头饰戴在头上，在规定的时间里，到保护区内寻找到与头饰对应的角色，带到保护区外，该角色变成“熊猫”；找不到与头饰对应的角色的“熊猫”则留在保护区内，成为头饰对应的角色，即“水”“食物”或“栖息地”。

（4）一轮游戏之后，“科考人员”统计“熊猫”数量变化。

教学环节二：游戏后的数据分析

年份	1	2	3	4	5	6
数量	20	37	44	30	29	2

师：我们能从这个游戏数据里看到什么？

生：熊猫数量一开始比较多，慢慢接近灭绝。

生：慢慢开始减少。

生：第三年是高峰期。

师：第三年为什么那么多？

生：因为食物和水都很充足。

师：第四年为什么锐减呢？

生：那一年发洪水，所以食物和栖息地都没有了。

师：想一想，熊猫会不会增加到56个？为什么？

生：不可能。因为我们全班只有56个人，不可能都是熊猫。

师：那你们说说看，熊猫的数量和什么有关？

生：食物、水、栖息地。

师：这些都是熊猫生存的必备条件。那么现在我还有一个非常非常重要的问题：要想让熊猫持续生存下去，你觉得熊猫的数量要多一点还是少一点？

生：我觉得应该少一点。如果多的话，他们都去抢有限的资源，有一些就吃不到了。

生：也不要太少。

师：少到什么样的程度？跟我合作的同学，假设你们俩现在就是熊猫，请找一个头饰戴起来。

生：（随机选择了“食物”“水”和“栖息地”的头饰戴好）

师：我们刚才说，这一年遇到了突发状况，你们要让熊猫活下去吗？

生：（学生点头赞同）

师：（转折）大自然可不会按照我们的意志改变啊！如果这两只熊猫注定要被大自然淘汰，我们做什么动作？

生：（做食物的表演动作）

师：假如让他们活下去，我们可以做什么动作？

生：（做水和栖息地的表演动作）

师：可是，我们还可能遇到什么情况？家也没有了，水也没有了，食物也没有了，这里还有一个词——“荒漠化”。你们谁会表演荒漠？

生：（没有任何动作）

师：现在，请你们（仅存的两只“熊猫”）进来寻找……

生：（两个学生站在中间，找不到伙伴，围坐的有一个学生不忍，表演了栖息地的动作）

师：他在最后一秒钟找到了家。

师：一种动物数量的增加和减少，一定要考虑到周围环境所能容纳的度，太多或太少都不行。在我们周围，有多少生物需要保护呢？（PPT 图片展示）扬子鳄、中华鲟、藏羚羊……都需要保护。

师：如果有一种动物的数量特别多，是不是要把它灭掉一点？

生：是的。

生：不是。

师：请说说你的理由。

生：如果是人类需要的动物，就不能灭掉。

师：人类不需要的动物就能灭掉？

生：也不能全部灭掉，因为消灭太多就会成为濒危动物。

师：支持灭掉一点的说说理由。

生：因为资源会被耗尽的，到最后都要灭绝。

师：有没有什么方法让动物的数量保持在合适的水平？

生：大自然自己会调节。

师：我们今天这节课就上到这里。有一首歌的最后一句歌词是："请让我来帮助你，就像帮助我们自己。"让我们帮助那些小动物，就像帮助我们自己一样。

案例评析

在案例1中，通过校园中的户外考察，记录统计校园中熟悉的动植物的种类，用生物分布图描述、交流校园中的生物和它们的生活环境，学生从生物种类的角度去感受校园生物的多种多样，初步建立生物多样性的认识。现代的技术手段，尤其是各种识花、识动物APP软件的出现，突破了生态考察中的一个难点。事实上，我们也会建议学生将这些学习软件装到父母或自己的手机上，随时拿出来扫一扫，研究动植物的名称和种类。不过需要注意的是，有软件并不代表万事大吉，学生最终还是需要通过仔细辨认和比较，才能确认物种名称，对学生的观察和比较能力也是一项挑战。

案例2是一例特殊的户外考察课，也可以看作是一次生态考察之后的分析课。它生动地建立起了动物和环境之间的密切关系。在短短一节课时间里，学生经历了在大环境中连续几年的物种数量大起大落的变化过程，通过数据的变化，深刻感受到动物依赖于环境而生存，学生通过角色代入而获得的体验，远远超过说教的效果。

我们提倡进行生态实地考察，就是避免说教，让大自然自己来说话。而在生态考察过程中，要充分引导学生分工合作。对于现代技术手段的合理运用以及考察过程中的安全问题，也是课前要仔细指导的，而随后的考察分析，可以让考察活动更加深入，让学生看到现象背后的生态平衡的问题。

第五节 | 天文观测课

天文学是一门古老的学科，在人类早期文明中占据重要地位，古埃及人通过长期观察，发现天狼星黎明从东方地平线升起时，正是一年一度尼罗河水泛滥的时候，历法就此产生。从“地心说”“日心说”，再到开普勒的行星运动三大定律，天文学的所有成就，无不立足于天文观测。

案例1 ——观测太阳高度

【案例背景】“太阳高度”是“太阳高度角”的简称，对于地球上的某个地点，是指太阳光的入射方向和地平线之间的夹角。当太阳高度角为90°时，此时太阳辐射强度最大；当太阳斜射地面时，太阳辐射强度就小。测量太阳高度时，将仪器放在测量地点，调节底座上的水平螺丝，使重锤线与刻度盘上的竖直线完全重合，仪器保持水平。调好后，将重锤线置于量角器的背后。让太阳光线穿过测量架的十字线空隙，投影到对面的十字线指示片上，使投影与指示片上的十字完全重合。观察测量架箭头所指的刻度盘上的度数，即是太阳高度角。

【案例描述】

教学环节一：指导太阳高度的测量方法

师：同学们，太阳每天都会升起和落下，请大家尽可能详细地描述一下，你所知道的太阳升起和落下的情况。

生：太阳是东升西落的。

生：太阳在南面一点东升西落。

生：太阳大概早上六七点钟升起，下午五六点钟落下去。

师：太阳在天空中的位置是怎样变化的？

生：（到黑板前画图表达）就是这样，划了个弧线，落山了。

师：那么，现在这个时间，你们觉得，太阳应该在哪个位置呢？（上午10点左右）

生：（指位置）大概在这里。

师：我们在哪里？

生：（指弧度下方的中间）大概在这里。

师：同学们，太阳和我们的连线与地平线之间的夹角，我们称之为“太阳高度”。“太阳高度”实际上不是“高度”，是一个“角度”。因为太阳不能直接用眼睛看，所以我们用特殊的仪器来测量它。（分发太阳高度测量仪）请大家分小组研究一下，这个测量仪可能是怎么用的？

生：（分组观察，小组讨论交流）

生：这个杆子上的小洞有什么用？（师补充：那个是测量架）

生：有一个垂下来像螺丝钉的东西，（师补充：那个称为重锤线）我猜是用来看这个太阳高度测量仪是不是放平了。

生：我发现这个圆盘上有度数，我猜是用来表示太阳角度的。

师：（打开手电筒模拟）假如太阳从这个位置照射下来，这个太阳高度测量仪要怎么摆放呢？

生：（小组讨论）

生：我发现了，这个小洞可以让光线通过，我们就可以知道光线的角度，光线的角度就是太阳的角度！

师：究竟是不是这样呢？目前我们发现的是：

（1）测量仪要放在一个平整的地方，如果不平整，我们可以调节下面的螺丝；

（2）让光线能够穿过测量架上的小洞；

（3）观察测量架上指针的读数，判断太阳高度。

师：让我们一起到操场上试一试，看能不能测出太阳高度。

教学环节二：师生共同前往操场，测量太阳高度

教学环节三：交流观测结果

师：你们测得的太阳高度角是多少？

生：（交流数据）

师：你们发现有什么问题吗？

生：数据很接近，但不完全一样。

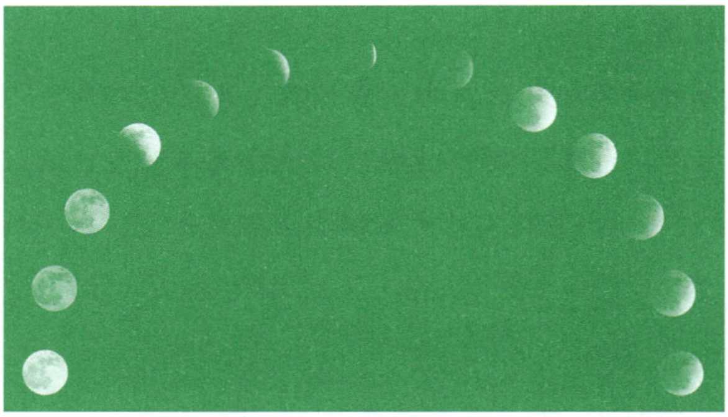

师：为什么会这样？

生：可能没放平。

生：也可能读数的时间有前有后，相差了几分钟。

师：如果明天同一时间来测太阳高度角，你觉得这个角度的数据会变化吗？为什么？

案例2——观察月食

【案例背景】2018年1月31日，“超级蓝月”和月全食出现在夜空。月全食是月食的一种，当月亮、地球和太阳三个天体完全在一条直线上的时候，月球就会全部进入地球的影子里，出现月全食。我国古人因为在天文学方面的知识不足，曾将这一天象称为“天狗食月”，月亮其实没有消失。“超级月亮”是因为月亮恰好在近地点附近，从地球上用肉眼观测，月亮看起来比平时更大。“蓝月”则是因为一个月出现了两次满月，较为罕见。

【案例描述】

教学环节一：分享交流，讨论运动轨迹

师：同学们，对于即将开始的月食，你们已经查到了哪些资料？

生：（交流已有知识——超级蓝月、血月、月全食……）

师：那么，谁知道今天的观测会从几点开始？分别有哪几个阶段？

（学生交流）

（1）19：48，初亏。月亮开始进入地球本影，一点点被黑影遮住。

（2）20：51，食既。月亮全部进入地球本影，呈现一轮红月亮。

（3）21：30，食甚。月亮最深入到地球本影里，月亮更暗红。

（4）22：08，生光。月亮开始走出地球本影。

（5）23：12，复圆。直到次日0：10，月食彻底结束。

师：资料很对，月全食分为初亏、食既、食甚、生光、复圆五个阶段。猜一猜，月亮会从哪个位置开始“缺”？为什么？

生：（讨论并交流太阳、地球、月球的位置以及运动的轨迹）

教学环节二：表演感受，演示星体移动

师：（请三个学生上台表演三个星球的位置及移动情况）让我们拭目以待，看月食发生的时候，是不是按照我们所预测的这个角度、位置来移动。

师：那些一点点被“蚕食”掉的阴影，就是地球的影子。今天我们很幸运可以看到月全食，以后，我们还能看到日食。你们知道日食的时候，三个星球是怎么排列的吗？谁来演一演？

生：（表演）

师：日食是一个更加难得一见的天象。太阳平时光辉灿烂，很难观察，但在日食的时候会被月球挡住，光芒会暗下来。天文学家会抓住这个机遇，观察太阳色球、日珥、日冕以及太阳附近的其他星体，世界上对氦元素的最早发现就是在日全食的时候。爱因斯坦曾经预言，光线经过太阳旁边时会发生弯曲，人们却无法证明。后来，在日全食发生的时候，科学家通过观察太阳附近的星光，证实了光线确实在太阳附近发生了弯曲。

师：也许，在今天月全食的时候，我们也能有很多发现呢！请大家仔细观察和思考，也可以随时提出自己的问题。

案例评析

在案例1中，我们在操场上测量太阳高度，学生学到的是测量的方法，而最核心的，是用这种测量方法持续观察。因此，老师最好能够在天气晴好的时间上这节课，同时将太阳高度测量仪借给学生，让他们在同一地点连续测量1天或1周（日晷的测量使用也同样如此），再把这些数据抽取出来分析，可以做图表，也可以手绘太阳轨迹图。这样，学生对于地球视角的太阳运动会有更深刻的认识。

如果条件允许，选择一个风和日丽的周末，带学生们去一个高地，在那里搭帐篷，再在帐篷前竖一个日晷，从日出看到日落，看太阳在空中悠悠划出的那一个优美弧度，看晷针在地面投出长长短短的线。这样，所有关于太阳高度的教学语言都可以省略了。

案例2可遇不可求。观测月食在晚上，需要家长支持，可以发动全家一起到某个适合观察的空旷地观察；观测日食，则需要准备护目镜，这可以在网上买到。除此之外，还有流星雨这样的特殊天象。有“超级天眼”之称的500米口径球面射电望远镜（FAST）、我国发射“墨子号”量子科学实验卫星、我国的探月行动等太空探索活动，我们都可以提醒学生关注。

带学生走出去，去天文台、天文博物馆或科技博物馆参观，是学习天文的好办法。然而，我们也可以像古人那样，老老实实地选择看天。康德说：“世界上有两件东西能震撼人们的心灵：我们心中崇高的道德标准和我们头顶灿烂的星空。”斗转星移，自古以来，广袤苍穹就是我们一直注视的远方。世界有多大？我们从何而来？仰望星空时，这些横亘于内心的终极问题就会冒出来。初唐诗人张若虚曾写下：“江畔何人初见月？江月何年初照人？人生代代无穷已，江月年年只相似。”而今我们观察的，也仍是令张若虚感慨的那一轮明月。观察星空能让学生启迪科学思维、收获哲思。

第五章

工程技术课的教学

第一节 | 工程技术的意义

《义务教育小学科学课程标准》指出："人类观察自然、研究各种现象产生和变化的原因，从而产生了科学，科学的核心是发现；对科学加以巧妙运用以适应环境、改善生活而产生技术，技术的核心是发明；人类为实现自己的需要，对已有的物质材料和生活环境加以系统性的开发、生产、加工、建造等，这便是工程，工程的核心是建造。运用科学、技术和工程，人类创造了丰富多彩的人工世界。"这一段话开宗明义，阐明了科学、技术与工程的主要特征和相互之间的关系，以及科学、技术和工程之于人类文明的意义。

科学技术给人类带来重大影响。在将近200万年的发展进程中，人类通过科学、技术与工程把自然界没有的东西制造出来，创造了一个巨大的人工世界。原始的采集、狩猎时代及农业社会，人类依靠最原始的技术和自然界互动生存，自然界提供什么，人类就怎样生存。近代以后，人类更多地依靠科学技术生存，特别是工业革命以后，技术与工程项目高速发展、大量涌现，对人类生产生活方式带来巨大的改变。如：制造技术改变了人类的劳作方式，信息技术改变了人类的通信方式，生化技术改变了生物的繁殖和生长方式，建筑工程改变了人类的居住和生活模式，高铁、飞机等交通工具的发明改变了人类的出行方式，基因工程更是改变了人类对疾病的认识等。

我们的学生就生活在被现代技术包围的社会中，不断变化和涌现的新技术正以一种史无前例的速度渗透到生活的每个角落。各种各样的家用电器已经进入了寻常百姓家，包括孩子们喜欢的电子游戏机、虚拟技术等；新农业技术的普及使农民收入大幅度增长；现代化交通、通信工具的应用缩短了人与人之间的距离……

如何让学生适应这个技术社会，并能积极参与到技术社会中，现在应该成为引起基础教育工作者高度重视的焦点问题。学习这一领域的内容，可以让他们学会如何去进行技术与工程实践活动；学会观察、询问、规划、实验、归纳、分析，也培养设计、创造等各种能力。特别是以动手实践或实地观察的方式去学习，能使他们获得解决问题的能力。

一、工程技术课对于儿童个体发展起着至关重要的作用

1. 技术体验可以让学生热爱探究

儿童自出生起就开始探索周围的世界，由此开始了他们的科学探索历程。当他遇到问题时，需要开动脑筋去规划、设计和制作，这就是儿童最初的“技术与工程”。儿童从小就会利用简单的工具和材料，设计、制造属于他们的“产品”，这就是儿童的技术体验活动。

从心理学的角度看，探究是一种思维状态，是一种在好奇心驱使下的心理活动。技术体验活动有利于学生发现问题、提出问题，从而产生探究的欲望。这种潜在的动机，会促使学生的好奇心和探究行为不断地从已经获得的知识重新指向对新知识的探究，从而形成持续学习的动机。

2. 技术体验可以让学生在“做中学”

《义务教育小学科学课程标准》指出，技术与工程领域的学习可以使学生有机会综合所学的各方面知识，体验科学技术对个人生活和社会发展的影响；技术与工程实践活动可以使学生体会到“做”的成功和乐趣，并养成通过“动手做”解决问题的习惯。

技术体验课作为一门实践性课程，提倡以“做中学”的方式实施课程教学，使学生在学习科学与技术的过程中，真正做到“动手”和“动脑”相结合，形成“动手做”解决问题的习惯。小学生参与制作、欣赏作品，体验到“做”的成功和乐趣，有利于他们科学兴趣的激发、自信心的确立、自尊和独立意识的发展。

3. 技术体验可以提高学生解决问题的能力

小学生进行的工程和技术实践活动大多简单易行，但经历这些活动能够让小学生在已有的认知和技能水平上，获得使用简单工具解决生活中的实际问题的能力。在解决问题和制作产品的过程中，学生有机会观察各种材料的性质，学会使用工具设计和制造东西，有机会和同伴交流想法，综合所学各方面知识而加以创造性地运用。在设计、制作、打磨、修改、再完善等一系列程序中，学生锻炼和提升了动手动脑的能力和解决问题的能力。

二、工程技术课教学注意事项

工程技术课的教学实施并非想象中那么简单，课程目标的达成需要切实有效的教学设计。如何更好地实施技术体验课教学，以下几点值得关注。

1. 精读教材内容，提炼核心概念

在进行工程技术课教学前，需要全面、系统地分析教学内容的特点，明确内容之间的联系，提炼核心概念。精读教材内容的过程也是教师内化知识的过程，准确地确定教学内容的深度和广度。教师的“教”要服务于学生的“学”，教师要创造性地选择和应用教学素材，提炼核心概念，使教学切合学生的认知过程。

2. 优化教学设计，精心准备器材

工程技术课离不开教学器材。教学器材的设计不是一个独立的存在，其与教学内容分析、学情分析有着密切的关系。在设计教学器材时，要尽可能地让选用的器材使用方法简单，并能支持教学的最大效能。

随着教师教学设计的不断创新，有些实验室标配的实验器材在实际教学过程中的效果差强人意。为了更好地让教学器材服务于自己个性化的教学设计，教师可以利用身边的各种资源自己创造教具，从而实现课堂的独特魅力。

3. 重视学生体验，把握课堂生成

工程技术课教学中会有各类生成性问题，教师要重视学生的体验成果，有一种接纳生成性问题的意识，尊重学生的体验，这才是真正的以学生为主体。对于学生提出的有价值的生成性问题，教师可采用顺水推舟、巧妙引导、适时点拨的方法，并给予充分的思考时间和动手操作机会。这样做不仅鼓励了学生热爱思考的习惯，又促进了学生科学探究能力的培养，使课堂真正成为学生展示自我的课堂，也使科学课堂富有活力。

一个教师的教育智慧突出地表现在他对生成性问题的处理上。教育智慧从教学

实践中来，又在教学实践中进一步升华和提高。这就要求老师备课时要有充分的预设，对教材要深入理解，对整个教学设计要有成熟的把握。这样，在上课时才能把握好各种课堂生成的机会，课堂上才能得心应手。

第二节 技术原理课

技术原理课的教学主旨是引导学生通过对技术产品的结构和功能的探究来发现其中的科学概念、原理、规律，帮助学生初步理解科学、技术和工程领域的知识。这类课程的教学要突出学生对技术产品的结构、原理、功能之间关系的建构，了解技术对生活的促进作用。其教学流程主要经历“技术情景”“结构分析”“功能探究”“原理呈现”“应用提升”五个阶段。

案例1 ——杠杆

【案例背景】杠杆是一种简单机械。在力的作用下能绕着固定点转动的硬棒就是杠杆。可按省力情况分成三类：省力、费力、不省力也不费力。在生活中根据需要，杠杆可以是任意形状。跷跷板、剪刀、扳子、撬棒、钓鱼竿等，都是杠杆。本课的教学将结合学生的生活经历，分析使用撬棒的过程，从而认识杠杆。通过杠杆尺开展实验探究活动，让学生初步认识到杠杆的特点。

【案例描述】

教学环节一：情境引入

师：（展示图片）古埃及的金字塔闻名世界，那么巨大而且沉重的石块，古埃及人是如何搬运它的呢？看看这幅图，你有什么发现呢？

生：（小组交流并汇报本组的想法）

教学环节二：认识杠杆

师：像撬棒这样的简单机械叫做“杠杆”，今天我们就来学习杠杆的科学。

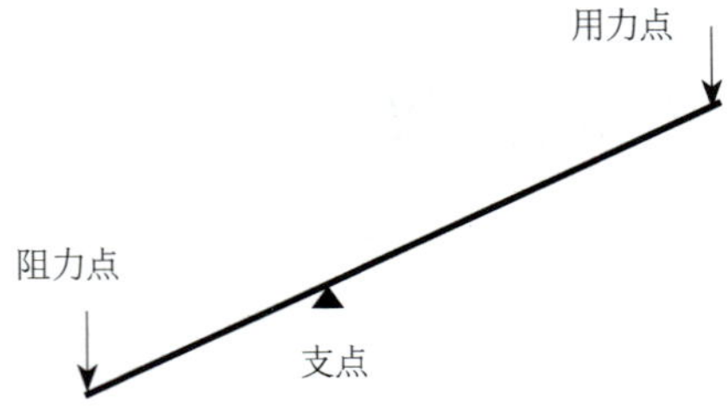

（教师分析图片中的撬棒，和学生探讨图中杠杆的三个基本点：用力点、支点、阻力点，并画出杠杆的简单示意图，如图所示）

生：（利用手中的尺子、橡皮、文具盒等玩一玩杠杆撬文具盒的游戏，并画出杠杆示意图）

教学环节三：用杠杆尺探究杠杆的秘密

师：杠杆真的能省力吗？想不想用实验来验证一下呢？为了方便同学们研究，老师给大家带来了一件实验器材，叫做杠杆尺，你能指出它的支点在哪里吗？

（介绍杠杆尺的调试方法，调试好杠杆尺）

师：支点左边的各个位置定为阻力点，支点右边是用力点。如果我在距离支点2格的阻力点上挂1个钩码，请同学们分别试试右侧不同受力点挂1个钩码会发生什么。

生：（小组交流讨论，动手实验并汇报实验结论）

师：

（1）用力点到支点的距离大于阻力点到支点的距离时，是省力的，这种杠杆是省力杠杆；

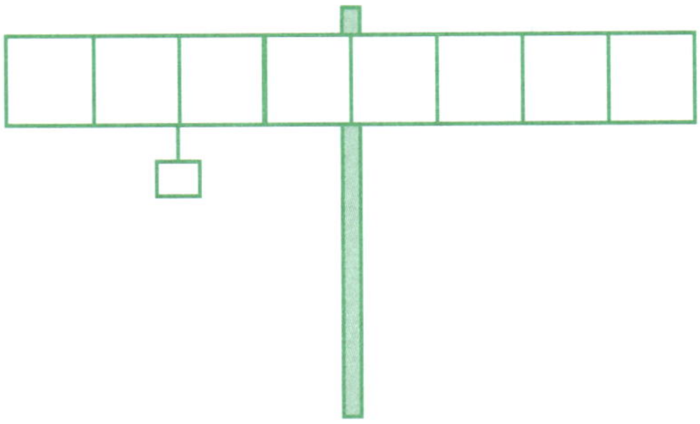

（2）用力点到支点的距离小于阻力点到支点的距离时，是费力的，这种杠杆是费力杠杆；

（3）用力点到支点的距离等于阻力点到支点的距离时，这种杠杆是不省力也不费力的杠杆。

看看刚才的杠杆游戏示意图，你的杠杆是哪一种呢？

教学环节四：生活中的杠杆

师：在生活中，还有什么东西用到了杠杆原理呢？

（展示：跷跷板、用开瓶器开盖子等）

通过研究我们掌握了杠杆的原理和类型，有省力杠杆，也有费力杠杆。它的外形是可以变化的，并不是单一的一根棍子。请同学们课后继续寻找杠杆在生活中的应用。

案例2 ——斜面

【案例背景】斜面是一种简单机械，可用于克服垂直提升重物的困难。斜面与平面的倾角越小，斜面较长，则越省力。学生也有过在“斜面”上向上推车会省力的生活体验，但是学生只有生活中的经验认识，没有理性的认识，所以，探究斜面省力的实验是一个重点。在教学中，教师所要关注的并不仅仅是“斜面能省力”“不同的斜面省力程度不一样”这些知识点的教学，要更多地关注学生科学探究技能的训练，让学生自己设计实验，亲历实验探究的全过程。其次，从“直线斜面”到“螺旋”的认识是一个思维的跳跃，学生对于“螺旋是变形的斜面”这一概念是比较生疏的，这也是本节课的难点。

【案例描述】

教学环节一：情景导入

师：（展示图片）同学们，和这幅图类似的地点你在哪里见过呢？

生：（回答）

师：大家平时骑自行车回家，你是走楼梯，还是走旁边的斜坡呢？为什么？

生：（回答）

师：（展示金字塔的图片）为什么生活中有这么多的斜面呢？这节课我们就一起来研究一下斜面。

教学环节二：探究斜面的秘密

1. 探究斜面是否省力

师：斜面真的能省力吗？我们今天来一起验证一下，老师为同学们提供了这些材料，首先应该干什么呢？

生：（搭建斜面，教师指导，斜面的坡度可以不同）

师：同学们的斜面都做好了，那你们想怎样设计这个实验呢？

生：（小组合作讨论、汇报，教师补充。比较垂直提升小车与在斜坡上提升小车所需力的大小，提醒学生需反复测量3次，在测量过程中不要改变斜坡高度）

生：（分组实验并记录）

师：（将学生汇报的数据录入对比表格）

师：从同学们的实验数据中我们发现，斜面可以省力，因此斜面也是一种简单机械。

2. 斜面的坡度大小对拉力大小的影响

师：重物的质量是一样的，但比较每个小组的数据，你们还有什么发现吗？

生：拉力的大小不一样。

师：那前后两个小组来比较一下，你们的实验材料和实验数据有什么不同呢？（前后两个小组斜面的坡度是不一样的）

学生比较，汇报结果。

师：坡度越小越省力。

教学环节三：认识变形的斜面

师：（展示陡峭的山坡图片）这么陡峭的山坡，住在山上的人如果推自行车上去一定很累吧！现在，你就来做一名小工程师吧，利用刚才我们实验探究出来的结果，帮他们想一些省力的办法。

生：（思考）

师：（展示盘山公路图片）坡度越小越省力，既然我们改变不了山的高度，我们就来改变斜面的长度，斜面越长，坡度就越小。盘山公路就是一种斜面的变形。

师：（展示螺纹疏密程度不一样的螺丝钉）螺丝钉的螺纹与斜面有什么关系？这两个螺丝钉哪个更省力呢？

生：（思考）

师：螺旋也是一种变形的斜面，螺纹密的更省力。

教学环节四：巩固应用

师：斜面在生活中有着广泛的应用，你能说出生活中还有哪些地方用到了斜面吗？课后请同学们多留意、多观察。

当人在骑自行车遇到上坡时，怎样骑会更省力呢？为什么？

案例3 ——轮轴

【案例背景】轮轴在日常生活中应用得非常多，学生每天都在接触轮轴。但是，学生对于轮轴的概念是陌生的，大多数学生还不知道生活中用到的水龙头、门把手、汽车方向盘、手摇式卷笔刀等物品其实就是轮轴。所以，首先要让学生充分认识轮轴这种简单机械，其次，让学生通过探究实验，了解轮轴省力的奥秘。

【案例描述】

教学环节一：游戏导入

师：老师这有两种同学们常用的卷笔刀——普通卷笔刀和手摇式卷笔刀，我要找两名同学来比赛，选一个力气大的男生用普通卷笔刀，选一个力气小的女生用手摇式卷笔刀，你们猜谁削得更快呢？

生：（猜测）

比赛结果：用手摇式卷笔刀的女生快。

师：有没有同学对结果不满意呢？我们欢迎不满意的同学继续来比赛。

比赛结果：依然是用手摇式卷笔刀的同学快。

师：从我们的比赛结果看，用手摇式卷笔刀的同学都比用普通卷笔刀的快，为什么呢？

生：手摇式卷笔刀更省力，所以会快一些。

师：手摇式卷笔刀为什么省力？这就是我们今天要研究的内容。（展示手摇式卷笔刀图片，并指出轴、轮所在位置）像这样，轮子和轴固定在一起，可以转动的机械，叫做轮轴。

教学环节二：轮轴作用的研究

师：老师还给同学们准备了另一种轮轴——水龙头，你来找找水龙头的轮在哪里？轴在哪里？

生：（观察并回答）

师：水龙头上的轮有什么作用呢？轮轴到底是怎么省力的呢？请尝试拧开去掉轮的水龙头，然后说一说轮的作用。

生：水龙头的轮可以省力。

师：水龙头的轮可以省力，那么其他的轮轴一样吗？我们接着了解轮轴的秘密。

教学环节三：探究轮轴的秘密

师：为了知道轮轴的秘密，我们用一个轮轴装置来研究。

师：（展示实验装置）把一些大小不同的轮和轴分别固定在一起，安装在支架上，在轮和轴的凹槽内装上棉线，把钩码分别挂在轮和轴上。试试看，你能发现什么？

生：（实验并记录）

生：（小组讨论并汇报）

师：挂在轮上的钩码比在轴上的少，轮轴就平衡了，证明了在轮上用力能省力。我们的实验有两个轮子，老师让大家分别用大轮和小轮都做了实验，有人还有别的发现吗？

生：（回答）

师：轮子大的，轴上的钩码多。这说明了什么呢？

生：（思考）

师：钩码多说明用力大，说明轮子越大越省力。

教学环节四：生活中轮轴的应用

师：这么省力的轮轴在我们生活中有很多，大家想一想有哪些？

生：自行车的车轮、汽车方向盘、门把手等。

师：（展示螺丝刀）它是轮轴吗？如果我想让螺丝刀更省力，你有什么办法吗？

案例4 ——找重心

【案例背景】“重心”在物理学上是指在重力场中，物体处于任何方位时，所有各组成支点的重力的合力都通过的那一点。对于小学生来说，理解“重心”是有一定困难的，特别是“重心”和“中心”的区别。怎样更好地引导学生了解物体的重心，就需要教师做好活动的设计。

【案例描述】

教学环节一：观察飘落的雪花，引入重力的概念

师：同学们，老师带大家欣赏一下冬天的美景。（视频展示下雪的天空）你们来描述一下看到了什么呢？

生：洁白的雪花落下来，太美了！

师：雪花纷纷飘落下来。为什么雪花会向下落而不是向上飞呢？

生：地球对雪花有吸引力。

师：是的，地球上的物体都会受到地球的吸引力。我们把物体由于地球的吸引而受到的力叫作重力。雪花在重力的作用下纷纷落下来了。

教学环节二：学玩滑板车提出平衡的概念

师：同学们，你们喜欢玩滑板车吗？

生：喜欢。

师：老师也喜欢玩这个，可是老师刚一站上去，滑板车就被弄翻了。会玩的同学来帮帮老师吧！

生：老师你要站在中间，保持好平衡就不会翻了。

师：为什么呢？

生：因为你没站在中间，就会一边重，一边轻，在重力的作用下失去平衡了，你的滑板车就翻了。

师：看来保持平衡的方法很重要呀！

教学环节三：学生探究实验找重心

师：大家说得真好！如果没站在中间，一边重，一边轻，在重力的作用下，很容易失去平衡。今天，我们就来做个关于平衡的实验，使一个物体保持平衡。拿出你的直尺，你能用一根手指使它保持平衡吗？小组讨论一下，这个位置应选在直尺的什么地方呢？为什么？

生：（小组讨论，汇报结果）

师：大家验证一下你们的猜测吧！把你找到的保持平衡的点记录下来。

生：（选取不同的直尺，有形状规则的，有形状不规则的，或者有装饰品的直尺分别演示）

师：你们找到了几个能使直尺保持平衡的地方？

生：一个。

师：为什么只有一个地方能让直尺保持平衡呢？

生：两边的重量要相等。

师：当直尺保持平衡时，手指顶住的点就是这个直尺的平衡点。大家看看，每个人的直尺各不相同，它的平衡点位置一样吗？

生：不一样。

师：你们还有什么发现吗？

生：我发现我的直尺的平衡点在直尺的中心，而我同桌的直尺的平衡点却不是。

师：同学们总结得特别好，不同的直尺平衡点是不一样的，而且不一定都在直尺的中心。那我们找到的直尺的重心是在哪儿呢？

生：（猜测）

师：我们把使物体保持平衡的点叫做平衡点，也叫重心。我们指尖上的直尺保持平衡时会受到两个力的作用。一个是受地球吸引而受到的重力，还有一个就是手指支撑的力。重力向下，支撑力向上，这样就使物体保持了平衡。

案例评析

案例1的教学设计以古埃及人用撬棒建金字塔的图片引入，激发学生的学习兴趣。通过观察、寻找杠杆的三要素，从而初步认识杠杆；通过玩杠杆游戏，加深对杠杆的认识；通过杠杆尺探究实验，让学生在具体的活动中获得对抽象科学知识的理解与掌握，得出杠杆工作的原理。学生在经历一系列活动的同时，也经历了一系列的科学思维过程。最后回归生活中的杠杆，让学生明白学以致用，用科学知识解决生活中的难题。

案例2有四个阶段：创设情境引入、科学实践探究、联系实际扩展、延伸课外巩固。“发现斜面能省力”这一科学探究环节，是让学生先去设计实验方案，老师再帮助学生形成科学合理的探究方案，设计了“比较垂直提升小车与在斜坡上提升小车”的体验活动，让学生自己动手操作、分析比较数据，发现了斜面能省力。然后，“不同的斜面省力程度不一样”这个问题也是通过前后两组不同坡度的斜面去实验，让学生从实验结果中去发现规律。实验探究斜面后，又认识了生活中的斜面以及变形的斜面。最后让学生思考解决生活中的问题，体现了科学探究是源于生活，且用于生活。

案例3的教学从卷笔刀游戏开始，引发学生的思考，让学生觉得陌生的“轮轴”并不陌生。接着，通过水龙头再次认识“轮轴”，知道了轮轴省力是因为“轮”。探究轮轴秘密的实验活动，可以培养学生自主发现问题的能力和合理分析数据的能力。最后提出问题，是希望学生能够学以致用。

案例4的教学设计中，“认识重力—找平衡—找重心”三个教学环节环环相扣、层层递进，引导学生不断思考，通过自己的探究，水到渠成地理解重心的相关知识。在探究实验中总结出“中心”不一定是“重心”，这个难点也就自然解决了。借助学生已有的生活经验和原有的知识基础将它们进行归纳、推理，建构出新的科学概念，学生能在这个过程中，提高探究能力和实践能力。

第三节 技术设计课

技术作为一种目的性活动，其实质是解决问题，设计是技术的核心。设计既是思维的工具又是行动的工具。马克思曾说："蜘蛛的活动与织工的活动相似，蜜蜂建造蜂房的本领使人间的许多建筑师感到惭愧。但是最蹩脚的建筑师从一开始就比最灵巧的蜜蜂高明的地方，是他在用蜂蜡建筑蜂房以前，已经在自己的头脑中把它建成了。劳动过程结束时得到的结果，在这个过程开始时就已经在劳动者的表象中存在着，即已经观念地存在着。"因而，设计显得尤为重要。

技术设计课的课型教学主要是为了让学生通过合理的设计和科学探究来制作具有某种特定功能的实物化的技术产品，通过技术设计来探究和理解产品的功能与原理之间的关系。技术设计与科学探究是相辅相成、密不可分的。技术设计课可以把学生通过科学探究所获得的知识与生活紧密地联系在一起，提升学生的科学探究能力和解决问题的能力，发挥他们的创造力。

案例1——设计打气筒

【案例背景】设计产品是技术设计的核心环节。学生通过技术课程的学习，掌握设计一个产品的基本流程，运用所掌握的技术原理实现对生活的改变。技术设计的核心是思维，技术产品的物化过程，既是技术产品的设计完善过程，也是思维的发展过程。学生通过"设计打气筒"这一教学环节的实践，理解"单向阀"原理，设计出一个只能出气不能回气的打气筒阀门。

【案例描述】

教学环节一：认识原理，感受技术

师：（展示一只坏的简易打气筒）同学们生活中都见过打气筒，有人知道它是怎么工作的吗？为什么老师的打气筒不能工作？可能是哪个部分出了问题？

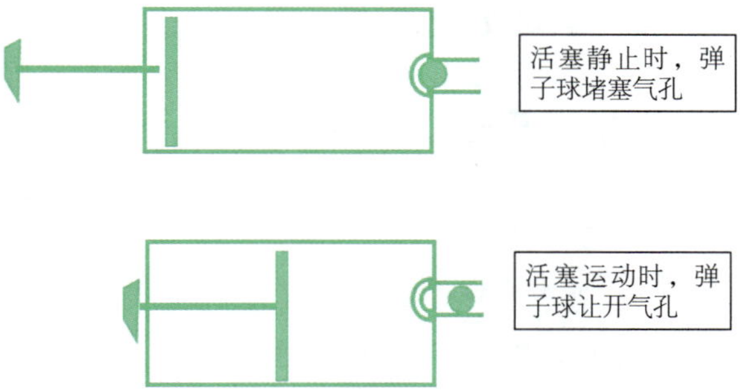

生：（观察，交流互动，认识打气筒的设计原理，重点理解简易打气筒中弹子球的作用：画图描述气筒运动与弹子球之间的联系）

师：打气筒里哪个部分是控制空气进出的？

生：（小组讨论，认识单向阀结构及原理）

教学环节二：解决问题，设计简易打气筒

师：经过讨论，我们已经知道打气筒的工作原理了。现在我们可以尝试自己制作一个。如果用塑料瓶制作打气筒，需要哪些条件？

生：（画出结构图，分析结构图）

师：怎样让瓶子里的空气出不去？需要更多的气流，怎么办？发现空气总是往瓶子外跑，怎么办？

生：（小组交流，取出瓶盖，设计装置：让气流只能进不能出）

（师生交流设计方案）

师：我们一起来观察一个实验。（进行演示实验：观察气流通过A4纸时的变化。重点观察空气是如何从小孔中穿过的，将A4纸对折，发现气流先是顶起纸张，停止吹气时，纸张盖在小孔上）

师：这个实验能给你提供什么样的启迪呢？

生：（汇报观察发现：气流流进和气流不能回流时，小孔前面纸张的变化对气流有影响）

师：（引导学生围绕材料的选择展开讨论）如果要让瓶盖上小孔的空气自由进出，需要什么样的材料？这样的材料有什么好处？

生：（再次设计打气筒）

教学环节三：分组完善，进行制作

师：我们来交流各组的设计图，有不同意见的同学可以提出质疑。

生：（交流各组的设计图）

师：（给学生发放材料：剪刀、气球皮、不干胶、锥子、矿泉水瓶、气球）

生：（分组制作简易打气筒）

师：（检测和指导）

师：下面我们一起来交流制作情况，说说制作中最困难的地方在哪里呢？

生：（交流总结）

师：制作出现问题的小组现在来改进你们的制作。

生：（改进制作）

教学环节四：拓展延伸，深化认识

师：同学们，老师这里还有一只气嘴芯，你们知道它的工作原理吗？

生：（交流表达）

师：让我们来认识更多的单向阀，你能解释它是怎么工作的吗？

生：（讲述弹簧式等单向阀工作原理）

师：（总结提升）

案例2 ——设计支架

【案例背景】设计支架，首先要引导学生了解不同形状的支架稳固程度不同，然后才可以根据要完成的作品的特点去设计。本课的教学可以先让学生观察生活中的支架结构的建筑特点，然后组织学生动手搭建各种形状（三角形、四边形、五边形、六边形等）的支架，从而使学生发现三角形结构稳固的特征。最后再次引导学生联系实际，解释一些建筑物或物体的结构特点，让学生意识到科学技术对生活的指导作用。

【案例描述】

教学环节一：导入

师：（展示埃菲尔铁塔图片）这个建筑物大家认识吗？

这是法国的埃菲尔铁塔，它是由著名的建筑师埃菲尔设计的。埃菲尔铁塔高300米，天线高24米，总高324米！铁塔是由很多分散的钢铁构件组成的——看起来就像一堆模型的组件。塔分三层，分别距地面57.6米、115.7米和276.1米，其中一、二层设有餐厅，三层建有观景台，从塔座到塔顶共有1711级阶梯。

埃菲尔铁塔建成于1889年，到现在都快130岁了，它依然那么雄伟壮观。可见，在修建埃菲尔铁塔的过程中，建筑师埃菲尔使用了许多创造性的技术，现在让我们来仔细欣赏一下它的结构，你发现了什么呢？

生：三角形的结构。

师：为什么有那么多三角形结构呢？

生：三角形的结构更稳定。

教学环节二：探究不同形状支架的稳定性

师：怎么证明三角形的稳定性呢？

（引导学生提出不同形状的对比实验）

生：（小组讨论实验方案并汇报：制作三角形、四边形、五边形、六边形等，通过拉扯比较稳定性）

（小组合作实验，制作各种多边形，教师指导）

生：（汇报试验结果：三角形结构稳固，可以增加建筑物的结实程度）

师：（展示自行车，蜘蛛网等图片）生活中有很多三角形结构，比如……

教学环节三：设计立体支架

师：同学们想不想也做一次设计师呢？老师想要一个又高又稳固的立体支架，你们能帮老师设计一下吗？设计这个稳固的立体支架，你觉得应该有哪些需要注意的呢？

生：（思考并汇报）

师：对于一个不稳定的立体支架，可以在它上面增加三角形支架，使它变得更稳定。

师：设计师埃菲尔在设计铁塔时，光是设计图纸就有5000多张，那么同学们要想有一个成功的设计，也需要先在图纸上设计好，接下来大家就开始吧！

案例3 ——设计无影灯

【案例背景】影子是光照射物体形成的。学生已有的经验是有光就会有影子，对于有光却没有影子这种情况，学生就不一定知道了。很多学生都观察过电灯光下、路灯下的影子，还玩过追影子、踩影子的游戏，不过对影子形成的原理可能就一知半解了。有些学生可能见过或听说过无影灯，不过对这种工业产品的技术原理是不清楚的。所以本节课让学生观察无影灯，发现问题，并做探究实验，最终得出结论。

【案例描述】

教学环节一：引出无影灯

师：大家平时留意过各种各样的影子吗？那影子是怎样产生的呢？

生：有光时不透明的物体就会有影子。

师：我们一起来研究一下影子吧！同学们，桌子上有老师给你们准备的实验材料（一个可乐的易拉罐、一支蜡烛），请同学们看看可乐罐的影子吧。

生：（做影子实验）

师：同学们做得非常好，大家都看到了烛光下可乐罐的影子，那么，有没有人可以让这个可乐罐在光下不产生影子呢？

生：有一种无影灯不会产生影子。

师：好。那我们就来研究一下无影灯。

教学环节二：探究实验

师：有人见过无影灯吗？（展示无影灯图片）

仔细观察一下，无影灯和我们平时用的灯有什么区别呢？

生：（观察，小组讨论）

生：（小组汇报：无影灯由很多个发光的灯组成；这些小灯均匀围绕在灯盘上）

师：同学们都观察得非常好，接下来我们试着设计一款无影灯吧！每一组将你们的设计方案记录下来。

生：（小组设计并汇报）

师：每个小组都有自己的想法。你们设计的无影灯真的可以让可乐罐没有影子吗？

生：（探究实验，互相参观）

生：我们在可乐罐周围点上一圈蜡烛，这样可乐罐的影子基本就消失了。

教学环节三：得出结论

师：无影灯这么神奇！你们想知道原理吗？

现在请同学们把可乐罐周围的蜡烛留一支亮着，其余的熄灭。我们再来仔细观察影子，你会发现影子中部特别黑暗，四周稍浅。影子中部特别黑暗的部分叫本影，四周灰暗的部分叫半影。我们再来点亮旁边的一支蜡烛，就会形成两个相叠而不重合的影子。两影相重叠部分完全没有光线射到，是全黑的，这就是本影。我们在可乐罐周围增加蜡烛，这时本影慢慢消失，半影也淡得看不见了。科学家就根据这样的原理制成了手术用的无影灯。

案例4 ——设计红绿灯

【案例背景】设计红绿灯是在了解基本电路的基础上，通过设计和制作红绿灯，来增强学生对电路的认识，并初步掌握串联电路和并联电路的不同。学生会了解到：在串联电路中，闭合开关，红绿灯同时亮；断开开关，红绿灯同时灭，说明串联电路中的开关是同时控制所有用电器的。在串联电路无法实现设计目的时，引出并联电路，各支路上的开关互不影响，从而实现了红绿灯的设计。整个探究过程培养了学生的动手操作能力和解决问题的能力。

【案例描述】

教学环节一：引入课题

师：在城市中，车流量非常大，十字路口一般都会有一个工具，它可以让车有序通行，大家知道这个工具叫什么吗？

生：红绿灯。

师：你们想知道是谁发明的红绿灯吗？

生：（观看视频《红绿灯的发明》。2分钟的视频来源于动画片《奇趣大世界》，动画片只讲了红绿灯的来源，没有涉及红绿灯设计的知识）

师：红绿灯对我们的交通帮助可真大，我们从视频中了解到1868年哈特设计并制造的第一个红绿灯是煤气信号灯，还要靠人去转换灯的颜色。而我们现在的红绿灯是由什么控制的呢？

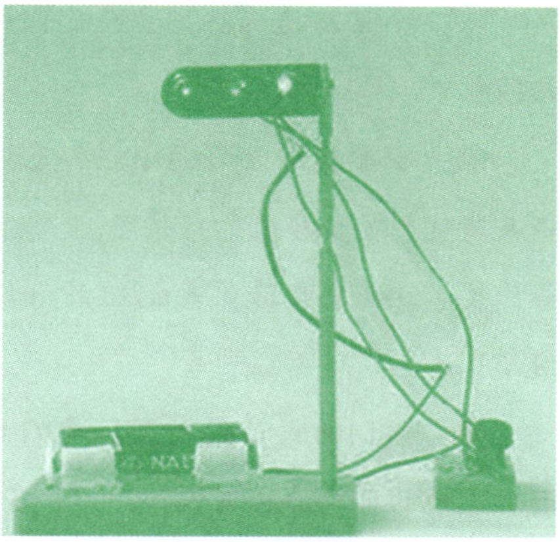

生：现在的红绿灯都是电信号灯，是由电路控制的。

师：同学们已经学过简单电路了，老师准备了以下材料：电池一节、电池盒一个、开关两个、一个红灯泡、一个绿灯泡、导线若干，现在请你们设计一个红绿灯。

教学环节二：尝试设计红绿灯，发现问题

师：在设计红绿灯之前，请同学们想一想红绿灯的特点，然后小组合作设计出电路图。

生：（小组合作）

师：我看到每个小组都有了满意的设计，那你们的红绿灯好用吗？我们来试一试。

生：（小组实验。教师观察结果，不要做设计方面的指导）

师：请大家分别展示一下自己组的红绿灯。（根据已有的教学经验，学生基本上设计的都是红灯和绿灯的串联电路，并且会有各自的开关）

生：我们的红绿灯在开关闭合时，都亮了。在任何一个开关打开时都灭了。

师：看来同学们的红绿灯有点问题，不过，你能从刚才的实验中得到什么启发吗？

生：红灯和绿灯连在一起就会同时亮或同时灭，所以我觉得红灯和绿灯不能连在一起。

师：你的发现真棒！那我们接下来就试试让红灯和绿灯不在一个闭合回路中。

教学环节三：解决问题，设计出红绿灯

师：电路图里红灯和绿灯不能在一个闭合回路里，说明我们的电路图里要有几个闭合回路？

生：两个。

师：按照新的想法，修改你们的电路图吧。

师：我看到修改好的小组，已经迫不及待地想验证自己的结果了。

生：（组装电路）我们组的红绿灯好了！

师：你们的设计成功了！你们知道两次设计的电路的区别吗？

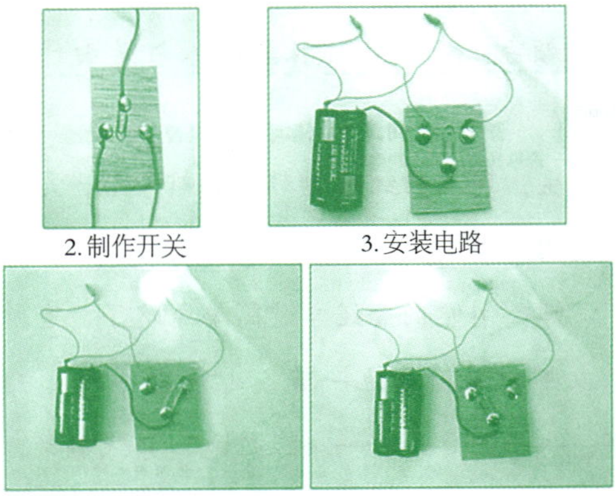

1.准备材料

2.制作开关

3.安装电路

4.用开关控制红绿灯的亮和灭

同学们第一次设计的只有一个闭合回路的电路是串联电路，串联电路中的开关同时控制所有的用电器。第二次设计的有两个闭合回路的是并联电路，各支路上的开关互不影响，从而实现了红绿灯的有效设计。

教学环节四：拓展延伸

师：生活中的红绿灯还会有一个黄灯，你能给你的电路加上一个黄灯吗？

案例5——设计水钟

【案例背景】水钟是根据流水的等时性这个特点设计的，水钟有两种：泄水型水钟和受水型水钟。泄水型水钟是利用特殊容器记录水漏完的时间，受水型水钟是记录用多少时间把水接满的装置。设计一个简单的水钟不难，但是要让学生能发现自己设计的水钟存在不足，而且找到解决问题的方法，是本节课的难点。

【案例描述】

教学环节一：认识水钟的特点

师：看图猜猜这是什么。（展示两种水钟的图片）

生：水钟。

师：这两个水钟有区别吗？

生：左边的水钟刻度在上面的容器上，右边的水钟刻度在下面的容器上。

师：左边的是泄水型水钟。因为泄水型水钟是根据水流出多少来计量时间的，所以，刻度就在容器上面。右边的是受水型水钟。受水型水钟是根据接水器中接了多少水来计量时间的，所以刻度在盛液杯上。

教学环节二：设计水钟

师：我们简单了解了古代水钟的原理，现在我们就一起来设计一个可以记录5分钟时间的水钟吧！要想设计水钟，首先要看看水钟是由几部分构成的。

生：水钟需要储水器、接水器。

师：准备好材料后，还有一个非常重要的任务是什么呢？

生：标刻度。

师：你们组准备做一个什么类型的水钟呢？5分钟的刻度该怎样标注呢？下面小组合作，画好设计图。

生：（小组合作，设计水钟）

师：哪个小组来分享一下你们的设计呢？

生：我们小组制作的是受水型水钟。首先用剪刀把两个塑料瓶剪开，一个留下半部分，而另一个留上半部分；瓶盖上钻一个小孔，让水从小孔往下流。我们用手表记录时间，每半分钟标注一次，一共记录5分钟。

师：你们的主意不错，那么各小组按自己的方案制作水钟吧！

教学环节三：拓展延伸，交流汇报

师：同学们的水钟做好了，观察一下你们标注的时间，有什么发现呢？

生：同样是一分钟，流出的水有多有少。

师：我们生活中不可能只记录5分钟，如果用同学们这样的方法，我想记录50分钟，一节课时间都不够记录，该怎么办？

生：如果我们可以让每分钟流出的水一样多就好了，这样测出1分钟的刻度，其他的刻度一样增加就行啦。

师：同学们，你们观察过医院的输液器吗？那个开关有什么作用呢？

生：控制药流出的速度。

师：老师带来了一个输液器，看看它能不能解决我们的问题。现在，我们来测一下它一分钟流出的水是不是一样多。用老师设计的水钟记录5分钟。

生：（观察实验）

师：同学们发现了什么？

生：每分钟流出的水一样多，刻度是均匀增加的。

师：这对盛水的容器上下粗细有什么要求？

生：需要容器上下一样粗细。

师：是的。如果我们想设计50分钟的水钟，继续增加刻度就行了。现在请大家讨论一下，说说哪一种水钟好。

案例评析

设计可以天马行空，然而工程设计却需要遵循科学原理，在技术设计课中，引导学生体验技术背后严谨的科学原理，是教学的重点。

案例1设计打气筒一课，教师需要注意的是删繁就简，排除其他的干扰因素，将学生的注意力聚焦于“单向阀”。实验模拟中，以打气筒问题分析、瓶子进出气观察、A4纸实验模拟等若干环节，分步指导学生理解“单向阀”的工作原理，就可以不断强化本次设计的小目标，最终完成设计作品。

案例2设计支架一课，学生多次体验设计图纸的重要性。当语言过于抽象，实物一时间又不能马上做出来的时候，设计图就成了连接抽象思维和具体实物之间的桥梁。设计图可以让小组成员的想法跃然纸上，可以让彼此间的合作更顺畅，当支架作品完成后，还可以用设计图纸来追溯成功与失败的原因。同时也能让学生深刻体验到，在工程设计中，设计图尤其重要。

案例3设计无影灯一课由于学生的已知经验较少，教学设计是由生活中的无影灯引入，引导学生去观察，以激发学生的好奇心，产生疑惑，从而引发进一步探索的欲望和热情。

课堂上，“揣着明白装糊涂”是一种智慧的表现。在案例4设计红绿灯一课中，老师明明知道学生这样做不对，却故意让学生去实践、试错，这种做法有时候能真正体现教师作为孩子探究活动“引导者”的作用。

案例5设计水钟一课是将学生设计的水钟和老师改进后的水钟做对比，让学生发现自己设计的不足，同时也明白了更好的设计方法。这样的教学方式不是通过老师去“合理”地改变学生的思维，而是在探究过程中让学生自己去发现问题，自然而然地去接受知识。

教师在技术设计课的教学中，要为学生提供一个开放的空间，发挥学生的主体性作用，教师作为引导者，让学生通过丰富的探究活动和亲身体验增强对知识的理解和掌握。在技术设计课型的教学活动中有以下两点建议：

1. 设置情景，激发学生的想象力

爱因斯坦曾说过：“想象力比知识更重要，因为知识是有限的，而想象力概括着世界上的一切，推动着进步，并且是知识进化的源泉。”因此，在技术设计课型的课堂教学中，努力设置各种情境，激发学生的想象力，对于提高科学技术课堂的教学效果和实现教学目标具有积极的作用。

2. 准备充足的探究材料

技术设计课的教学中如果探究材料不足，学生只能观摩，教学效果必然不理想。因此，探究活动的材料一定要准备充足。

第四节 技术制作课

制作活动是技术作品从图纸走向物化的重要一步，学生完成技术设计后的技术制作环节，能体现学生掌握基本技术操作能力的高低。学生通过技术制作活动，能够感受到技术学习的成就感。

案例1 ——空气动力小车

【案例背景】让小车运动起来，既是一个有趣的技术操作活动，也是一个具有挑战性的技术设计工程。学生需要对动力知识和影响小车运动的摩擦力、阻力等因素加以通盘整合，实现对技术产品的物化。

【案例描述】

教学环节一：认识原理，感受动力

师：（组织学生进行小游戏）请同学们距离墙壁10厘米站立，用双手的掌心推动墙壁，观察有什么现象出现。

（老师介绍力的相互作用原理。用火箭上天的例子，理解空气动力学反冲原理就是给物体一个向后喷的动力，物体就能向前运动）

如何让气球朝前运动呢？

教学环节二：选择材料，设计小车

师：如果让你设计一辆以空气为动力的小车，你会选择哪些材料呢？

（引导学生分模块选择材料：车身材料——车轮材料——轮轴材料——轴套材料——喷嘴材料）

这些部位对材料有哪些要求呢？（提醒学生可以运用身边最常见的吸管、橡皮筋、笔管、图钉等最简单的材料来制作）

生：（画出设计图，全班同学质疑提问后修订）

教学环节三：制作空气动力模型小车

师：如果利用空气作为动力，要如何减少空气的阻力呢？如何才能让空气动力小车走得更远呢？

（引导学生对设计的小车模型进行优化：车身材料要轻，小车质量要轻，减少各部分之间的摩擦，气球不能触及地面和其他地方）

生：（分组设计后制作空气动力小车）

教学环节四：调试竞赛

生：（调试小车，教师提示尽可能不让小车本身问题影响小车的前进距离，围绕一些典型问题进行故障排查）

生：（举行小组竞赛活动，观察哪些小车既美观又跑得快）

案例 2 ——建桥梁

【案例背景】桥梁，指的是为道路跨越天然或人工障碍物而修建的建筑物。桥梁由桥面和桥墩组成。桥梁的承重力和桥梁的形状有关，拱桥承重力最大，是最结实的一种桥。平板桥最不牢固，因为它的桥面没有支撑结构。本节课带领学生探究“不同构造的桥梁承重力大小有差异”这一课题，从而能够根据实际情况建造合理的桥梁，体验建桥梁的艰辛和快乐。

【案例描述】

教学环节一：故事导入

师：《小马过河》的故事同学们小时候一定读过吧！你们现在已经是充满智慧的小学生了，我们再来读一下这个故事，看看有没有别的办法来解决小马的烦恼。

生：建一座桥，小马就可以安全过河了。

师：建一座桥，可不是那么简单的。今天，我们可以尝试一下，做一名小小建筑师，看看能不能设计出一座结实美观的桥梁。

教学环节二：制作桥梁

师：我们要想设计一座合适的桥梁，首先要了解什么是桥梁。（展示桥梁图片）这些桥梁的形状一样吗？它们有什么特点呢？

（浐灞二号桥）

［课件展示的桥梁有：赵州桥（拱桥）、重庆涪陵乌江大桥（拱桥）、扬州五亭桥（拱桥）、南京长江大桥（梁桥，平板桥）、法国米约大桥（斜拉桥）、西安浐灞二号桥（斜拉桥）、钱塘江大桥（梁桥）］

生：（描述形状。教师引导总结出拱桥、斜拉桥、平板桥的特点）

师：我们欣赏了各种不同造型的桥梁，它们有着共同点。你能找出桥梁的共同点吗？

生：都有桥面和桥墩。

师：是啊！只要有了桥墩和桥面，就可以建造桥梁了。这些材料老师都为你们准备好了，（两个木块、四个细棍、两张卡纸、两根绳子）你们准备给小马建造什么样的桥梁呢？接下来小组讨论一下，设计出你们的桥梁。待会儿我们要来比一比，看哪一组建造的桥梁最好！

生：（小组合作，设计桥梁，画好图纸）

师：我看到同学们都设计好了，那大家接下来就开始制作桥梁吧！

生：（小组合作建桥梁。教师深入各组，帮助学生解决困难）

教学环节三：评价桥梁

师：接下来每一组介绍一下自己的作品吧！大家来评选出最好的一座桥，并说说为什么。

生：（欣赏作品）

师：要让小马安全过河，你觉得什么最重要呢？

生：牢固。

师：对啦！用怎样的方法才能知道哪一组建造的桥最牢固呢？

生：比较承重的多少。

师：我们来比一比，看看你们组制作的桥梁上可以放几个50g的钩码。注意：当桥面变形后就不能再放了。

生：（探究实验，汇报数据）

师：同学们，你们有什么发现吗？

生：我们组做的是拱桥，放的钩码最多，看来拱桥最结实。做平板桥的小组放的钩码最少，看来平板桥最不牢固。

生：原来桥梁的承重力和桥梁的形状有关呀！

师：是呀！你们的发现非常了不起，我想你一定知道应该给小马建造一个什么样的桥梁了！其实，桥梁还有好多学问等着我们去学习，希望同学们课后继续去探究自己感兴趣的桥梁。

案例3 ——造房子

【案例背景】房子是人类居住、从事社会活动或供其他用途的建筑物。我们周围的房子千姿百态，各具特色。古今中外著名的建筑物非常多，一座座优秀的建筑，是科学和技术的完美结合。在搭房子活动中，学生将理解形状、结构与承受力在生产生活中的应用，感受科学技术对人们的帮助。通过造房子的活动，学生也可以体会到合作的重要性。

【案例描述】

教学环节一：欣赏知名建筑，引入实验主题

师：最近春暖花开，风景美不胜收，你最想干什么呢？

生：春游。

师：是呀！你和老师的想法一样。这节课，老师就和大家一起去旅游，欣赏一下各个地方的建筑之美。（PPT展示西安钟楼、北京故宫和鸟巢、拉萨布达拉宫、苏州古典园林、上海东方明珠、意大利比萨斜塔、法国凡尔赛宫、纽约世贸大厦等）

师：这些建筑物你最喜欢哪一个呢？说说你的理由。

生：（回答问题）

师：如果你是一名建筑师，你会建造什么样的房子呢？

教学环节二：设计房子

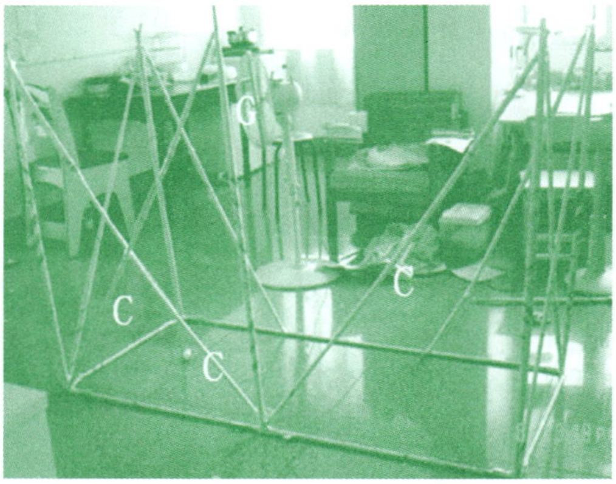

师：今天你们就是小建筑师了，我们要建造一座房子，你觉得你的房子应该达到哪些要求呢？

生：稳固、外形新颖、高一点、可以移动等等。

师：老师特别想知道同学们想要建造什么样的房子，你可以通过什么样的方式告诉老师呢？

生：画图纸。

师：建筑师在建房子之前都会画出设计图纸，你们也一样。小组讨论一下，设计出你们的房子，画在图纸上。我们来看看哪一组的房子最受大家喜爱。

生：（小组讨论，设计图纸）

教学环节三：建造房子

师：看到同学们设计的一张张精彩的图纸，老师不得不感叹同学们真有想象力！老师已经迫不及待地想看到你们的杰作了，那就快快开始建房子吧！（材料：橡皮泥、牙签、吸管等）

生：（小组合作，建造房子）

师：我看到有的组好像遇到麻烦了，如果感觉墙不够坚固，应该怎么办呢？什么样的结构可以增加稳固性呢？

生：增加三角形结构。

师：为你建造好的房子起个名字吧，一会儿把它介绍给大家。

教学环节四：展览会

师：为了知道哪一组的房子最受大家的喜爱，我们举办本次展览会，接下来请每个小组介绍一下自己的作品。

生：（介绍本组房子的特点）

师：同学们结合建房子的要求，选出除了自己组以外最喜欢的房子，将手里的一票投给它。

师：首先恭喜得到票最多的一组，其实，有很多组的房子都很不错，老师很喜欢。如果能改进一下缺点，肯定会更好。无论是我们刚才欣赏的雄伟的摩天大楼、精致的园林庭院、独特的艺术殿堂，还是同学们设计的一座座新颖的房子，都是科学与技术的完美结合。

案例评析

本节的三个案例都围绕技术制作这一主题展开。

案例1重点体现对制作中实际问题的解决，小车上的气球如何不影响小车的运动，让小车跑得更远？案例2则将重点放置于对比检测上，围绕实际复杂问题的解决，在制作中测量不同桥梁的承受力，并在此基础上进行固定承受力的桥梁设计和检测。案例3围绕学生可以实际参与的房屋的搭建，强调对制作成果的体验，让学生成功搭建一座房子来体验搭建过程和实际操作的难度，更能体验到制作成功的快乐。

在技术制作课中，学生是课堂的主体。通过教师的引导，让他们主动参与、动手动脑、积极体验和经历制作的过程。在制作过程中，如果学生碰到困难，教师要给予适当而及时的指导。

技术制作课的教学方式绝对不是让学生模仿，要让学生经过思考，根据自己的想法去设计方案并制作作品，这样才能培养学生的创造力。

第六章

过程技能训练课的教学

第一节 | 过程技能训练的意义

技能，顾名思义为技艺才能。《心理咨询大百科全书》中认为，技能是个体运用已有的知识经验，通过练习而形成的动作方式或智力活动方式。而教育学认为，技能是个体运用已有的知识经验，通过练习而形成的智力动作方式和肢体动作方式的复杂系统。可以看出，无论从心理学角度还是从教育学角度都认为技能是通过练习获得的活动方式。而无论是何种技能，要达到协调完善、自动化的水平，都需要不断地练习。因此技能训练是掌握技能的唯一途径。

一、过程技能体现小学科学课程的性质

《义务教育小学科学课程标准》前言部分明确提出，小学科学是一门实践性课程。小学科学从本质上来说是一门需要学生动手动脑的实践性课程，要学习科学，就必须让学生去参与各种各样的实践活动，并在活动中去体验、经历、积累各种认知世界的经验。但这些活动不是无序的、盲目的，任何一个有意义的活动都需要精心构思，包括活动的目标、过程、反思、评价等。要确保实践活动有效开展，就必须对学生进行必要的技能训练。假如没有具体的、熟练的技能作为保证，实践活动也就成了无源之水、无本之木。

二、过程技能体现了小学科学课程的理念

《辞海》对理念一词的解释有两条：一是“看法、思想”；二是“观念”，通常也指思想。因此可以说“小学科学课程理念”是一种思想，是人们对小学科学是什么及它为什么存在、对谁有价值的一种理解和认识。小学科学作为一门基础性、实践

性、综合性学科，虽然学习方式多种多样，但是课程基本理念明确提出，倡导探究式学习。

什么是探究式学习?《义务教育小学科学课程标准》中明确指出：探究式学习是指在教师的指导、组织和支持下，让学生主动参与、动手动脑、积极体验，经历科学探究的过程，以获取科学知识、领悟科学思想、学习科学方法为目的的学习方式。以证据为基础，运用各种信息分析和逻辑推理得出结论，公开研究结果，接受质疑，不断更新和深入，是科学探究的主要特点。而要搜集证据，需要搜集信息的多种技能；分析、推理都需要相应的技能。因此，想让学生通过科学探究的方式探索和了解自然，获取科学知识，首先就要训练学生的各项技能。

三、过程技能训练落实了小学科学课程的目标

《义务教育小学科学课程标准》把课程目标分为四个方面：科学知识，科学探究，科学态度，科学、技术、社会与环境。要实现这些目标都离不开技能训练。

1. 科学知识方面

在物质科学领域，3~4年级的学段目标明确指出，学生要学会测量和描述物体的特征和材料的性能；描述物体的运动，认识力的作用，了解不同形式的能量。

在技术和工程领域，更是强调了技能训练的重要性。1~2年级的学段目标就是注重学生对工具的认识、了解，并要求学生掌握简单工具的功能和使用方法，在掌握使用基本工具的基础上，完成一些小设计、小任务和小制作，从而了解什么是技术，什么是工程。

2. 科学探究方面

《义务教育小学科学课程标准》从提出问题、做出假设、制订计划、搜集证据、处理信息、得出结论、表达交流和反思评价这八个要素描述科学探究的学段目标，然而无论哪一个要素、哪一个阶段都离不开技能训练。预测、分类、排序、数据的整理等探究过程所需的技能，我们统称为过程技能。而搜集证据，自己动手或利用工具去测量、去观察、去记录，这些活动所需的技能称为操作性技能。这两种技能同时决定着科学探究的合理性、科学性和有效性。

3. 科学态度方面

《义务教育小学科学课程标准》从探究兴趣、实事求是、追求创新、合作分享四个维度描述科学态度的学段目标。必要的技能训练是开启学生探究兴趣的大门，更是培养学生探究兴趣的保障。只有在规范操作、熟练掌握各种技能的基础上，学生才能更好地观察和发现事物的结构、功能、变化以及相互关系，也才能更好地激发他们探究大自然的浓厚兴趣。

技能的训练有利于培养学生实事求是的科学态度。在科学探究中，通过规范的技能操作，学会相信数据、相信事实。当发现事实与自己原有的想法不同时，能够尊重事实，形成用事实说话的意识，不从众、不盲从书本与权威，能够根据进一步的数据和证据，不断调整自己的结论和观点，养成实事求是的科学态度。

4. 科学、技术、社会与环境方面

《义务教育小学科学课程标准》在科学、技术、社会与环境方面的目标就是让学生了解到科学、技术与社会、环境的关系，培养他们的科学责任感和社会责任感。在这一目标的落实上，技能训练依然发挥着重要作用。因为技能是一个大的范畴，包含技术，技能也是以技术为应用基础。学生在科学学习中掌握了必要的技能，也就掌握了一定的技术，而这正是实现目标的前提。

通过梳理小学科学的课程内容以及渗透到四个领域的小学科学目标，我们把小学科学课中的技能训练课分为以下三类：测量训练课、实验器材使用课、过程技能课。

第二节 | 测量课

在物质科学领域中，测量占据着重要的地位，3～4年级的学习内容就包括物体长度的测量、质量的测量、体积的测量、温度的测量等，以及学会使用恰当的计量单位进行记录。因此，测量是该学段学生获取科学知识的重要途径，而测量技能的训练则保障了这一知识目标的顺利实现。

案例1 ——温度计

【案例背景】温度是用来表示物体冷热程度的一个物理量。对此，学生在生活中有一些零碎的感官经验，但不具体也不系统，更无法就温度的概念做出比较准确的描述。对温度计这一重要测量工具的认识，也仅仅停留在较浅的生活经验上，谈不上了解，对于其构造、原理、使用方法等更是陌生。因此本课的教学，重在让学生更加全面、深入地认识温度计，知道温度计是什么，为什么能测温度，怎么来测温度，并在此基础上学会读温度、记温度，从而达到了解这一常见的测量工具、知道这一工具的功能和使用方法的学习目标。

【案例描述】

教学环节一：建立温度概念

师：这是水，可它到底是冷水、温水还是热水呢？有什么办法可以知道？

生：可以用温度计来量一量。

师：（板书：温度计）

教学环节二：认识温度计，了解构造和工作原理

师：（出示温度计）这是一个温度计，首先请同学们先观察一下，这个温度计是什么材质？

生：玻璃。

师：对于玻璃材质制成的物品，使用时要注意什么呢？

生：容易破碎，要轻拿轻放。

师：接下来，每组一个温度计，请同学们仔细观察，并将你观察到的情况记录下来。

生：（小组合作观察温度计，并记录）

师：说说你们都观察到了什么？

生：它表面有刻度、有数字，里面有一条线，有一端是红色的，有一端是银

色的……

师：（PPT展示温度计的构造图）温度计主要是由玻璃管、玻璃泡、刻度三部分组成。温度的单位是摄氏度，在温度计上用刻度表示。一度十个小格子，一个小格子代表0.1度。

师：温度计如何测量水的温度呢？

生：（讨论）

师：温度计是利用溶液热胀冷缩的原理制成的，当温度升高的时候，液泡里的溶液体积膨胀，就会往上升，我们就可以量温度了。

温度计的结构：

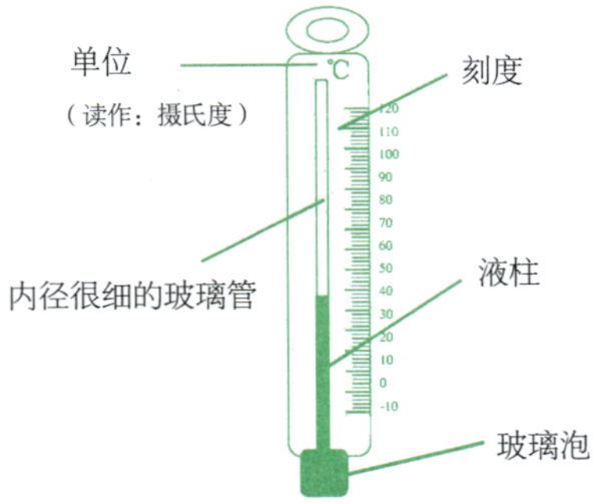

教学环节三：使用温度计，掌握正确的测量方法

师：（示范操作）

使用前：观察分度值、量程。

使用中：玻璃泡全部浸入，不碰到杯底或杯壁，示数稳定后再读数。

读数时：玻璃泡留在液体中，视线与液面相平。

生：（自主练习测量水的温度，教师巡回指导）

教学环节四：观察温度计，学会写摄氏温度

师：我们不但要学会读温度，还要学会记录温度，如沸水的温度100摄氏度、冰水混合物0摄氏度。记录为：100℃、0℃。

生：（在记录单中练习记录自己测量的水的温度）

师：我们在冬天听天气预报的时候，经常听到零下的温度，那零下5摄氏度该怎么写呢？（示范：−5℃）

学生：（练习零下温度的记录）

教学环节五：加强训练

师：（展示自制模型温度计，调节温度，请学生读一读，写一写，练一练）

案例2 ——比较水的多少

【案例背景】量筒是小学科学实验中最常用的精确量取液体体积的实验仪器。在水的学习中，学生已经知道水是一种液体，没有固定形状，难以直接测量体积，而在生活中，我们也常常需要比较液体的多少，如何实现这个目标呢？在多次探究的基础上，最后引入量筒这一测量工具，从而在比较多与少的基础上，提出毫升的概念，引导学生测量比较，从而掌握精确测量液体体积的方法，学会正确使用量筒的操作技能。

【案例描述】

教学环节一：导入

师：三个小和尚因为分水在争吵，他们的瓶子粗细高低都不同，到底谁的水最多呢？（出示幻灯片：三个瓶子和水）

（板书课题：比较水的多少）

教学环节二：哪个瓶子里的水最多？

师：你有什么办法吗？

生：（思考并讨论）

师：（总结方法）倒在粗细一样的杯子里比较高低；倒在同一个杯子里，比较高低。你们自由选择一种方法，进行实验，实验前老师还有一个温馨小提示：（PPT展示）

1. 给三个杯子做记号。

2. 实验中，水不要洒出去。

生：（自主实验，教师巡回指导并汇报实验结果）

教学环节三：比较水的多少

师：通过刚才的实验，我们已经知道2号瓶子里的水最多，可是它到底比1号瓶和3号瓶里的水多了多少呢？有什么办法可以知道？

生：用一个小杯子，一杯一杯地舀出来，记录杯数，比较多少；用直尺来量高度。

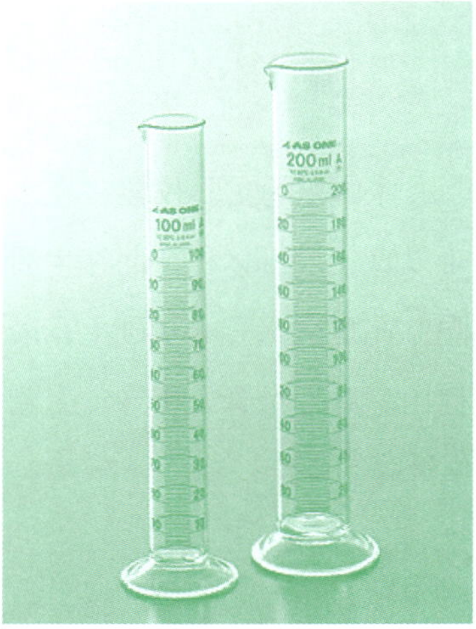

师：请同学们自己来试试。

生：（自主实验，教师巡回指导）

师：同学们做得很好。不过，要精确知道到底多了多少，还需要用到一种专业的测量仪器。（展示量筒）

教学环节四：认识量筒

师：这就是量筒，它有什么特征？

生：（小组观察量筒特征并汇报）

师：（介绍量筒的刻度、量程等特征）

生：（熟悉量筒的特征）

师：如何正确地使用它呢？（PPT展示量筒的正确使用方法）

1. 倒入液体时，左手拿量筒，量筒略倾斜；右手拿水瓶，瓶口紧靠量筒口，使液体缓缓流入。

2. 测量时，将量筒平放在桌面上。

3. 读数时，视线要与液体的凹液面相平，即平视，不可仰视或俯视。

生：（用量筒分别测量三个水瓶里水的体积，并记录数据）

师：哪一组来说说，2号瓶里的水分别比其他两个瓶子里的水多了多少？

生：（汇报实验结果）

教学环节五：练习运用，课堂小结

师：这节课后，同学们还可以留意以下常见液体的体积，比如，不同包装的牛奶的体积是多少？

案例3 ——使用小天平

【案例背景】《义务教育小学科学课程标准》明确指出，在物质科学领域，3～4年级的学生要学会用简单仪器测量物体的长度、质量、体积、温度等数据，并使用恰当的计量单位记录。而小天平作为小学科学课最为常见的质量测量仪器，出现在比较物体的轻重、配置溶液等实验中。熟练掌握天平的使用原理和操作技能在小学科学课的学习和实验中，显得尤为重要。

【案例描述】

教学环节一：导入

师：这有一个仪器，同学们有认识的吗？（展示天平）

生：天平。

教学环节二：认识天平

1. 认识天平的结构

师：天平是由哪几部分组成的，你能说出它的名称吗？

生：（小组合作，观察天平的结构，尝试说说每一部分的名称并分享交流）

教师：（出示天平结构图，为学生解疑）

托盘天平的构造

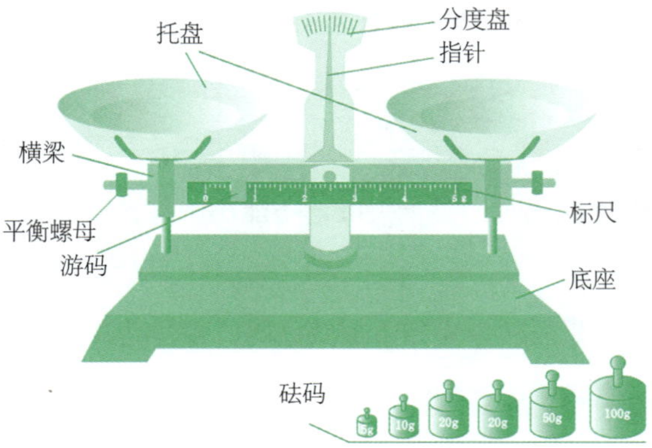

2. 了解天平的原理和用途

师：你们知道天平是干什么用的吗？

生：称东西。

师：对，当左右两个托盘所放物体质量相同时，天平横梁水平平衡；左右两个托盘所放物体质量不同时，天平横梁倾斜，质量小的一端上翘，质量大的一端下沉。

师：生活中你还见过哪些可以称量重量的仪器呢？

生：电子秤、杆秤。

师：是不是所有的东西都可以用天平称呢？

生：不可以，太重了不行，它应该只能称一些轻的物品。

师：是的，在称量之前，要先认识天平的量程，超过了它的最大量程，它就无法使用了。

教学环节三：正确使用天平

1. 调平

（1）把托盘天平放在水平桌面上。

（2）游码拨到标尺左端0刻度线处。

（3）调横梁平衡：调节平衡螺母，使指针指在分度盘的中央刻度线或指针左右摆动幅度相等，此时横梁水平平衡。

师：怎样使指针对准分度盘的中央刻度线，使横梁水平位置平衡？

生：旋动平衡螺母。

生：（尝试调节，得出结论：左右螺母都向指针偏向相反的方向旋动）

2. 称量

（1）放：左物右砝。

（2）注意事项：取用砝码时用镊子夹取，不能用手拿；放取砝码应轻拿轻放；感受50克砝码的质量。

（3）选：估计物体质量后，由大到小加减砝码，或移动游码使横梁再次平衡。

（4）看：观察指针摆动情况，判断横梁是否平衡。

（5）读：右盘砝码的总质量加上游码在标尺上的读数，就等于物体的质量。

3. 整理

用镊子将砝码逐个放回砝码盒内。

4. 活动练习

（1）调节天平使横梁平衡。

（2）师：用镊子移动游码，你有什么发现？

生：（动手操作并讨论总结）向右移动游码，相当于在天平的右盘里加一个小砝码。

（3）练习：测一支粉笔、一支铅笔、一块橡皮擦的质量。

教学环节四：天平的维护

师：（PPT展示）

称量前，要明确天平的称量范围，被测物体质量不能超过量程。

称量中，不能用手拿砝码或摸天平托盘，取放砝码要用镊子，并轻拿轻放；不可把湿润物品或化学药品直接放在天平托盘上。

称量后，要将砝码及时放回砝码盒内。天平和砝码要保持清洁、干燥，防止锈蚀。

案例4 ——测量摩擦力

【案例背景】摩擦力属于“运动与力”的部分，《义务教育小学科学课程标准》要求“知道一些生活中常见的力，描述物体的运动，认识力的作用”。而3～4年级的学生对摩擦力的相关知识虽有一些零散的认识，但没有一个深层次的建构和理解，所以本节课重在引导学生在认识摩擦力的基础上，正确使用弹簧测力计，测量摩擦力，从而探究影响摩擦力的因素。

【案例描述】

教学环节一：联系生活，引出课题

师：皮球被踢出去，滚过一段距离后就会停下来，这是为什么？

生：摩擦力。（师板书：摩擦力）

教学环节二：师生交流，认识摩擦力

师：摩擦力作用在物体上，产生了怎样的效果呢？

生：使运动的皮球停了下来。

师：摩擦力阻碍物体运动。（板书：阻碍物体运动）

师：摩擦力发生在哪里呢？（展示皮球在地上滚动的画面）

生：皮球和地上。

师：也就是说，在两个物体的接触面上。（板书：接触面）

师：能说说现在你们对摩擦力的认识吗？

生：（尝试总结）

师：（说明摩擦力的定义）

教学环节三：动手实验，测量摩擦力大小

1. 正确使用测力计

师：测力计怎么用？谁来说一说？

生：（观察测力计，并讨论交流：如何用测力计拉动物体）

师：我为大家准备了木块和测力计，谁来为大家演示一下？

生：（上台演示）

师：（纠正错误操作，总结：测力计沿水平方向用同一速度缓慢拉物体）

师：测力计上读出的是拉力，怎么能测出摩擦力呢？其实，科学家发现，当物体在做匀速直线运动时，拉力与摩擦力相等。所以测力计上显示的数值就是摩擦力。

师：你怎么知道摩擦力有多大？

生：用测力计。

2. 测量摩擦力

（1）对比实验一：测量同一木块在不同平面上受到的摩擦力（指出在哪些不同平面上）

温馨提示：每组实验做三次，取平均值。

师：通过这些数据，我们能发现什么？

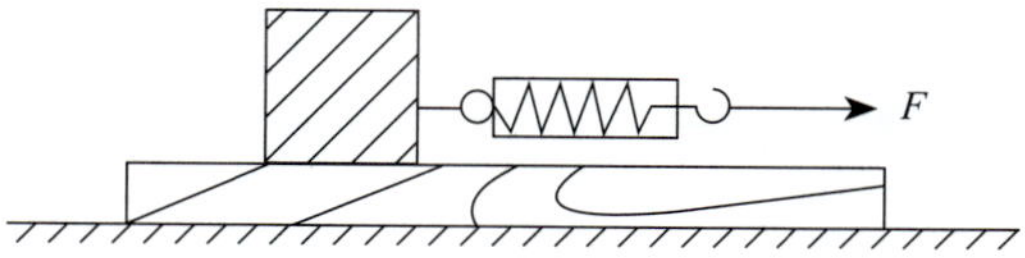

生：摩擦力的大小与接触面的光滑程度有关。接触面越光滑，摩擦力就越

小。接触面越粗糙，摩擦力就越大。

（2）对比实验二：测量不同重量的木块在同一平面所受到的摩擦力

师：通过这些数据，我们能发现什么？

生：摩擦力的大小与压力大小有关。压力越小，摩擦力就越小；压力越大，摩擦力就越大。

师：今天我们研究了物体在固体表面运动时的摩擦力。那么物体穿过液体或气体时会产生摩擦力吗？下节课我们接着研究。

案例评析

上述四个案例都是关于测量的技能训练课。测量温度高低的温度计、测量液体体积的量筒、测量质量大小的天平、测量力大小的测力计，这四种测量工具结构不同、原理不同、使用方法不同。因此要让学生熟练掌握每一种工具的操作技能，在测量中探究，在探究中反复测量，揭示一些自然现象或规律，如摩擦力的大小与接触面的光滑程度及压力大小有关等。这些课既是科学研究课，也是测量的技能训练课，既能激发学生探究的欲望，保持探究的热情，又能让学生通过反复使用温度计、弹簧测力计、量筒、天平等测量工具，达到熟练掌握操作技能的目的，为以后的科学探究打下坚实的技能基础。

第三节 实验器材使用课

实验器材使用课是让学生了解常见的实验器具，知道简单器具的功能和使用方法；利用身边的材料和简单器具动手完成简单任务，从而掌握使用实验器材的方法和操作技能，帮助学生从生活走向科学，从科学走向社会，了解身边的世界。

在小学科学学习中，最常用的实验器材有温度计、酒精灯、蒸发皿、烧杯、玻璃棒、试管、滤纸、剪刀、石棉网等等。这些器材除了测量中会用到，大部分都在小学科学课重要实验“水的蒸发和过滤”中使用。

案例1 ——使用酒精灯

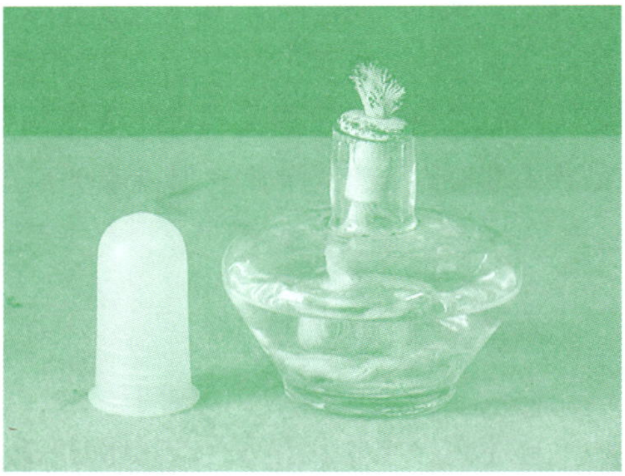

【案例背景】在小学科学实验中，酒精灯作为常用的加热器材，在一些实验操作中经常要用到。所以，学会正确地使用酒精灯，不仅可以有效提高学生实验的安全性和实验效率，也能培养学生进行实验探究的能力。

【案例描述】

教学环节一：导入

师：有谁知道它的名字吗？（出示实物酒精灯）

生：酒精灯。

教学环节二：认识酒精灯

1. 认识结构

师：（分发酒精灯）请同学们仔细观察，它是由哪几个部分构成的？

生：（小组合作，观察认识酒精灯的结构）

师：（说明酒精灯各部分的名称）

2. 了解使用方法和用途

师：酒精灯是做什么用的？

生：加热。

师：要用它加热，首先要点燃它，谁知道该怎样正确点燃酒精灯？

生：（回答的同时，教师纠正错误的观念，并引入火柴）

师：（正确示范火柴的点燃方法）如果要熄灭，该怎么办呢？

生：（回答。教师适时纠正错误的观念，并引入灯帽）

师：（正确示范如何用灯帽熄灭酒精灯：盖灭后，打开，再盖上）

生：（每个学生练习点燃、熄灭酒精灯，每人三次）

教学环节三：检测酒精灯火焰的温度

师：（PPT展示火焰）我们知道用酒精灯加热，实质上是用火焰加热。火焰由外到内分为三层：外焰、内焰和焰心。

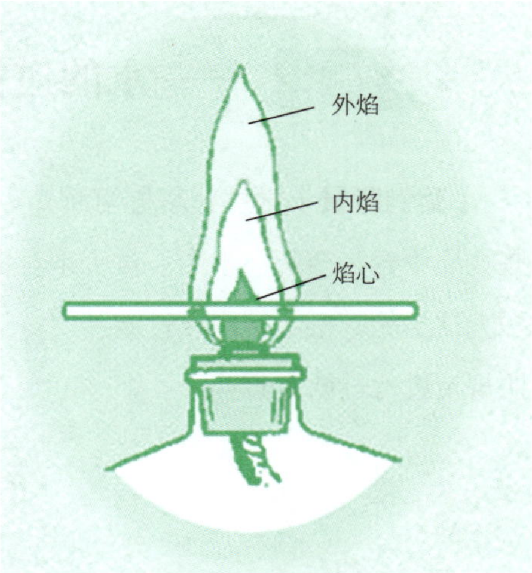

师：用哪部分加热最快呢？

生：（推测酒精灯火焰哪部分温度高）

师：有没有好的方法来验证呢？

生：（讨论交流）

师：（综合学生的建议和方法，讲解示范检测的方法，如用火柴柄，来计算点燃的时间，点燃所需要的时间越长，则火焰温度越低）

生：（动手实验，得出结论：火焰从外到内，温度依次降低，外焰最高，内焰其次，焰心最低）

师：因此，用酒精灯加热时，应该用哪一部分给物体加热？

生：外焰。

师：（PPT展示酒精灯的用法）

（1）拿开灯帽，竖立在桌面上。

（2）点燃火柴，自下而上点燃酒精灯。

（3）用酒精灯的外焰加热物体。

（4）使用完毕，用灯帽盖灭酒精灯。

（5）万一将酒精灯碰倒，洒出的酒精在桌子上燃烧起来，应该用湿抹布将其盖灭。

教学环节四：练习使用酒精灯

师：使用酒精灯之前，要先检查灯芯。如果灯芯顶端不平或已烧焦，则需要剪去一些，使其平整。检查灯里是否有酒精，并且酒精的体积应大于灯容积的四分之一，少于其容积的三分之二。

生：（练习使用酒精灯）

师：（整理器材）

案例2——水的过滤

【案例背景】学生在掌握溶解知识的基础上，知道了一些物质容易溶解在水中，一些物质不容易溶解在水中。对于不容易溶解的现象，如何实现固液分离呢？在激发学生探究欲望的基础上，引入过滤装置，让学生认识过滤仪器，组装过滤装置，并能严格按照规定进行过滤实验。

【案例描述】

教学环节一：直接导入，问题启发

师：通过上次的学习，我们知道泥沙不溶于水，有什么办法可以把泥沙从水中分离出来呢？

生：（思考）

师：先将泥沙水静置。然后再将静置后的上层溶液进行过滤。（板书：过滤）

教学环节二：演示过滤实验

师：（讲解实验仪器：玻璃棒、铁架台、烧杯、漏斗、玻璃棒、滤纸）

生：（认识实验仪器以及名称）

师：（示范组装过滤操作）

（1）调节：将烧杯放在铁架台底架上，再将漏斗放入漏斗架，调节高度和位置，使漏斗颈下口直面贴在烧杯内壁上。

（2）滤纸的折叠与裁剪：将滤纸对折两次，打开，使其一边三层，一边一层。

（3）润湿滤纸：将滤纸放入漏斗内，使滤纸上边略低于漏斗口，用干净水浸湿，之后用玻璃棒滚动赶走气泡，使滤纸与漏斗之间没有空隙。

（4）过滤：玻璃棒顶在三层滤纸处，倾斜成60度，水沿着玻璃棒慢慢倒入，水面不能超过滤纸边缘。

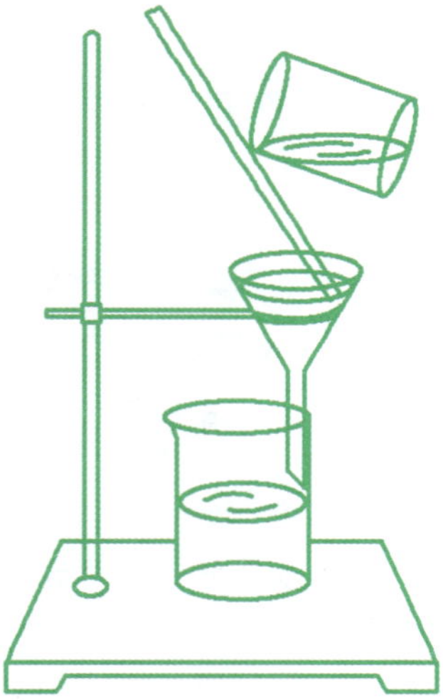

教学环节三：学生分组实验

生：（总结与熟悉操作过程，小组合作，分组实验）

师：（强调过滤操作中的注意事项）

一贴：使滤纸润湿，紧贴漏斗内壁，不残留气泡。（防止气泡减慢过滤速度）

二低：（1）滤纸边缘略低于漏斗边缘。（2）液面低于滤纸边缘。（防止液体过滤不净）

三靠：（1）倾倒时盛过滤液的烧杯杯口紧贴玻璃棒。（2）玻璃棒下端抵靠在三层滤纸处。（3）漏斗下端长的那侧管口紧靠烧杯内壁。

师：（巡回指导）

教学环节四：交流与讨论

师：过滤后的水与过滤前相比有何变化？滤纸有何变化？

生：（交流并讨论）

师：过滤还能有哪些用途？

生：（交流与分享）

师：（拓展关于水的净化、污水处理等知识）

案例3 ——盐水的蒸发

【案例背景】学生通过学习，已经知道了溶解的现象，但溶解是可逆的。可以通过实验让学生观察、理解和掌握这一规律。例如，用酒精灯加热，使浓盐水中的水分逐渐蒸发，溶解在水中的食盐就会析出。这个实验现象让学生认识到食盐溶解于水是一个可逆的过程。

【案例描述】

教学环节一：引入

师：这是昨天调配的一杯浓盐水，配好后用记号笔在杯壁的液面上做了记号。今天我们来看，发生了什么变化？

生：（观察发现液面下降）

师：水去哪儿了？

生：蒸发了。

师：如果杯子里的水每天继续蒸发，直到水全部蒸发掉，原先溶解在水里的食盐会怎样？

生：①盐会随着水一起蒸发；②盐会留在杯子里；③不知道。

教学环节二：盐水加热蒸发实验

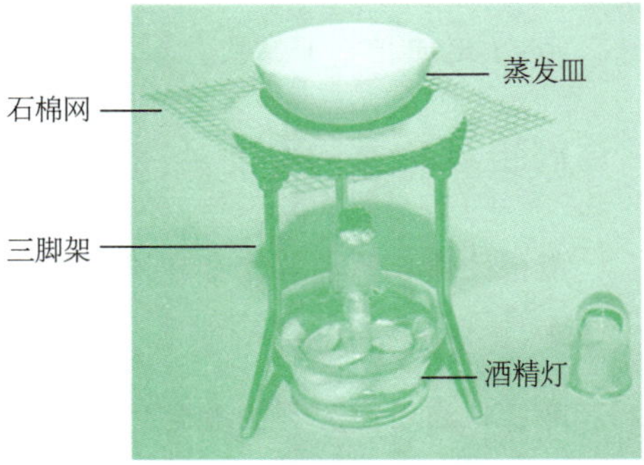

师：（讲解各个实验仪器）

生：（认识实验仪器，并复习酒精灯的构造和用法）

师：（示范组装加热装置）

生：（自己动手组装加热装置）

师：（边做实验，边讲解盐水蒸发实验的注意事项）

（1）在蒸发过程中，边加热边用玻璃棒搅拌。

（2）在盐水还未完全蒸发之前熄灭酒精灯。

（3）加热后的蒸发皿、三脚架、石棉网很烫，不要触摸。

生：（分组实验）

师：（巡回指导）

生：（观察并汇报实验结果：蒸发水分，使原本溶解在水中的食盐析出）

师：由此可见，加入水分，能使食盐在水中溶解；蒸发水分，使原本溶解在水中的食盐析出。食盐在水中的溶解和析出是一个可逆的过程。

教学环节三：拓展

师：生活中的盐从哪里来？（海盐、湖盐、井矿盐）

生：（了解晒盐工艺）

师：今天学习了盐水蒸发，分离了食盐与水，如果遇到其他溶液，你能想办法把溶解在水里面的物质和水分离吗？

生：（自制一杯糖水，用蒸发的方法把它们分离出来）

案例评析

上述三个教学案例主要围绕溶解现象，逐步深入开展科学探究。先是了解溶解现象，知道溶解和不溶解两种情况的存在；之后先易后难，先过滤，将不溶解的物质与水分开；再蒸发，将溶解于水的物质与水分开。让学生逐步体验溶解现象带来的乐趣，发展进一步探究溶解问题的兴趣，进而意识到溶解在生活中应用的广泛性和重要性。

无论是溶解还是蒸发，温度在此过程中都发挥了重要作用。酒精灯作为小学科学阶段重要的加热仪器，学生们必须在了解酒精灯构造的基础上，熟练掌握其使用方法。在盐水蒸发的案例中，除了掌握组装蒸发装置和熟练进行蒸发这一操作外，还有对酒精灯加热操作技能的强化和巩固。任何一项技能，都是在反复的操作训练中习得的，过滤也不例外。学生在探究溶解的过程中，熟练掌握过滤操作技能，并能学以致用，尝试运用到生活之中，如自制净水器等。

第四节 过程技能课

过程技能是学生在科学探究过程中所需要的一些最基本的思维方法和操作技能。《义务教育小学科学课程标准》在科学探究目标中明确指出，要让学生初步了解分析、综合、比较、分类、抽象、概括、推理、类比等思维方法，并从提出问题、做出假设、制订计划、搜集证据、处理信息、得出结论、表达交流、反思评价等八个要素描述科学探究的学段目标。因此过程技能课主要是让学生掌握在科学探究过程中所需要的一些思维方法和操作技能，从而达到自主、科学、有效探究的目的，并能运用科学探究方法解决比较简单的日常生活问题。

案例 1 ——昼夜的形成

【案例背景】 预测是科学探究学习中重要的环节，是学生利用已有的知识和经验，经过思维的冲突与再加工后形成的一种假设结论。虽然是预测，带有一定的猜想性，但是并非无目标的预测，而是科学的预测、有计划的研究。预测越科学，实验就越有计划和目的性，探究的有效性就越高。

【案例描述】

教学环节一：问题引入

师：同学们，现在太阳刚升起，非常明亮，我们把现在叫作什么？

生：白天。

师：白天也可以用一个字表示。（板书：昼）白天过了，太阳下山，就来到了什么时候？

生：夜晚。

师：（板书：夜）昼夜都是我们每天必须经历的，它们的出现有什么规律吗？

生：白天过了就是晚上，晚上过了就是白天。

师：对，这就叫作交替。（板书：交替）今天，我们就一起来探索昼夜交替的秘密。

教学环节二：猜想假设

师：为什么会产生昼夜交替的现象呢？

生：（认真思考，进行猜想）

师：谁来交流？

生：（进行预测）

地球不动，太阳绕着地球转。

地球不动，太阳自转造成的。

太阳不动，地球绕着太阳转。

地球自转，又绕着太阳转。

师：（总结并针对性地启发学生思维，鼓励他们大胆作出科学预测）

教学环节三：实验验证

师：大家提出了那么多有趣的猜想，究竟哪一个是正确的？如何证明呢？（提供实验材料，学生设计实验）

生：（小组合作，设计实验，教师巡回指导）

生：（地球仪代表地球，手电代表太阳，按照你们猜想的情况转动，进行证明）

师：像这样的实验叫做模拟实验。为了保证实验的效果，实验中需要注意一些事项：（PPT展示温馨小提示）

（1）手电离地球仪不能太近也不能太远，找到一个合适的距离。

（2）手电要正对地球仪，使得光线照到半个地球仪。

（3）可在地球仪上贴上模拟小人，固定观察点，观察小人所在处是否会出现昼夜交替现象。

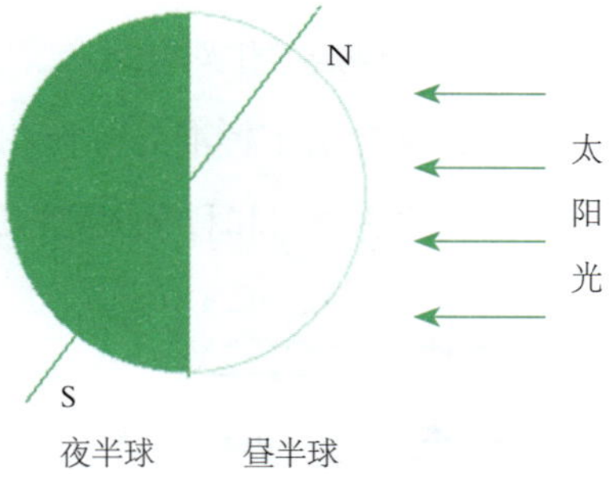

生：（自主实验，验证预测）

教学环节四：拓展延伸

师：昼夜交替现象出现了吗？谁来说一说？

生：（边演示，边汇报）

师：经过交流，我们发现，多种方法都能演示出昼夜交替的现象，可哪一种才符合实情呢？

生：（讨论并交流，说出理由）

师：（视频展示）我们一起来看看科学家对昼夜交替的解释。

生：（观看视频）

师：地球的自转和太阳的照射才形成了昼夜的交替。（介绍科学史，地心说、日心说等）

教学环节五：检测小结

师：关于昼夜交替还有很多有趣的现象。如果我们站在南极或北极会出现什么样的昼夜交替现象呢？大家可以课后探索。

案例2 ——分类

【案例背景】分类是在观察的基础上进一步认识事物的主要方法之一。在感官和工具的帮助下认识事物的外部特征，从而依据该特征对事物进行分类。虽然生活中的分类现象非常普遍，可是学生对此现象常常忽视、不关心。因此让学生从科学探究的角度重新认识分类，学会给定标准的分类和自定标准的分类，并在教师指导下归纳分类方法，体会分类在生活、学习和科学探究中的重要意义。

【案例描述】

教学环节一：故事引入

师：在上课之前，老师给大家讲个故事，主人公是小朋友非常熟悉的动画人物，它的名字叫熊二。（展示PPT图片）

生：不是熊二，是熊大。

师：不好意思，老师总是分不清熊大和熊二。你们可不可以教教我，他们到底有什么区别呢？

生：熊大是红鼻子，熊二是黑鼻子；熊大的毛是红棕色，熊二的毛是土黄色；熊大很机灵，熊二有点笨。

师：同学们给老师讲了这么多熊大、熊二的不同点，我想下一次老师一定不会把它们弄

把它们弄错了，感谢你们！接下来我们继续讲故事。

教学环节二：给铅笔分类

师：熊二特别爱画画，可是每次画完，都把笔扔到一起，等到下一次再用的时候就不好找了，小朋友可不可以想个办法帮它把铅笔分分类？

生：可以。

师：接下来我们就一起跟着熊二学学怎么给物体分类。

生：（读课题）

师：（展示铅笔）老师把铅笔发到同学们的桌子上，每一位小朋友就像刚才你们比较熊大和熊二那样，比较这些铅笔，看看它们有哪些相同和不同，好不好？

生：（铅笔的观察试验——找物体的相同和不同）

师：（适时指导）

师：说说看，你们有什么发现？

生：颜色、削了和没削，等等。

师：（总结）

（1）颜色不一样贴上标签。

（2）有些有橡皮擦，有些没有，贴上标签。

（3）削和没削贴上标签。

我们找到了三个不同点，谁能告诉我哪些有橡皮擦，哪些没有橡皮擦呢？你可以用数字，也可以用颜色来告诉我。（铅笔标上数字，PPT展示）

生：红色的有橡皮擦，3号和4号有橡皮擦，2号也有。

师：老师把有橡皮擦的放到一起，把没有橡皮擦的也放到一起。现在我们把这些铅笔分成了几类？

生：两类。

师：我们把五支铅笔分成了两类，一类是有橡皮擦的，一类是没有橡皮擦的。这个过程就叫做给物体分类，小朋友学会了吗？

生：学会了。

师：老师和大家一起以第一个不同点作为分类标准进行了分类，那后面两个不同点可不可以作为分类标准呢?

生：可以。

师：请大家在这两个不同点中，随便选择一个作为标准，给你桌上的铅笔分类。

生：（选一个标准给铅笔分类）

师：哪个小组愿意把你们的分类成果展示到黑板上?

生：（黑板前分类，粘贴）

师：能否给大家介绍一下，你们是按什么来分的?

生：（学生汇报，标准要说清）

师：你们学会分类方法了吗?

生：学会了。

教学环节三：自主练习分类

师：（发放瓶子）你能找出更多的方法将这些瓶子分类吗?

生：（观察瓶子，找分类方法）

师：谁先来汇报一下，你们找到了几种分类方法?

生：（小组汇报）

师：请小朋友猜猜看，他们这一组是按什么标准分类的?

生：按颜色分类。

师：请你们介绍一下吧!

生：（继续汇报，猜分类标准并汇报）按高矮、长度、材料、颜色分类。

师：一类瓶子是用塑料制成的，一类瓶子是用玻璃制作的，它们的材料不同，材料是分类的标准。同学们一共找到了几种分类方法?

生：（汇报：颜色、高矮、材料三种方法）

教学环节四：生活中的分类

师：熊二为了感谢大家帮助它给铅笔分类，要去超市给大家买棒棒糖吃，可是超市真的很大，糖应该在哪个区域呢？

生：卖糖果的地方。

师：超市是不是把所有的糖果都分类放在一起了？（展示PPT图片）

生：（寻找棒棒糖）

师：你看，超市不但把糖果都放在一起，而且把不同品牌的糖果也放在一起，为什么要这么做呢？

生：放乱了就找不到了。

师：这样分类可以帮助我们很快地找到想要的东西，分类可以让我们的生活变得更加方便。像这样的分类，在生活中还有哪些呢？

生：（交流分享）

案例3 ——排序

【案例背景】排序就是将无序的记录调整为有序记录的过程。在生活和学习中，学生已经具备丰富的排序经验，然而生活中的排序不像科学研究中的那么严谨，作用也不同。如何从科学研究的角度对排序进行更深入的探讨，从而让学生重视数据搜集之后的整理，并获得专门的排序训练，是重中之重。

【案例描述】

教学环节一：导入新课

师：这里有几个杯子，请你给它们排排队。

生：（给杯子排队）

师：为什么这样排？

生：根据高低顺序，从低到高排或从高到低排。

师：像这样按照一个特征来排列的方法就叫"排序"。（板书：排序）

教学环节二：鉴别排序特征

师：出示团体操表演的图片，体操运动员是按什么特征来排队的？

生：（观察汇报）高矮不同。

师：（出示成绩单）这是按什么特征排序的？

生：分数的高低。

师：（出示声音在不同物质中的传播速度表）你能给它们排序吗？

生：（自主排序。按照速度由小到大，或者由大到小排列）

教学环节三：了解排序的意义

师：在日常生活中，还有哪些地方会用到排序？

生：商品的价格由低到高进行排序；商家距离由近到远进行排序。

师：为什么生活中的方方面面都需要排序？

生：（交流并总结，说清楚为什么要排序）

师：其实在科学研究中，也经常会用到排序的方法，对搜集到的数据资料进行整理。

生：（观察声音传播速度排序后的数据表）

师：你有什么意外发现？

生：（汇报发现的数据中隐含的规律）

教学环节四：了解更复杂的排序

师：塑料是非常常见的材料（展示大小、形状相同的食品保鲜膜、普通塑料袋和衣物塑料袋）你认为可以按照什么特征对它们进行排序呢？

生：（测试塑料薄膜性能，并通过褶皱实验、伸拉实验、透明实验、吸附实验对三种塑料进行排序）

师：（总结）物体不一定只有一种排序结果，有时可以同时按照两个或两个以上的特征给物体排序。

案例4 ——热水变凉

【案例背景】随着课改的不断深入，学生的学习范围不断扩大，接触的数据也越来越多。如何辨别、选择和整理有用的数据来证明自己的观点，或运用这些数据来解释相关的问题和现象，在科学课中占据着相当大的比重。一杯热水放在桌子上会变凉，这是特别常见的生活现象，但是学生却常常对这一现象缺乏科学的思考。这节课就是要让学生通过掌握温度测量技能、整理数据来揭示热水变凉这一过程中的科学规律，同时不断激发学生的科学探究兴趣，培养实事求是的科学态度。整理数据的方法有很多种，比如将数据对比、分类、排序、画出统计图等。本案例采用排序法，发现数据隐含的规律。

【案例描述】

教学环节一：提出问题

师：这是一杯热水，谁知道它有多热吗？量一量，90多度。再量一量，80多度。想一想，如果一直这样放下去，会是多少度呢？

教学环节二：做出假设

生：

假设1：呈现先快后慢的规律。

假设2：呈现先慢后快的规律。

假设3：呈现匀速下降的规律。

假设4：温度下降没有规律。

……

教学环节三：制订计划

师：如何证明你的假设是正确的呢？

生：用温度计来测量，搜集数据来证明。

师：搜集什么样的数据？哪些数据可以证明？

生：可以固定时间，每隔相同时间就测一次，并记下温度读数。

师：还需要哪些实验器材？

学生：热水、温度计、表、记录单。

师：实验中需要注意哪些问题？

生：温度计的正确使用，固定时间三分钟测一次等。

师：（再次提醒温度计使用的注意事项，PPT展示）

（1）手拿温度计的上端。

（2）温度计下端液泡浸没在水中，不与杯底和杯壁接触。

（3）视线与温度计液面持平。

（4）待温度计液柱不再上升和下降时再读数。

（5）读数时温度计不能离开水面。

教学环节四：搜集证据

师：（统一发口令“开始测量”，每到三分钟时，提前五秒倒数，减少误差）

生：（测量热水变凉过程中的温度变化，并记录）

教学环节五：处理信息

师：如何整理数据，才能揭示热水变凉过程中温度变化有无规律呢？

生：将数据按照时间的先后顺序进行整理，看看在相同的时间内，温度下降的变化量是否有规律。

师：是的，为了更加直观地进行描述，我们还可以通过制作图表的方式，找出温度变化与时间的关系。

生：（整理数据，制作曲线图）

教学环节六：得出结论

生：通过实验发现，温度下降呈现先快后慢的规律。

教学环节七：表达交流

师：（展示小组绘制的曲线图和热水变凉的规律对照，使学生直观地感受到热水变凉的规律）

教学环节八：反思评价

生：（讨论为什么热水变凉会出现先快后慢的规律）

师：（板书热水变凉的规律：先快后慢）

案例评析

上述四个案例都属于科学探究中的过程技能训练课。预测是科学探究的重要环节，在案例1中，学生通过书籍、电视等对昼夜交替现象有所了解，但是认识却很零碎，在学生自由猜想的基础上，通过一定的指导和实验模型的帮助，让他们的预测更加有针对性、更加具体和明确。预测的科学性也就大大提高。

分类和排序作为整理信息的基本方法，在日常生产和生活中也常常使用，在科学探究过程中，学生能否使用排序和分类对搜集到的数据、资料进行初步的整理和加工，不仅标志着学生当前的认知水平，也为未来的认知发展提供了潜在可能性。因此要让学生认识和理解分类，并掌握某一特征，可以自主分类；认识排序、理解排序，能由易到难，先简单排序，再复杂排序，逐步强化科学探究的过程技能训练。

整理数据作为科学探究中的重要环节，直接影响着学生科学概念的建构，当学生开始重视数据、分析数据，发现数据隐含的规律时，也正是学生科学精神的形成之时。在案例4中，学生正是通过分析实验数据，发现了在热水变凉的过程中，温度的下降呈现出先快后慢的特点。

根据美国科学进步协会科学教育委员会给出的定义，过程技能被分成8个初级过程和5个综合过程。8个初级过程指观察、分类、测量、传达、预测、认识空间—时间联系、认识数字联系、推理。5个综合过程技能是指形成假设、控制变量、解释数据、下操作定义、实验。因此除了上述案例中所讲述的预测、分类、排序和整理数据之外，常用的过程技能还包括观察、测量、推理等。

不论是哪一种过程技能，都是为了保证探究活动的科学性和有效性。因此每一项过程技能在教学中都必须保证操作的规范性和准确性，进而保证信息正确，使推理归纳不失偏颇或曲解。

第七章

解暗箱课的教学

第一节 | 解暗箱的意义

在日常生活中，我们常常会遇到一些从外面打不开，又看不见里面状态的事物。比如，你去水果摊挑瓜，想买又不知道好坏，又不能切开看，有经验的人就能通过看纹路、掂重量、弹声音等方法判断出西瓜的好坏。对于这种内部结构尚不能直接观测，只能从外部去认识的物体，控制论创始人维纳称之为“闭盒”（Closed Box），后来又被称之为“黑箱”（Black Box，又译“暗盒”），我们就称它为“暗箱”。

西瓜在没有切开之前，我们可以把它看作一个暗箱。用手指弹瓜面，这叫信息输入；侧耳听西瓜发出的声响，这叫信息输出。根据看、听、拍等动作对瓜形、瓜色、瓜声及弹性的观测，我们就可以大体推测出西瓜的成熟程度了。挑西瓜的过程就是解暗箱的过程，是在不打开暗箱的前提下，利用外部考察输入和输出的关系来认识事物的一种科学方法。解暗箱强调外部观察和试验，用不着打开暗箱就能间接推断出客观事物的内在本质，这是一种由表及里的逻辑思维方法。

学生日常接触到的暗箱通常可分为三类：第一类是黑洞、星球、人体这样的“自然暗箱”；第二类是机器人、雷达、封闭的电线网络这样的“实用暗箱”；第三类是课堂中为了帮助学生获取科学知识、领悟科学思想、学习科学方法而制作出来的暗箱，我们可以称它为“模型暗箱”。

挑西瓜的过程就是解暗箱的过程

暗箱就在我们身边，我们一辈子都在跟暗箱打交道，小到果摊挑瓜，大到宇宙探秘。一般而言，人们的认识总是经历一个从不知到知、从知之不多到较多的过程，即从暗箱向白箱转化的过程。因此，解暗箱的方法可作为人们认识事物的通用方法。从工程技术到社会领域，从无生命到有生命系统，从宏观世界到微观世界，解暗箱都是一种不可或缺的思维方法。

一、解暗箱的特点

解暗箱是对事物从系统外部进行观测试验，考察对象的输入、输出及其动态过程，并由此来认识研究事物的整体功能特性、行为方式，以及探索其内部结构和机理的一种科学方法。解暗箱课在认识方法上主要有以下几个特点：

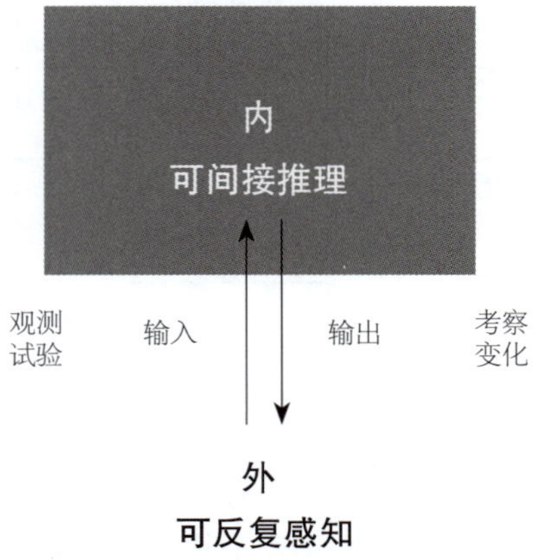

1. 强调“整体研究”

与传统的分析认识方法相反，解暗箱以不破坏系统的整体性为前提而达到研究、认识整体行为的目的。这个研究过程不涉及复杂系统的内部结构和相互作用的大量细节，而只是从总体行为上去描述和把握系统、预测系统的行为。这种辩证思维方式有利于我们从整体的角度、用动态的观点综合地把握事物。

2. 体现“司外揣内”

暗箱方法是从系统与环境间的相互联系去研究、考察和认识对象的，通过已知的输入及其相应的输出，构想出与暗箱通融的结构与特性，这有利于我们从关联性和因果性的辩证角度去认识世界。“司外揣内”的思维特点，实质上是整体观念的哲学思想在思维方法上的具体运用。

3. 注重“模型验证”

根据暗箱外部的输入、输出而提出的关于暗箱内部情况的假定就是模型。当输入输出关系确定后，一般用建立模型的方法来描述暗箱的功能和特性。模型结构有多种形式：有数学的（各种函数、方程式、图像、表格等）、实体的（功能相似于原型的现实系统），也有概念的。工程技术系统多采用数学模型，生物系统采用实体模型，社会系统则常用概念模型。

二、解暗箱课的流程

解暗箱课是先给暗箱一系列刺激（输入），再通过观察暗箱的反应（输出），从而建立起输入和输出之间的规律性联系，最后把这种联系用最简单、最佳的模型描述出来的过程。一般说来，在解开暗箱的活动过程中，其流程可以分为确认暗箱、考察暗箱和阐明暗箱三个步骤。

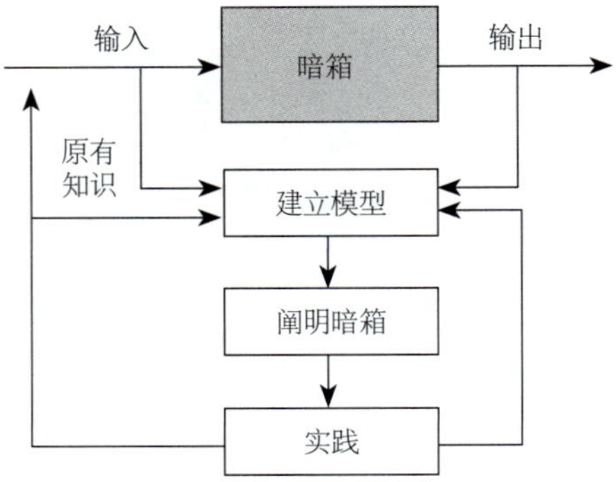

1. 创设情境，确认暗箱

在观察、思考中引发问题，明确研究的具体目标和范围，确定一组输入和输出，也就是找到输入的可控制变量以及相应输出的可观察变量。比如，生活中我们会利用声音来检测物体的好坏，像用手拍拍西瓜判断是否熟了；医生敲敲病人的胸部，检验内脏是否正常；用手敲敲瓷碗，看看瓷碗是否坏了等等。工业中常见的无损探伤也是运用解暗箱手段检查零件缺陷的一种典型方法，它是在不损坏工件或原材料工作状态的前提下，利用超声波在不同质界面上的反射特性，对部件的表面和内部质量进行检查的一种测试手段。

2. 观察试验，考察暗箱

通过直接观测或主动试验的办法，考察暗箱的输入、输出及其动态过程。考察中为暗箱的变化创造条件，然后观察暗箱的反应，对输入和输出的动态变化进行记录，从而获取功能特性和内部结构的大量信息，将此作为认识暗箱的根据。比如，最初人们从火山喷发和温泉等自然现象中，了解到地球内部是炽热的。随着生产力的发展和科学的进步，地球科学家以地震为主要考察对象，通过研究收集的地震波数据，分析地震波纵横的转换和变化及其传播速度的规律，得知地球内部结构的更多细节，认识到地球内部的结构是不均匀的，建立了地球圈层理论，从而把地球分为地核、地幔和地壳三个圈层。

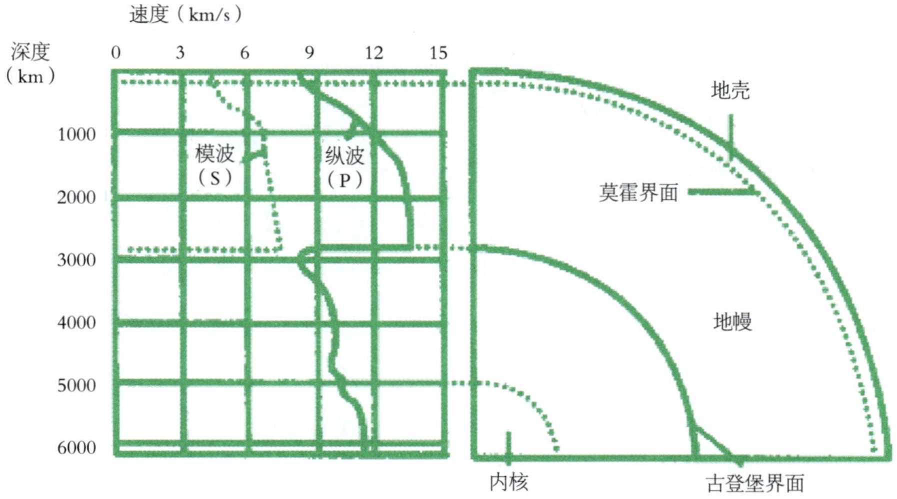

3. 建立模型，阐明暗箱

对考察过程中观测到的数据进行“去伪存真”的分析、整理和评价，建立阐明暗箱输入输出之间规律性联系的模型，从而对暗箱的结构、内在机制、功能做出推测及假说。然后输入新信息检验其模型和认识的似真度，根据实验的结果修正、确定模型，并对暗箱的未来行为做出某种预测。比如，对于岩石圈的运动问题，不同时期的地质学家建立了多种模型，如魏格纳的大陆漂移说，赫斯的海底扩张学说，勒皮雄与麦肯齐、摩根等人的板块构造学说。认识岩石圈内在规律的过程，就是不断观察、收集信息，建立修正岩石圈运动模式的过程，也是一次次打开暗箱，使结论趋于客观的过程。

三、解暗箱课教学的意义

解暗箱教学活动作为科学课常见的一种课型，其教学过程充满挑战，学生学习兴趣浓厚，其教学的主要意义有如下两点：

1. 解暗箱课为我们提供了一种崭新的认识方法

世界上还有许多事物是不能通过“打开”的方式来了解它的结构和本质的。例如，人们对大脑进行研究时，不可能采用现代解剖等方法，但用解暗箱的方法，就可以在不破坏生命正常活动的情况下，研究生命的机理；对于地球、黑洞这类人类目前无法介入的系统，更需要解暗箱的方法。还有在研究内部结构十分复杂的系统时，解暗箱是最好的手段之一。例如近年来我国的科学家用解暗箱的方法研究人口系统，建立了我国人口系统发展的动态数字模型，总结出人口出生率、死亡率、自然增长率、人口年龄构成等方面的情况，并分析人口老龄化对经济社会的影响。

解暗箱从综合的角度为人们提供了一条认识事物的重要途径，尤其对某些内部结构比较复杂的系统，对不允许用现有手段打开的系统，对迄今为止人们的力量尚不能分解的系统，暗箱理论提供的研究方法是非常有效的，可以说是人类破解未知世界之谜的一件利器。

2. 解暗箱课有助于促进学习者思维品质的提升

解暗箱是由表及里进行研究的科学方法，运用的是一种逻辑思维方法，是换一个角度来认识事物。解暗箱将辩证思维方法和现代科学技术结合起来，通过考察系统的输入与输出关系，从而认识系统的功能。也就是说，解暗箱并不是直接认识，而是另辟蹊径，从系统外部的信息出发，倒着展开思路，分析产生这些外部信息的内在原因和条件，从而逆向推理出暗箱的本质及内涵。因此，解暗箱体现了一种“透过现象看本质”的哲学思想，其中既有推理（演绎、归纳、类比）、分析、综合等逻辑思维要素，也包括发散、聚合、递进、抽具象转化等创造性思考要素。解暗箱作为一种重要的探究方法，有助于激发学生的学习积极性，提升他们的想象力和思维力，有助于改善学生的思维品质，培养他们的探究能力。

第二节 | 解模型暗箱课

模型暗箱课是一类为了解密结构的暗箱课，它的价值在于为学生创设一个类似于科学家做研究的场景，把探索未知、认识新事物的活动带入课堂，让学生能够用自己的方法去探究一定结构的暗箱，掌握一种从整体与外部环境的联系中认识事物的科学方法。在课堂中学习这种认识暗箱的方法，研究如何从暗箱中得到信息，学会分析这些信息说明什么问题，理解为什么输入和输出会有这样或那样的关系，这些都有助于学生正确解读周围世界的运转方式，以及解开像实用暗箱、自然暗箱等更复杂的系统。

暗箱的神秘魔力就在于不能打开，只能从外部间接感知观测、试验推理，只能依靠从盒子里传出来的信息去探求里面可能有什么或者是什么样的，因此给学生设计的模型暗箱结构不能太复杂也不能太简单。过于复杂的信息会导致学生判断失败，过于简单又容易猜出结果，使学生失去探究的热情。所以，模型暗箱里传出的信息应该富于变化，这种丰富变化的信息会勾起学生的好奇心和探究欲，促使学生去思考判断。基于上述思考，设计结构合理的模型暗箱是教学的关键，也就是课前要针对不同的学生设计不同层次的模型暗箱。

案例1 ——暗盒中障碍物的位置

无锡梁溪区新旧教材衔接研讨活动张佳蓓老师执教《暗箱里的秘密》

【案例背景】这个暗盒由一个活动的玻璃球和一个固定在一角的障碍物组成，当然暗盒从外部是没法直接打开的。暗盒结构相对简单，主要是借助感官直接观测，依据盒子里传出的信息做出判断。解暗盒的重点活动是滚小球，从而判断出盒子里障碍物的位置。针对低年级学生的认知特点，怎样借助滚小球活动让暗盒能“说话”，并让学生听懂暗盒的“悄悄话”呢？这需要教师对滚小球进行针对性的指导：抓关键问题，找到滚小球的要诀、抓获取暗盒内部信息的外部动作，引导学生捕捉暗盒内“辐射”出来的每一个信息。每一次滚小球，既是一次内部信息的获取和一段感性经验的积累，又是一次对暗盒结构的检验和一个归纳依据。富于变化的暗盒信息，不仅勾起学生的好奇心和探究欲，也促使他们去直觉想象和思考判断，从而感受探究的乐趣。

【案例描述】

教学环节一：概念类比，引导方法

师：小朋友们，你们见过怎么挑西瓜吗？不切开西瓜，我们怎么能知道西瓜里面熟不熟呢？

（学生回答，老师适时补充：用手在外面敲敲，听里面传出来的声音，比如“嗒嗒”声是生瓜，“噗噗”声就是太熟了，能发出“咚咚”的清脆声的瓜就刚刚好）

师：在挑西瓜的过程中，主要靠什么感官猜测西瓜的生熟？（板书：耳朵、眼睛、手）

教学环节二：展示暗盒，初次观察

师：老师这里有一个盒子，从外面既打不开又看不见里面，这就是一个“暗盒”。老师给每组准备了四个暗盒，分别标有1、2、3、4的序号，你们可以先选定一个玩一玩，看看有什么发现。

师：你有什么发现？你是怎么发现的？（初次玩暗盒后，学生会发现里面有东西，像球）为什么是小珠子，不是小三角，小方块呢？你是怎么知道的？

生：（用耳朵听，用手感觉）

师：暗盒里只有小球吗？还有其他发现吗？

暗盒里的秘密（障碍物和弹珠）

教学环节三：深入感知，猜测位置

师：暗盒里除了小球，还有一块泡沫，会在哪里呢？为什么第一次玩暗盒我们没有发现？

生：泡沫轻，不滚动，被固定，声音小……

师：有信心找出泡沫的位置吗？这一次怎么做比较好呢？（学生边说，老师边示范）

师：还是这样上下晃动吗？（平放，慢慢倾斜盒子，让小球沿着边滚起来）

师：动作快一点还是慢一点？快一点会怎么样？慢一点好在哪里？（慢一点，快了听不清楚）

师：怎么能更清楚地听到小球滚动的声音？（把耳朵凑近了听，保持安静）

师：怎么去感受小球碰到泡沫时的变化？（还有一个感官也能帮上忙，可以用手摸着盒子的边来感受小球遇到泡沫时的变化）

师：（展示记录单）安静地用我们刚才商量的方法多试几次，找出泡沫的位置，在作业纸上圈出来。（暗盒四角分别用A、B、C、D字母表示，在相应的字母上画个圈）

无锡市靖海小学的学生在感知暗盒中障碍物的位置

教学环节四：分享交流，解密暗箱

（在学生实验时，找到有不同意见的一个小组）

师：谁来说说你觉得泡沫在哪个角落？你的根据是什么？其他同学有不同意见吗？（学生一般会有不同结果）

大家的暗盒都是一样的。到底谁更有道理？有不同意见的时候怎么办？

生：多听几次，说说自己的理由。

师：和组员说说你找到的泡沫位置，你的理由是什么？有疑问的话，可以四个人都再听一次，再和组员说说你的看法。

师：哪个小组来说说，你认为泡沫在哪个角落？理由呢？还有其他小组有不同的观点吗？其他小组赞同谁的说法？为什么？

教学环节五：总结方法，掌握要点

师：我们认真探听了暗盒里小球滚动的动静，经过认真仔细的思考，推测出了泡沫的位置，这种有根有据的推测和猜想是合理的。我们是怎么探听这个暗盒里面的秘密的？

生：用耳听，用手摸，从外面借助感官来探听盒子里面小球的变化。

案例2 ——暗盒里有什么

【案例背景】老师可以设计三种暗盒：第一种暗盒里固定了一块磁铁，放了一粒钢珠，这种暗盒会发出滚动声，但有时候滚动的声音会消失（钢珠被磁铁吸住了），学生需要思考为什么滚动声会消失。第二种暗盒里放了能发出“沙沙”声的铁砂和黄沙的混合物，但是两种“沙沙”声并不一样，而且在外界的磁铁的作用下，细沙的声音和铁砂的声音明显不同，学生需要思考：为什么沙沙的声音会发生变化。第三种暗盒里放了一段铝管，同时为学生准备了这样一些工具（磁铁，小尺，指南针）等，学生可以通过这些物品来判断出盒子里面的物体是否有磁性，是否有金属存在，也可以确定盒子里磁铁的位置和大小等等。

在整个过程中，学生利用感觉意识（磁铁的拉力）、声音（倾斜盒子时里面所发出的声音）和视觉（观察平衡性），还可以使用其他的感官，试着闻一闻有没有香味。在解暗盒的过程中，学生不断在观察、分类（区分物体的磁性和非磁性）、交流、度量（固定物体的位置）、预测、推理、假设和验证（把已知物体的磁力大小和盒子中物体的磁力大小进行对比）、解释。

【案例描述】

课前预热：口袋里放手机或是其他物品，让学生提问，如“它是方的吗？”“它会发出声音吗？”等等，教师回答“是”或“不是”，让学生猜测口袋里是什么。可以问学生怎样才能知道口袋里放的是什么。“隔着口袋摸一摸”“听听它发出的声音”，最后告诉学生口袋里放的是什么。

教学环节一：小组合作，独立探究暗盒里有什么，充分搜集有关信息

师：（出示盒子）今天我们来研究暗盒里面装的到底是什么。它有多大？是用什么材料做的？我们可以怎么研究？

师：如果有磁铁，你们可以利用磁铁判断出什么？假如给你尺子、小钉子，你又可以干什么呢？大家可以利用你身边所有的物体，想方设法地判断出盒子里究竟是什么、它们是什么材质、在什么位置。边研究边做好记录。老师只有一个要求，就是不允许打开盒子，破坏盒子。最后把里面的东西在记录纸上画出来。

（发暗盒和记录纸，全班9组学生，每3组学生的暗盒是一样的。学生分小组研究暗盒里有什么，教师深入到每一小组进行巡视，根据学生的不同需求，提供学生所需的材料）

师：（请三组学生汇报）说说你们是怎么做的？有什么发现？为什么会这么认为？在研究过程中有没有碰到问题或是有争议的地方，是怎么解决的？可以请刚开始提出问题的同学来汇报，你们的问题有没有得到解决？

教学环节二：大组研究，资源共享，实现学生思维的碰撞，产生共同的解释

师：其实发给大家的暗盒每一列三组是相同的，老师用不同颜色的字区分了。请研

究相同暗盒三个组的同学集中到一起，比较每个组的研究结果。如果不一样，请试图用理由说服其他组的同学。最后画出统一的意见在记录纸上。

（每三组学生在指定地点组成一大组，继续探究暗盒里有什么，并做好研究记录）

教学环节三：全班交流，建模检验，尝试制作一个暗盒，实现自己的想法

师：每个大组推选两名同学，一人汇报，一人演示，每组2分钟，想好了再说。

师：怎样才知道你们的研究是对的呢？我们可以尝试动手做一个，看看效果是不是一样的。我给大家提供了一份材料清单，请小组商量一下，我们需要什么材料，需要多少？注意：盒子里的物品不会超出材料单的范围，足够大家用的。

（每组选一名代表到前面来取材料，学生尝试动手做，做好之后再次汇报，全班一起来检验）

附：学生研究记录纸

研究暗盒记录纸

我们的发现：

____

____

我们的结论：

盒子里面有__________________________________，

它分别是用__________________________________

____________________做的。

请把它们的位置在下面的盒子示意图里画出来：

说明：小组记录和大组记录采用同一种记录单，用不同颜色的纸加以区分。

案例评析

上述两个案例，针对低年级和高年级学生不同的认知水平，分别构建了层次不同、变化丰富的模型暗箱，为学生提供了不同的“求解距离”。这两个案例有一个共同点，就是最终都没有打开暗箱（技术上是能打开的）。

我们知道，暗箱求解的难点是“不能打开只能猜测”。“到底谁对谁错”也是学生们始终耿耿于怀的问题，那该不该把盒子打开让学生看个究竟呢？我们不妨想想，“打开”和“不打开”哪个更有价值？不打开盒子，学生永远不知道自己是对的还是错的；不打开盒子，学生就需要依靠自己的观察力、推理能力，以及从自己的思考和别人的建议中得出自己的结论，而不是从盒子上得出结论；不打开盒子，学生们会迫使自己思考并得出合理化的结论，并对自己的观察、思维和结论确信无疑。但假如你打开了盒子，此时的动机是为了把自己的答案与正确的答案进行对比，而不是得出自己的结论。对比后，所猜的结果与答案一致就欢呼，猜不对就叹气。所以，千万不要打开盒子！因为“未知”比任何东西都要让人上瘾。若打开了，谜不在了，好奇消失了，学生的探究也就停止了。不打开暗箱就意味着可以用更多的方法来验证结论。探究之所以令人着迷、令人兴奋，大概就是因为它是暗箱，我们只能不断猜测、不断检验。

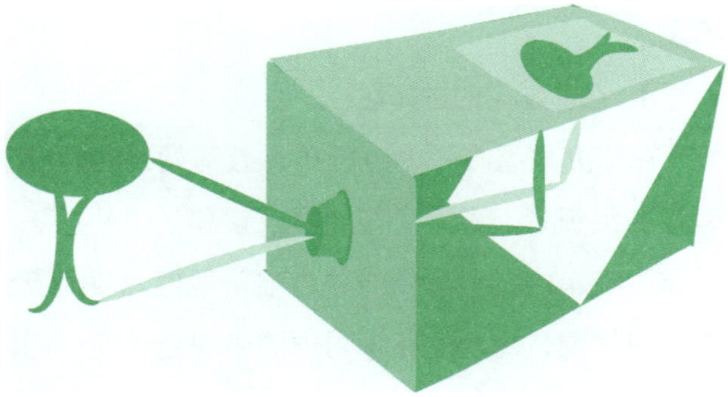

解暗箱是探究性学习的一种模式，在具体实践过程中，怎样更有效地发挥模型暗箱的探究功能，促进教学目标的实现呢？这里对模型暗箱的设计和应用提几点建议：

1. 暗箱设计的激励性

模型暗箱的设计要追求探究性、科学性和趣味性，要有利于激发学生的好奇心和求知欲。在设计时，针对不同层次的学生，设置不同的“求解距离”，基于学生的“最近发展区”设置问题，帮助学生搭建合适的“脚手架”，循序渐进，逐步提高模型暗箱结构的难度，使学生既面临问题的挑战，又不至于因为超越认知水平过多而失去兴趣；充分调动学生的积极性，让他们敢于对未知提出自己的解决办法；肯定学生的猜测和发现，倡导独立探索和协作学习相辅相成，引发他们对问题解决的深层理解，让每个学生在解决问题时都能得到相应的发展，提升学生学习的获得感和自信心。

2. 解暗箱过程的开放性

学生在解模型暗箱的过程中只知道输入和输出（暗盒中会有滚动声，但有时滚动声会消失），不知道中间的实现过程（钢珠被磁铁吸住了）。也就是说，学生需要根据条件和结论，探究中间过程和内部未知结构，这种问题实质上属于过程开放性问题。由于暗箱内部结构的不确定性，它往往要求学生展开种种丰富的想象、大胆的猜测，并通过对各种猜测合理性的推理与判断，最终揭示出暗箱的内部结构。所以教师要鼓励学生通过不同的途径和方法来解决同一问题，从分析信息的方法、信息间逻辑关系的梳理着手，引导学生认同结果的多样性和不确定性。模型暗箱问题留给学生很大的思维空间，加上观察者的知识背景、观测方法的不同，就会收集到不同的信息和做出不同的判断，因此展开不同层面的交流和合作也非常重要，以便让学生在质疑、对话中不断优化答案。

3. 凸显学习的主体性

在探究模型暗箱的过程中，教师始终要明确学生才是课堂的主人，而自己只是教学的组织者、引领者。教师应该和学生站在一起，尝试解开暗箱里的秘密，而不是作为暗箱的设计者始终“为难”学生。教师应该努力为学生创建一种宽松、积极的学习氛围，对学生在学习中的表现给予充分的理解与尊重，为学生动手探究、言语交流提供更多的机会，引导学生学会思考、学会学习、学会质疑，敢于提出自己的见解。教师还要根据学生对暗箱研究情况的反馈，适度地追问和启发，做到既不越俎代庖，揭示“内里乾坤”，又要对学生的研究有导向帮助，鼓励学生大胆尝试完成解暗箱的过程。教师对学生解决问题中的状态要做好监控和调整，通过相互合作学习，促进学生形成和维护自己的观点，同时尊重他人的观点，共同协商和共同解构暗盒的内在结构。

第三节 解电路暗箱课

在电学实验中，我们把几个电学元件，如干电池、导线、用电器、二极管等，封闭在一个暗盒里面，只将几个接线头引出盒外。从外部无法看出盒内情况，只允许通过外部元件探测这几个接线头，观察内部元件的外部表现，运用学过的电学概念和规律，设计实验方案和检测步骤，推测暗箱内部电路元件的种类、组合形式以及电路结构，这就是电路暗箱。

生活中我们也会遇到电路故障检修这样的暗箱问题，而探测暗箱内的电学元件是一个综合性强、难度较大的问题，通常采用“由果求因”的逆向思维方法。它要求学生在掌握常用电路元件各自的特性和检测方法的基础上，设计出合理的检测程序，对观察到的现象进行可能性分析和因果推断，逆向推理出暗箱内元件及结构，不断完善修正，经过逻辑推理得到结论，即所检测的暗箱中有哪些电路元件，它们是怎样与引出端连接的。解开这类暗箱应该遵循从易到难、从简单到复杂的原则。

案例——探测暗盒里的电路

【案例背景】研究电路暗盒，是在认识了基本电路，明确了电路的组成条件的基础上，引导学生用所学到的知识和方法进行探究。在此之前学生们已经用电池、电线和灯泡制作了简单电路，学习了利用电路检测器检测故障的电路，利用检测器认识了生活中的导体和绝缘体。学生在前面的学习中已经掌握了电的一些基础知识和简单的关于电的操作，能设计电路、能根据实际电路画出电路图，神秘的暗箱也就是让学生在原有知识基础上，用另一种角度去发现问题和解决问题。在探测暗盒里电路的活动中，他们将经历用电路检测器确定接线盒的各个连接点间是否构成通路，并根据得到的信息推测接线盒中导线是怎样连接的过程。对学生来说，观察现象较为容易，关键是根据现象画内部电路图，变直观为抽象的认识，这是对学生思维的一种挑战。

【案例描述】

教学环节一：引入

师：（展示一组电线，见下图）

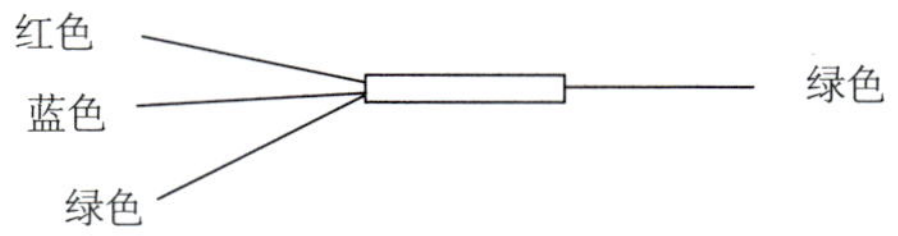

猜猜看右边的电线应该和左边的哪一根电线连接在一起？依据是什么？（估计大部分学生会根据自己的经验猜绿的和绿的相连，实际上是绿色的和蓝色的连接在一起）

师：如何来证实你的猜想呢？

生：用电路检测器来检测。

师：怎样使用电路检测器？

生：用检测器的两个接线头分别接住电线的两头，如果小灯泡亮了，说明两根电线是连起来的，如果小灯泡不亮，说明两根电线没有连起来。

（生演示检测：绿——红，不亮；绿——蓝，亮；绿——绿，不亮）

师：这说明了什么？

生：这说明了绿色的电线应该和蓝色的电线相连接。

（这个环节意在调动学生的学习兴趣和探究欲望。而在这个游戏当中，教师故意让学生犯一个经验主义错误，认为绿的和绿的肯定是相通的。当学生的猜测与实际检测结果不符时，学习的兴趣就会变得更浓，更重要的是教育了学生要实事求是，猜测不一定正确，只有经过实验检测，才能根据证据得出科学结论。）

教学环节二：研究接线盒里面是怎样连接的

师：（展示第一个接线盒）这是一个有4个接线头的盒子，猜猜看哪几个接线头之间用电线连了起来？哪几个接线头之间没有连起来？

（如果学生说的没有按一定的顺序，教师要指导按一定顺序整理）

生：1—2，1—3，1—4，2—3，2—4，3—4。

师：究竟是哪几个接线头之间用电线连起来了呢，还得用电路检测器来检测一下。

哪几个接线头之间是通路？哪几个接线头之间是断路？请你记录检测结果。根据测试记录，你能推测里面的电线是怎样连接的吗？有几种可能？请你画下来。

哪组接线	1—2					
通路						

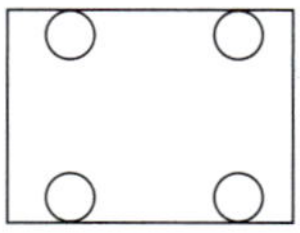

师：谁来说说自己的检测结果？

生：

1—2，不亮，1—3，不亮。

1—4，不亮，2—3亮。

2—4，不亮，3—4不亮。

师：这说明了什么？

生：这说明了2和3之间是连接在一起的。

师：我们打开接线盒，看看是不是像我们推测的那样。

（学生打开接线盒，推测正确。）

（这是一个铺垫性的活动。活动本身没有什么难度，重要的是活动的程序，让学生经历“猜测——检测——推测——验证”的过程，而更重要的是让学生经历一个严密的逻辑思维过程，考察学生的空间想象能力、语言表达能力，让学生明白盒子里外的关系，为第2个盒子的检测活动打下基础。不要小看了这两个活动，它简单而有效地为学生演绎了电路检测器、接线盒、连接方法三者的逻辑关系，为学生下一步的活动理顺了思路，打下行动的基础。）

师：（展示第二个接线盒）这是一个有4个接线头的盒子，哪几个接线头之间用电线连了起来？哪几个接线头之间没有连起来？（教师发放第二个接线盒和记录表，学生检测记录） 请你用电路检测器检测并记录检测结果。

（教师的问题及问题的前后顺序暗合着研究的方向和方案的步骤）

哪组接线	1—2				
通路					

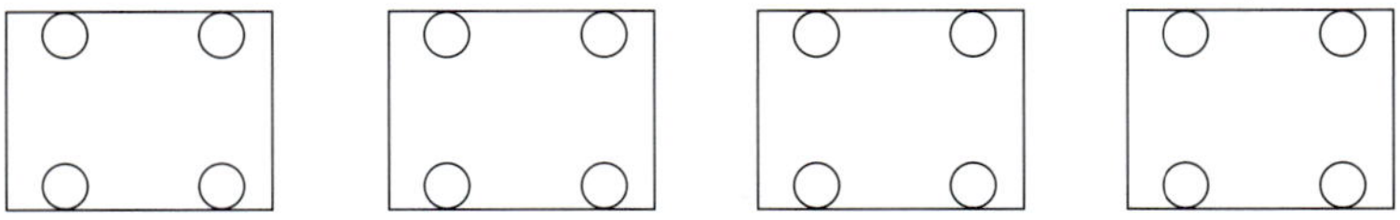

师：根据测试记录，你能推测里面的电线是怎样连接的吗？有几种可能？请你画下来。

师：说说第二个接线盒的检测结果。

生：

1—2，亮；1—3，亮；1—4，不亮；

2—3，亮；2—4，不亮；3—4，不亮。

师：根据检测结果，推测一下哪几个接线头用电线连接起来？

生：（学生交流、讨论）

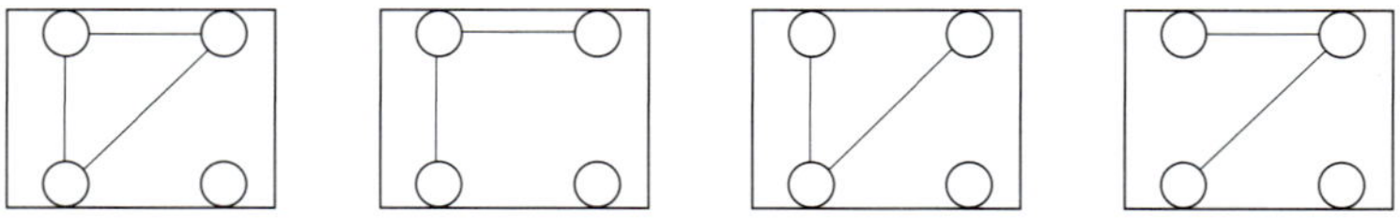

师：你们组的接线盒是哪一种接线方法呢？请大家打开接线盒看看。

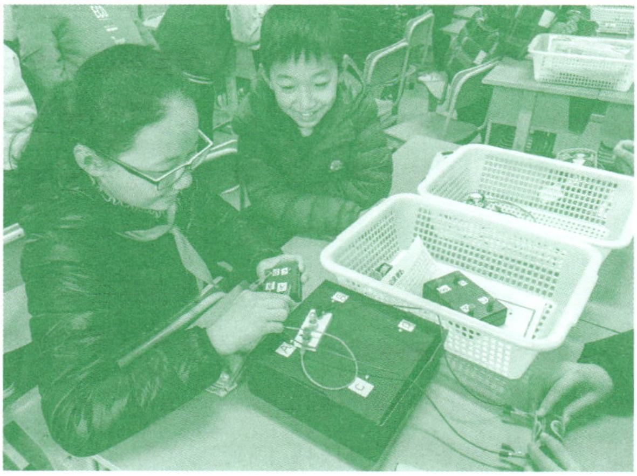

无锡市广新小学的同学在检测4头接线暗盒

（说明依据是很重要的一个步骤，除了可以解释说明每一种推测结论都是有正确思维过程为支撑的，同时也担负着促进学生个体之间思维程式的交流作用，学生们有机会从别人身上学到知识，他们会发现合作是有效解决问题的根本。另外，教师还可以得到关于学生们是否真正理解操作和思考方法的重要信息。

第二次经历的从“猜测——检测——推测——验证”的过程，显然比第一次的经历更复杂一些。根据第一次的活动经验，学生很容易想出第一种连接方法，但要想出其他三种方法是比较困难的。教师特别要注意学生思维能力的差异。此时就需要教师把握住诱导启发的时机，做到“不愤不启、不悱不发”，注意引导学生利用收集到的信息进行科学推测，强化学生思维能力的训练；更要让学生体会到科学研究程序的重要性和严谨性。）

师：我们经过“猜测——检测——推测”这个过程仍不能确定盒中的连接方式，要确定就必须获得新的信息，这就是尊重事实的科学。

教学环节三：研究的延续

师：（展示第三个接线盒）还有一个更难的接线盒考考大家。（教师发放第三个接线盒和记录表，学生检测记录）用电路检测器检测，哪几个接线头之间是通路？哪几个接线头之间是断路？请你记录检测结果。

哪组接线															
通路															
断路															

师：根据测试记录，你能推测里面的电线是怎样连接的吗？有几种可能？请你画下来。

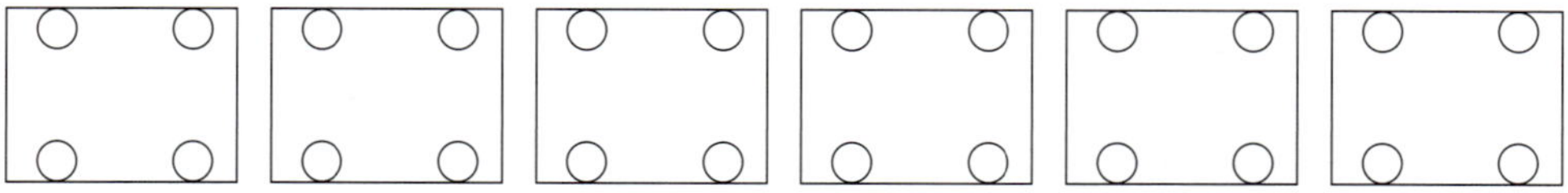

师：说说第三个接线盒的检测结果。

生：

1—2，不亮；1—3，不亮；1—4，不亮；1—5，不亮；1—6，不亮；

2—3，亮；2—4，亮；2—5，亮；2—6，不亮；

3—4，亮；3—5，亮；3—6，不亮；

4—5，亮；4—6，不亮；

5—6，不亮。

师：根据检测结果，推测一下哪几个接线头用电线连接了？

（生交流、讨论）

师：大家统计一下，用6根线连接的有几种？用5根线连接的有几种？用4根线连接的有几种？用3根线连接的有几种？

生：（统计、汇报）用6根线连接的有1种；用5根线连接的有6种；用4根线连接的有9种；用3根线连接的有16种。

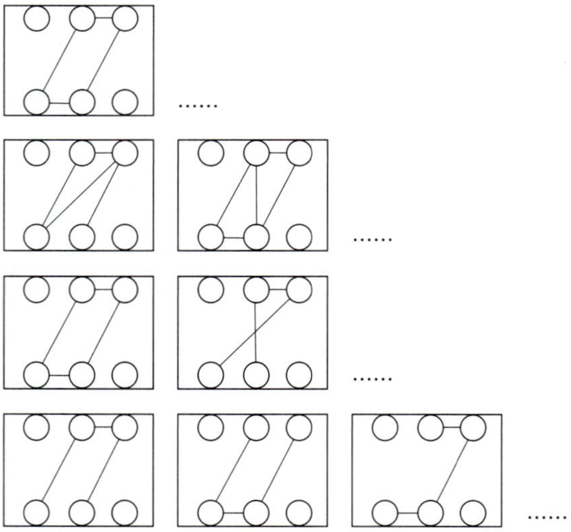

师：你们组的接线盒是哪一种接线方法呢？请大家打开接线盒看看。

（设计的三个活动，一个比一个更具挑战性，十分符合学生争强好胜的心理特点和思维能力的发展规律。实际上，要让学生说出用不同的线连接的种数是比较困难的，教师要引导学生按一定的顺序来思考和表达。复杂的情况迫使学生按照一定的程序、严谨的科学研究态度来进行活动，但学生同样需要教师的真诚鼓励和有效指导，才能把思维能力推向更高层次。因此，切不可以为学生有了前两次的“铺垫”就“高枕无忧”了。）

师：今天我们学会了根据外在现象推测内部结构的方法，这种方法叫“解暗箱”。这是科学家常用的实验方法，比如说地质学家根据火山爆发时喷出炽热的岩浆推测出地球内部是炽热的。我们可以用这种方法解决一些生活中的问题。

师：（展示电路游戏板，让学生玩一玩）说说是根据什么道理制作的。

师：想拥有一个属于真正自己的电路游戏板吗？回家研究研究，亲自做一个，和小伙伴一起玩。

（和小伙伴一起玩是小学生的天性。教师不要把上下课铃声当作教学的起点和终点，小学生探究科学的活动往往不是一节课所能完成的，教室外才是孩子们学科学、用科学、大有作为的更广阔天地。这也是新课程标准所提倡的“树立开放的教学观念”理念的落实。）

两个拓展活动需要先前活动的技能、思维为基础，同时又有进一步的发展。因为有了前边活动的保证，相信学生在经过了大半节课的紧张学习后仍然能积极地参与实验和研究。在教学中仅仅向学生提出学习的主题或探究的问题是远远不够的，为了使学生在科学课程的学习中，真正受到科学思想、方法、情感、态度价值观的教育，有必要对学生在科学探究中的主要经历进行设计，确立哪些素材更有价值，哪些过程更为重要。我们相信，经历过这种学习过程的学生，在长大后会变得喜欢提出问题，他们也会更注重证据，注重进行充分的研究调查，喜欢在仔细听取了讨论的各个方面后才发表自己的看法。他们将成为热心的观察者，能够对他们所看到的事物进行评价并得出自己的结论。）

案例评析

活动的层次性是本课的最大特点，教师精心设计了2头、4头、6头接线的3种暗盒这样不同结构、不同难度层次的暗盒，为学生提供了适于学习发展的探究平台，递进式地推动他们的思维向前发展，同时引发他们对问题解决的深层理解。其实，暗箱的概念是相对的，它因人而异、因时而异，具有层次性特点。因此，在教学中对于不同的学生，教师要设置不同层次的暗箱，让这些学生在解决问题时都能得到相应地发展，也可以在同一层次设置一些呈梯度变化的问题，使学生对问题的理解有一个渐进深入的过程，使他们在探究中既面临暗箱困惑的适度挑战，又不至于面对未知的暗箱而无所适从。也就是说，暗箱问题的解决是逐步的、渐进的，教师要遵循暗箱求解的顺序、遵循学生认知的规律，创设适合他们探究的活动情境，凸显科学课堂教学的层次性，在研究的不同阶段都为学生提供成长的机会。

无锡市南长街小学的同学们正在尝试点亮小灯泡

在教学实践中我们发现，学习与电有关的现象时，学生要用到许多抽象的概念，即使对于小学高年级学生而言，简单电路依旧是很难理解的概念，而内部不可见的电路暗箱就更是难上加难了。这就更需要教师在教学中把握学生认知障碍的核心，引导学生学会运用一定的方法来解暗箱。

解电路暗箱常用层层剖析的方法，把一个大问题转化为以下几个相互关联又层层递进的小问题来解决：

1. 熟悉简单电路各部分电路元件的特性

简单电路由四部分组成，电源（供电）、用电器（耗电）、导线（送电）、开关（控制）。根据接入暗箱的电路元件的不同，小学阶段的电路暗箱大致分为以下几种。

（1）纯导线暗箱（箱内只有几条按某种方式连接的导线，而无其他），案例中提到的2头、4头、6头接线暗盒都是这种类型。

（2）纯用电器暗箱（箱内只有一个或几个按某种方式连接的用电器，而无其他）这里的用电器可以是灯泡、二极管或风扇等，其中二极管要注意单方向导电性。

（3）纯电源暗箱（箱内只有一节或几节按某种方式连接的电池，而无其他）。

至于混合型的电路暗箱就太复杂了，在小学阶段不研究。

2. 在测量电路元件前，要熟悉检测器接入不同元件可能出现的变化反应

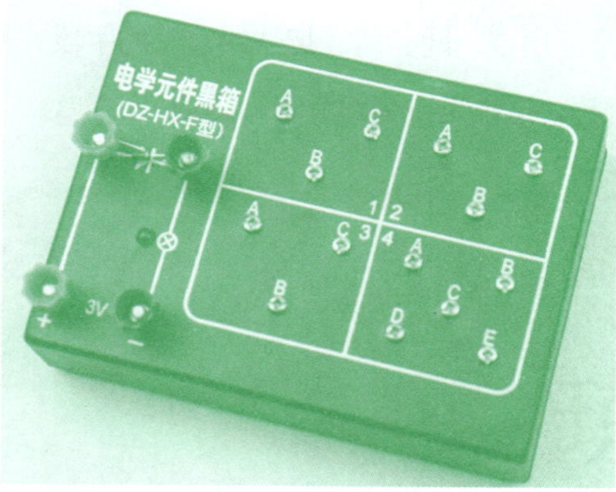

一般会有不亮、亮、变亮、变暗四种情况，比如：电路断开——灯泡不会亮；接入导线——灯泡会点亮；串联接入电池——灯泡会变亮；串联接入用电器——灯泡会变暗……前两种情况比较简单，接线柱间要么是断路，要么是导线，检测器只有亮灭的区别，很容易观察到；而后几种情况就要复杂些，需要与检测器原有的情况进行比较才能发现，因此需要学生始终保持一种严谨认真的研究态度。

3. 根据“有序”原则研究结构

暗箱中的电路多是链状的，暗箱接线柱之间可能为电学元件、导线或者断路，接线点越多，排列和组合的可能性就越多，暗箱就越复杂。因此，解决电路暗箱问题，需要着重培养学生思维的严密性和有序性，在探究中有序观察、有序思考、有序操作、有序记录、有序表达等等。指导学生有意识地将有序思维策略运用于问题解决的过程，从中体验按一定的顺序思考的价值并掌握方法，使学生的思维能够从无序的状态向有序提升，从散状的水平向结构化发展。

第四节 | 解人体暗箱课

人体是一个我们既熟悉又陌生的暗箱。生活中我们能清晰地体会到心跳加速、呼吸急促、饥饿头晕等感觉，却无法直接观察到自己身体内部的样子。这对学生的自我认识造成一定的困难，他们既无法通过自我审视获得丰富的感性认识，也无法用操作实验来检验自己的猜测。小学阶段学生的思维还是以具体、形象思维为主，同时他们的抽象逻辑思维在很大程度上是直接与感性经验相联系的，所以学生只能依靠推理、判断等逻辑思维方式来察其“表”，知其底。这种“司外揣内”的方法可以说古已有之，中医就是运用望、闻、问、切“四诊”的手段，用可知的“外在征象”来破译未知的“内在脏腑”，这也是典型的解暗箱活动。

人体科学，是自我认识课程的重要内容之一，引导学生研究和保护人体正常功能，提升学生对生命本质的认识，使其学会积极地生存、健康地生活与独立地发展，是一种启发式的“自我对话”。长久以来人们对于人类生命现象的认识，是建立在观察自然的基础之上，是以周围世界中一些最常见的事物作为参照，是以认识自然同样的规律来认识自己的。

人体和其他事物一样，以系统的形式存在，其内在结构与外在功能是系统的辩证统一，结构是功能的根据，功能是结构的表现。因此，人体暗箱求解的实质就是由功能探索结构，其出发点就是结构和功能的内在联系。对于人体这个特殊的暗箱，我们应该侧重理性思辨式的探究，根据生物结构与功能相适应的特点，引导学生去想象和猜测内部结构。

案例1 ——认识关节

无锡市小学教学文化科研共同体建设第三届现场推进会上孙静妮老师执教《关节》

【案例背景】 本课从审视存在于自身内部的关节入手，引导学生认识关节的运动，帮助学生理解关节的作用及运动机理，同时通过观察、讨论、分析等方法培养一定的科学探究和实践能力，在对人体结构认识的基础上形成健康生活的意识，养成良好生活的习惯。

涉及的具体科学概念有：关节的结构和功能具有统一性，关节的连接结构决定它们的灵活度等特性，关节的作用决定它们的特殊结构。本课这种学生与自然对话、与自己对话的方式，对学生认识生命世界有着重要的意义。

考虑到学生的已有经验和学习背景，本课设计以肩关节（球窝关节）这一典型关节类型为突破口，从认识肩关节的内部结构入手，首先通过做操帮助学生充分感受肩关节灵活的运动方式，接着引导学生在猜测观察和模型运用的过程中发现关节的结构与功能的关系，最后在有趣、简便的测试活动中学会科学运动。

本课的结构线索为：观察外显的运动方式→猜测内部的连接方式→揭示肩关节的结构特点→理解结构与功能的统一→指导科学的活动和保护方法。

【案例描述】

教学环节一：创设情境，感知运动

（教师和学生一起做肩关节健身操）

师：刚才的健身操主要锻炼的是什么关节？它能向什么方向活动呢？

师：肩关节是人体很重要的关节，今天我们就来研究肩关节。

（“我们的实际生活即是我们全部的课程。”本节课一开始从学生熟悉的健身操入手，引导他们感知肩关节灵活的运动方式。这样的情境导入在探究中更具操作性，在建构上也更有意义）

教学环节二：探究结构，建立概念

1. 画连接图，交流猜测

师：肩关节是由哪两块骨头连接构成的？为什么它能成为最灵活的关节？这可能和什么有关系？你觉得肩胛骨和上臂骨该如何连接，肩关节才能向多个方向活动？

（学生把想法画下来并和组员交流，然后在组内选出一种比较认可的想法在全班交流展示）

（形象、直白的交流，充分暴露学生“关节”的前概念，为教师正确把握学生学习起点和设计开展教学活动提供有力依据。同时挖掘知识本身的生命意蕴，特别是寻找它在学生生命成长过程中的结合点，让科学探究更贴近“生命主体”）

2. 类比观察，验证猜测

师：怎样知道我们对肩关节的猜想是否正确呢？

（展示图片：A.猪扇骨和前臂骨的连接；B.人体肩关节X光片；C.立体模拟解剖图）

师：肩关节处的骨连接有一个形象的名称——球窝关节。你能用手势来演示一下球窝关节的样子吗？

3. 建立模型，对比结构

师：用造型泥拼出球窝、旋转和铰链关节这三种关节。为什么这么拼？

师：人体还有什么关节也是球窝关节？和肩关节一样灵活吗？

师：每个关节都有其自身的构造，上肢主要是工作、学习、劳动，主要以灵活为主；而下肢除了要灵活，还要支撑整个身体，所以还需要稳固性。肩关节和髋关节的作用决定了它们的特殊结构。

（在学生对肩关节的运动方式与内部构造关系有一定猜想的基础上，结合对生活中相似动物（猪）的肩关节（扇骨和臂骨）的观察，以及人体肩关节X光片的透视和模拟解剖，逐步深入揭示肩关节结构，帮助学生具体形象地感知肩关节接触面的形状；用手势和泥塑造型抽象概括关节结构特点，建立球窝关节概念；通过直观的造型泥塑拼装活动，帮助学生理解关节的连接方式决定了它们的活动方式。步步深入的概念建构过程引导学生在实际生活中去审视存在于自己身体内部的关节，让他们对自己的理解又更近了一步。像这样运用逻辑思维方法“解暗箱”，是一种由表及里进行探究的科学方法，它从另一个角度为人们提供了一种认识事物的途径）

教学环节三：拓展应用，指导生活

师：肩关节以灵活见长，但也是活动有“度”。我们一起来做个肩关节自我测试。

师：如果活动或锻炼过“度”会出现什么情况？遇到特殊情况你会保护关节吗？

师：关于关节，你还想进一步了解哪些问题？

（关注生命从认识自己的身体开始，由外显运动方式的认识到对自身身体结构的深入剖析，同时在理解结构与功能统一性的基础上，反思自己的生活行为及运动习惯，知道活动有“度”，学会保护有“法”。只有在这样充满生命关怀的科学课堂中，学生才能逐步学会用科学家的眼光去看待周围的世界，从科学的角度提出一些生活中的问题，用科学的思想和方法去分析和解决生活问题，用科学的语言去解释得出的答案或结论）

附：学习记录单

1. 肩关节可能是这样的……

把你的想法先画下来，然后和组员交流，在组内选出一种大家比较认可的想法。

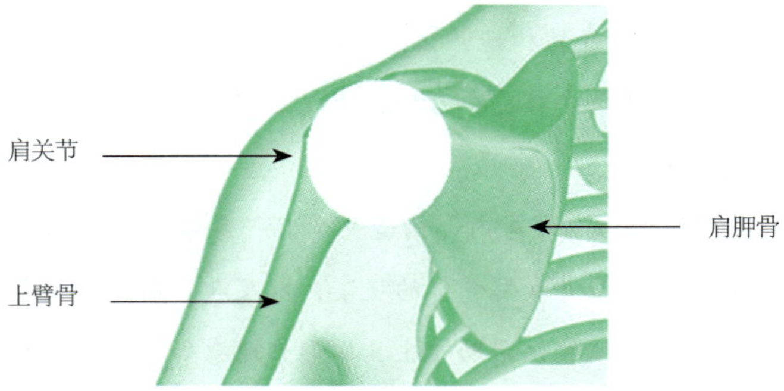

2. 肩关节应该是这样的……

肩关节是（　　）关节，请你用简图画出它的样子，并标出肩胛骨和上臂骨。

3. 你还知道哪些动物或植物也有像人体关节这样“功能与结构相适应”的特征?

案例 2 ——食物的消化

无锡市南长区科学教学研讨活动上孙静妮老师执教《食物的消化》

【案例背景】本课重点是指导学生了解食物在人体内的消化过程，特别是让学生在观察、阅读、模拟等学习过程中不断完善自己对“消化过程”的已有认识。食物的消化过程是多个消化器官共同协作完成的，而消化器官的功能又是由它的结构决定的。将消化器官的结构与功能建立联系是本课的难点，而肠胃结构的对比、消化器官的模拟活动能有效帮助学生建立直观印象，形成对结构与功能的猜想，加深对消化器官功能的认识。

【案例描述】

课前调查：①猜测食物在体内“旅行”会经过哪些器官；②猜测食物在体内这些器官“旅行”的顺序；③通过画图描绘人体消化器官的位置和样子；④说说你对“食物的旅行”的看法或疑问。

教学环节一：发布前测情况，引入学习内容

师：展示学生已有的看法和存在的疑问，引导学生对问题进行整理，根据问题内容，将问题分为旅行线路、消化过程和饮食保健三类。

教学环节二：探究食物在人体中的旅行

1. 认识人体消化系统的主要器官

通过动画、图示直观化人体消化线路，揭示消化道和消化器官的概念。引导学生明白可视化方法、借鉴前人研究都有助学习，并使用工具箱中的围兜认识消化器官的位置。

2. 研究食物的消化过程

指导学生开展《小馒头旅行记》科普阅读，引导对比胃肠的长度、表面积等不同，探究消化器官的形态与功能之间的关系。通过科普阅读和内窥镜录像观察，了解食物的消化过程和变化。进一步在资料分析中认识胃肠不同消化器官的作用。

教学环节三：引导养成良好的饮食习惯

引导学生将消化器官的特点和保健建立联系，重视对消化器官的保护。结合一句健康饮食习惯谚语说说自己的看法，明白饮食习惯的好坏影响消化器官的健康。

教学环节四：思考身边的科学问题

结合生活实际，指导学生关注身边的科学。尝试用袜套和乒乓球来模拟肠胃蠕动，了解一些常见消化疾病。

案例3 ——肺和呼吸

江阴市小学科学学科名优教师同课异构展示活动上颜敏老师执教《肺和呼吸》

【案例背景】呼吸这一现象是学生每天都在经历的事实。对于“人为什么要呼吸”这个问题，学生也有一定的生活经验，并且通过记录研究运动前后呼吸与心跳次数的变化，他们已经建立起对呼吸行为的基本认识，但这些还只停留在表面。本节课主要就“呼吸的过程”和“呼吸的意义”这样的本质问题，深入到人体内部去寻找答案。教师将知识的学习融入各种各样的活动之中，并借助直观、形象的模型来解释抽象、不易观察的事物，让学生在活动过程中理解和认识呼吸的意义。

【案例描述】

教学环节一：感受呼吸器官

师：我们每时每刻都离不开呼吸，怎样才算呼吸一次？

生：一呼一吸。

师：像老师一样，伸出双手，放在胸前，深呼吸一次。有什么感觉？

（学生感知）

生：吸气时胸部鼓起来，呼气时胸部瘪下去。

（这个环节，其实就是让学生将呼吸现象与身体变化联系起来的一个过程。人在呼吸时胸腔变化是明显的，学生也可以感受到）

师：大家知道胸腔内帮助我们呼吸的器官叫什么吗？（板书：肺）

教学环节二：认识呼吸器官

师：你们知道肺是什么样的吗？（展示猪肺图片）你们看到的猪肺是什么样的，像什么？（展示人体侧面轮廓图）除了肺，还有哪些器官也参与了人体的呼吸？分别处于人体什么位置？把讨论结果画一画。大家可以深呼吸一口气，自己感觉一下。

（小组交流画图）

生：我们小组认为，人体的呼吸器官有鼻腔、气管、支气管、肺。

生：我们小组认为，空气首先从口腔到咽喉、气管、支气管，最后到达肺。

师：同意第一种意见的举手，同意第二种意见的举手，两组的不同在哪里？

（学生举手确认后，教师展示人体呼吸器官分解图片）

（这里展示一个真实的猪肺，有两点考虑：第一，直观教学有利于学生主动学习，

激发学生独立思考和创新意识，充分发挥学生的主体性；第二，以肺为切入点，展开观察讨论，便于扩展到认识其他呼吸器官）

教学环节三：判断呼吸器官

师：为什么不把口腔作为呼吸器官呢？让我们分别来体验一下，用鼻呼吸和用口腔呼吸有什么不同？

（学生体验）

师：有怎样的感觉？

生：我发现用口腔呼吸，感觉空气是凉凉的。

生：我发现用鼻呼吸，比较舒服。

师：尽管口腔也能呼吸，但口腔还有其他作用，所以不属于呼吸器官。好，每个人指一指、摸一摸这些器官。

（学生边说边进一步感知人体呼吸器官的位置）

师：那么，空气是怎样吸入人体，又是怎样呼出来的呢？

生：由鼻子吸入，通过咽喉、气管、支气管进入肺，再由肺、支气管、气管、鼻子出来……

案例评析

身体是学生“最熟悉的陌生人”，学习前他们对生命世界有自己固有的认识，他们也有自己解释、分析生命现象和事物的方法，尽管他们的解释可能与科学的观点有很大不同，然而这种前概念是学习的起点、教学的生长点。以上三个案例都用形象直观的画图方式将学生隐性的思维显性化，用直白的交流反映学生猜测过程中较为细微的想法。通过这样的方式充分暴露学生的前概念，展现学生的逻辑思维过程，让教师能够对学生的想法有丰富的、动态的认识，有利于教师基于前概念制定有效的干预策略。人体生命系统的认识活动其实是一个纵向推进的思维活动，案例中所运用的各种生命模型，有平面抽象的，也有立体形象的，如图画（自画像）、图示（结构图）、实物（类似动物的相应结构）、泥塑（抽象的替代结构）等，为学生建构“结构与功能相统一”的概念提供了一种理性逻辑框架，学生的思维在这样具有逻辑性的课程安排中得以提升。

学生在解暗箱的时候，常常会构建模型进行解释，这是一种重要的暗箱求解的方法。所谓“构建模型”，就是要寻找与原型相同或相似的结构与功能。当然，模型并不直接等同于要解开的暗箱，而是用来寻找与暗箱之间的相似性和理解暗箱的表征形式，是对未知现象给出相应的形象化的解释。同结构的事物功能相似，功能相同的事物结构相似，因此解开“人体暗箱”的关键是找到具有“同构性”的事物。

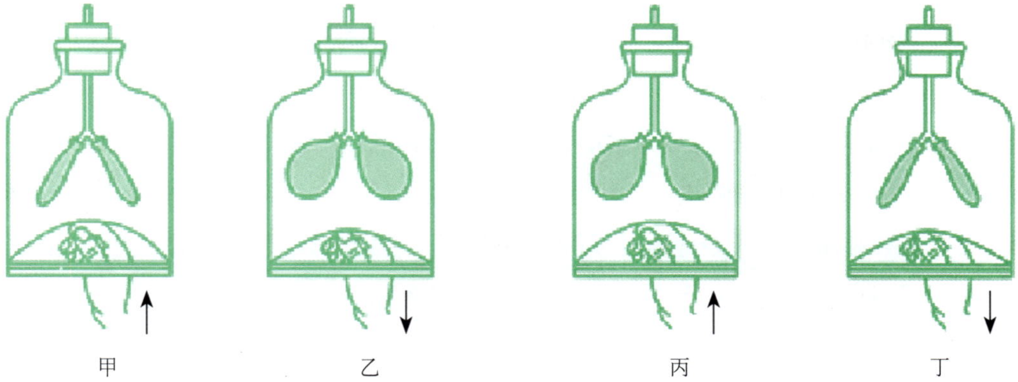

用气球、橡皮膜、玻璃罩等模拟呼吸的过程

为此，教师要引导学生对问题进行归纳、演绎和类比，特别是将陌生的、不熟悉的问题与已经熟悉的问题或其他相似事物进行类比，从某些相似或相同的属性角度出发，从结构与功能的辩证逻辑关系上加以推理检验。像这样用类比、建模等逻辑思维方法“解暗箱”的探究课，更关注学生逻辑思维的发展，从外显运动推测内在状态，由内部结构认识外部作用，在思辨中对话真实的生命系统。所以，模拟求解是基于观察实验后更深层次的探究，是另一种验证。

第五节 | 解宇宙暗箱课

自然界隐藏着无数巨大的暗箱，没有人知道里面隐藏着什么。面对一个陌生的暗箱，科学家用各种方法观察、探测、实验，收集来自暗箱的信息：重量、结构、质地、波段、光亮、磁力线以及偶尔从暗箱里跑出来的物质，并根据这些信息判断暗箱里有什么，从而揭示各种现象：太阳的东升西落、火山爆发、地震、物质的放射性，判断这些无法打开的暗箱的内部结构，向人们揭示一个又一个真理和奥秘。

目前，科学家正在进行更为微小的暗箱（原子内部）和更大的暗箱（宇宙的深处）探究。这些自然界的暗箱都有一个共同特点——无法打开；科学家解开这些暗箱的方法也都有一个共同特征——不断地测试、不断地分析、试探着判断，不下绝对肯定性的结论。

从天圆地方说、日心说到宇宙大爆炸学说，从大陆漂移说、板块构造论到岩石圈运动模式，它们都曾是阐明地球和宇宙中的有关现象的重要模型和方法，一方面反映了人类认识自然由浅入深的辩证规律性，另一方面也体现了解暗箱方法对于研究宇宙世界的重要价值。所以宇宙暗箱求解的方法主要是从整体和系统的思想出发，不断观测，收集数据，构建、运用和修正模型，从相互联系的现象与事实中认识运动变化规律和内部结构，在一次次“剖析”暗箱中趋近客观真理。

案例1 ——地球内部

【案例背景】本课是在学生了解地球的形状、表面等知识的基础上，运用模型引导学生认识地球的内部构造。主要涉及三块内容：一是通过解暗箱问题，渗透本课的研究方法；二是根据火山、地震、地热等现象推测地球内部的情况，同时，渗透保护地球的教育；三是制作地球构造模型，进一步理解地球的构造。由于学生对地球的知识储备比较少，因此，在实际教学中可以为学生提供相关的资料，丰富他们的感性认识，同时拓展研究方法。

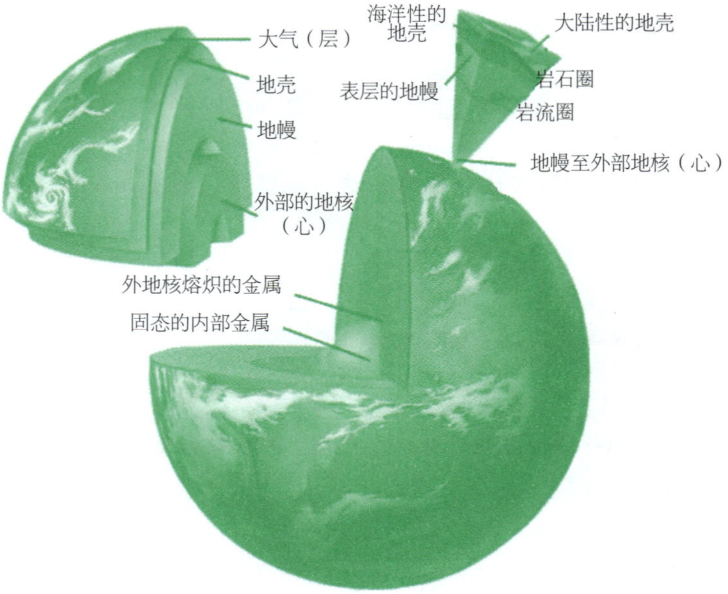

地球内部结构示意图

【案例描述】

教学环节一：导入新课

师：同学们，在你们桌上有三个盒子，里面分别装有不同的物品，你能在不打开盒子的情况下猜出里面有什么吗?

学生运用不同方法研究盒子。汇报、交流研究情况。

（实验过后的交流汇报是科学探究活动中的一个重要过程，是学生将自己的思考和收获展示的一种方式和途径。在师生、生生面对面的交流中更容易激发相互之间的思维，个别学生有价值的发现和总结也可以为其他学生提供思考的角度和学习的线索。）

师：同学们通过看、摸、摇、听、敲、掂等多种方法来推测盒子里的物品是什么，那在我们脚底下的“大盒子”——地球里面装了些什么呢?

师：今天我们就来学习“地球的内部”。

（提出问题、创设情境的导入方式，符合学生的年龄和认知特点，能马上激起学生的好奇心。尤其面对看不见、摸不着的未知事物，学生想探究的欲望一下子被点燃，情绪十分高涨，为下面的研究做好铺垫）

教学环节二：学生交流已知的地球内部的信息

师：我们每天都“脚踏实地”地站在这个地球上，那么地球里面到底是什么样的呢？

生：（交流、汇报）

师：你们对地球内部的认识是从哪里来的呢？

生：（回答）

师：确实，在我们身边，书籍、电视、广播、网络等都是我们的老师，我们可以从它们身上获得知识。

教学环节三：认识地球的内部构造

师：你认为科学家从哪儿收集地球信息的呢？

生：（猜测）

师（播放多媒体资料：火山、地热、地震等自然现象）

师：这些现象的产生，告诉我们什么呢？

师：人类无法完全像研究盒子一样研究地球内部，但科学家可以从与地球相关的一些自然现象入手，比如对地震波的研究。

生：（阅读教材资料）

师：（小结地球内部构造）想对地球的构造直接进行观察是不可能的，但可以通过地震勘探这类向地球输入变量（地震波）并接收从地下返回的输出变量（如地震波的传播速度、方向、波形等）的方法，搜集大量数据，然后加以分析，得出结论。随着技术水平的发展，人们创造出来更多像空间望远镜等洞察宇宙深处秘密的工具，越来越有利于对未知世界的探索和成功解读。

教学环节四：制作地球内部构造模型

师：今天，我们学习了地球内部构造的知识，相信大家都已经了解了地球的构造。那么，你能用不同颜色的橡皮泥制作一个地球内部构造模型吗？

师：地球的三个部分是不一样厚的，你打算怎样表示各个部分的厚度呢？

生：（讨论、交流；制作模型）

师：（展示优秀作品，总结制作情况）（制作地球内部构造模型，是学生思维外显的过程。由于动手能力等多方面的原因，学生的作品也许会显得稚嫩，会有这样那样的欠缺，对此教师应该采取宽容的态度，要看到作品所传达的其他信息）

无锡市崇宁路小学的同学在制作地球圈层模型

教学环节五：拓展延伸——如何更好地研究地球

师：（介绍人类探索地球内部结构的进程）美国科学家提出往地球内灌铁水的计划可行吗？

生：（汇报、交流）

师：你有更好的办法吗？

生：（各抒己见）

师生总结。

（在了解了前人对地球的研究后，教师让学生充分展示，大胆说出自己的设想，有效地培养了学生的创新意识，使课堂真正成了培养学生创造力的摇篮）

案例 2 ——太阳系大家族

【案例背景】本课主要向学生介绍太阳系大家族的构成，各个成员的运行规律，以及关于其家长“太阳”的一些基本知识。考虑到学生的宇宙知识较缺乏，宇宙中天体离我们又非常遥远，学生很难进行有效的观察与研究以获取知识。因此，考虑在教学“了解有关太阳系的知识”环节时，进行科学学科与信息技术的整合，利用互联网上丰富的资源，将一些抽象、模糊的天体直观展现在学生面前，利用多媒体图像、声音、动画和视频等手段来加深学生对太阳系大家族的认识，以培养学生自主学习的能力以及收集、处理和交流信息的能力和团结协作的精神。

【案例描述】

教学环节一：认识太阳系的构成及其相关知识

师：刚才我们通过观察、交流，了解了一些太阳的知识。但是这些对于神秘的太阳来说，只是沧海一粟，还有很多值得我们去探索的地方。太阳也不是孤零零的一个星球，在它的周围还有许多星体，形成了一个大家族。我们就生活在这个大家族中。

师：老师给大家介绍一个网站，让我们通过网络来了解一下这个大家族吧！

（学生各自浏览教师提供的“太阳系”网站，并在留言板上发帖展示自己了解的有关太阳系的知识）

生：（汇报，教师用监控软件展示学生的帖子，共享知识）

师：（小结）

教学环节二：研究行星公转的速度和它与太阳之间距离的关系

师：请大家查看网站上关于八大行星公转速度的那页网页，看看有什么发现？

师：八大行星围绕太阳运转的速度是不一样的。你认为可能是什么原因？

生：（猜测）

师：老师这里有细绳、有孔的橡皮塞、塑料管、秒表、砝码等材料。你能用这些器材设计一个实验，来验证你的猜测吗？

生：（讨论研究方案）

（学生要证明自己的猜测，必须设计一个模拟实验，该怎么做实验，可能只有少数学生会。所以要通过讨论交流和进行必要的指导，使学生知道为什么要这么做实验，实验中的物品都代表什么。只有这样，学生实验才会有的放矢，才能取得应有的实验效果）

生：（实验研究，获取证据）

学生汇报实验结果。

师：根据实验中得到的数据，我们可以得到什么结论？

师：行星围绕太阳公转的速度和它与太阳之间的距离有关系，行星离太阳距离远，其运转速度慢，行星离开太阳距离近，其运转速度快。

在这个实验中你还发现了哪些值得研究的问题？

（这一环节老师让学生从网页中的数据发现问题——做出猜测——设计实验验证猜测——实验研究获取证据——讨论得到结论。显然，学生从中获得的肯定不仅仅是“行星公转的速度和什么因素有关系”这一知识，更重要的是学生的探究能力得到了提高）

案例评析

不管是我们脚下的地球，还是我们身处的大宇宙，都无法直接用眼观察，不可以触摸、感觉或操纵，因此用解暗箱的方式来认识是最合适的。从这两个案例中我们可以发现，用模型来解释暗箱时，建构的模型应当尽可能地符合生活、贴近原型和学生实际，以学生认知特点为基础，在模型材料、结构及形态等方面要尽可能地还原暗箱，以此来更好地帮助学生建立原型与模型之间的类比关系，实现抽象向具体、陌生向熟悉的转化，从而更好地帮助学生内化知识。同时，得出模拟实验结果并不是目的，重要的是通过类比的方式揭示原型的规律和性质，以此来促进学生对知识的内化，从而实现科学概

念和知识的建构。

地球与宇宙中的有关现象、事物和规律，具有时间和空间的复杂性。对小学生而言，由于缺乏宏观的空间想象能力，造成这部分内容比较抽象、难以理解，而且大部分内容不可能通过真实实验和直观形象的展示，大都是采用模拟实验来帮助理解，所以学生学得比较吃力。而对学生来说，神秘感和实践力才是科学永恒的魅力，它驱使学生不断探索身边的未知世界。想要保有持续的学习动力，取决于学生的内在需求，也取决于满足需求的内容、形式和方法的吸引力。

所以，相对于物质世界和生命科学，地球与宇宙科学往往需要利用实地观察、长期观测、建构模型、模拟实验、逻辑推理等多种方法进行研究，更需要教师想方设法让其“大放异彩”。比如融合多媒体技术，化大为小、化静为动、化抽象为形象，突破时空限制实现虚实互补；野外考察与课堂教学相结合，开发利用校内外课程资源，拓展学生学习的空间和视野，在实践和观察中解决问题；提高模拟实验科学性，适当增加体验性探究实验，在模拟中认识事物和现象的本质属性等等。

同时，地球与宇宙课还要从一些与学生生活相关的问题开始，比如“地球是球形的，可为什么我们走的路是平的？”“为什么地球在飞速旋转，我们却不会失去平衡？”等等。关注学生的生活经验、学习背景和兴趣需求，有助于激发学生对地球和宇宙的探究热情，发展空间想象、模型思维、逻辑推理等能力，初步建立科学的宇宙观和自然观，以及人地协调的可持续发展观。

第八章

种植饲养课的教学

第一节 | 种植饲养课的意义

种植和饲养是科学家进行科学研究的载体，杂交水稻、青蒿素、克隆羊多莉等科研成果，都是科学家对植物和动物不断观察、反复实验的科学研究实例。

种植和饲养是小学生乐于从事的实践性活动。小学生对植物和动物具有天然的好奇心，特别是对动物的喜爱之情，更是与生俱来的。他们可能在家或者幼儿园里养过小乌龟、小金鱼、小兔子、小仓鼠等，也种过各种植物，如黄瓜、萝卜、盆栽。但这些种植和饲养的过程多半是在父母或幼儿园老师的指导下零星进行的，受年龄的限制，在此过程中可能还没有运用具体的科学方法进行有目的的观察和探究。

小学科学课程中种植、饲养活动占了很大版块。《义务教育小学科学课程标准》中“生命科学领域的活动建议”，建议教师可以“指导学生亲手种下盆栽植物的种子，观察和记录种子萌发成幼苗，再到开花结果的过程”；“种养一株植物或照顾一种小动物一段时间，观察并记录生物体的生长过程，交流栽培植物和饲养小动物的经验和体会，展示观察记录”。但是在实际教学中，很多老师都“怕”教授种植和饲养的内容，主要有以下原因。

1. 教学时间问题

教材中种植和饲养的内容大部分是按单元进行的，而植物和动物的生长周期并不是按照我们的教学进度进行的，所以需要将教材中的内容进行穿插教学，这给教师的教学进度计划带来了挑战。教师还要根据学生的种养情况，随时调整教学计划来探究某个阶段的动植物特点。

2. 养殖条件问题

由于各地的地理条件和硬件情况的不同，有些地方可能不适合养殖教材提到的动植物；有些地区可能因为气温等原因不能及时播种，导致整个观察周期不能在一个学期内结束。这些都要求科学教师有对书本教学内容进行调整的勇气和能力。

3. 师资水平问题

在有些地方，科学课是由兼职教师来任教的，由于教师精力的限制，遇到种植饲养的内容，只是由教师讲解或者展示一下课件走过场。还有一些专职科学教师因为没有带过种植、养殖内容的课程或者考虑到过程的繁琐，也会偷懒采取上述方式操作，情况稍微好一点的就是在课堂上发一些植物的种子、蚕的卵，让学生课外自己去种植和饲养。在课外种养的过程中，教师没有给予阶段性的指导和种植跟踪反馈，使得学生处于放养状态，自然也收不到好效果。

4. 学生能力问题

由于小学生的实际能力问题，在种养的过程中可能由于疏于照顾、喂养不当，或者自然条件等因素的影响导致动植物的死亡，这样就使得后面的研究任务难以进行。没有了学生的直接经验，教学还是回到教师的讲授上。再者，有些学生对科学课不重视，或者由于其他课业的压力和时间的限制，没有很多时间和精力去种养动植物，也失去了在实践中学习的机会。

《义务教育小学科学课程标准》中对“生命科学”学段目标明确提出：（1～2年级）认识周边常见的动物和植物，能简单描述其外部主要特征。（3～4年级）初步了解植物体和动物体的主要组成部分，知道动植物的生命周期；初步了解动物和植物都能产生后代，使其世代相传；能根据有关特征对生物进行简单分类。（5～6年级）初步了解动物与植物之间的相互关系；了解生物的生存条件和生物的多样性。

通过学生亲自种植和饲养的实践活动，不仅能达成上述学段学习目标，还能让他们融入自然的怀抱，感受生命的可贵，培养学习科学的方法，激发科学研究的兴趣。

1. 激发学生的科学学习兴趣

苏霍姆林斯基曾经说过："在人的心灵深处都有一种根深蒂固的需要，那就是希望自己是一个发现者、研究者、探索者。而在儿童的精神世界中，这种需要特别强烈。"作为科学课程学习主体的小学生，在面对纷繁复杂的科学世界时，会产生无限激情和盎然兴趣。心理学研究也表明：当人对某种事物充满兴趣的时候，对与之有关的知识的接受往往迅速而且印象深刻。种植、饲养活动不局限于教室中，不以铃声作为课堂的终点，选择的内容又是学生感兴趣的，过程是让他们亲手实践参与的，所以他们对这样的活动热情会很高，科学学习兴趣就会被激发。

2. 培养学生的科学观察能力

科学观察是一种基本的认识活动，贯穿于整个科学研究过程中。学生在种植、饲养的过程中，在教师的指导下学会如何选择观察对象、如何制订计划、如何选择合适的观察方法、如何整理观察资料。在这一连串过程中，学生通过直接体验，积累对观察对象的感性认识，培养对自然事物进行科学观察的能力和习惯。比如在养蚕的活动中，如果没有系统全面的观察，就不会发现蚕一生中每个细微的变化，不会对蚕的生命周期有深入的了解。通过贯穿于种植、饲养全过程的观察，可以使学生从漫无目的、零散的、杂乱无章的观察逐渐养成有目的、全面的、细致的科学观察习惯，这不仅可以使观察更为有效，也使科学探究更加准确，同时还提高了学生的科学素养。

3. 提高学生的观察记录水平

种植、饲养活动过程中有很多内容可供学生记录，形成自然笔记。如种植、饲养的

过程可以撰写成观察日记；用图画描述植物、动物一生的变化；也可以对某一时期动植物的显著特点进行写生或者重点描述等。通过这些观察记录，学生深刻地体会到生命的神奇，让他们情不自禁参与其中，充满兴趣地进行课外持续的、拓展的种植、饲养活动。教师引导学生在长期、持续的观察基础上，通过各种方式记录下自己的观察记录，形成“自然观察笔记”。观察日记也可以和语文老师的写作课结合。“自然观察笔记”可以在班级、年级、学校中进行展评，也可以鼓励学生向杂志投稿，激发学生的学习积极性。这样的过程不仅可以锻炼学生的观察能力，也能提高学生的写作、绘画能力。

4. 培养学生坚持不懈的精神

种植和饲养活动一般都是长周期的实践活动，比如从蚕蛹到蚕蛾，一个养蚕周期大约需要2个月的时间；凤仙花的种植从播种到开花、结果，大约需要3个月的时间，对学生的耐性来说是一个考验。在长周期的照料过程中，学生必须做个有心人，用科学的方法去观察记录，不能懈怠，假如在这个过程中稍有疏忽就可能导致小生命的死亡，或者是错过了重要的观察时机。这种长周期的活动可以培养他们坚持不懈的精神，当然这离不开教师的不断鼓励、进度跟踪等指导。

5. 激发学生对生命的热爱

学生在种植、饲养的过程中观察生命的孕育、发展及其活动规律，同时会充分认识生命、理解生命，用自己的童真心灵感受生命的渺小与脆弱、伟大与崇高。特别是在对小动物的饲养中，他们会感知生命在大自然中生存的艰难，而生命对于每个生物个体而言都只有一次，从而体会到生命的珍贵，感知生命的意义。这样他们以后就有爱护小动物、保护珍稀动物的意识，做到不随便采摘花朵、践踏小草，养成善待周围环境中的自然事物、珍惜生命的习惯，建立人与自然和谐相处的理念，在生活中能更好地实现人的生存意义和价值，也能激发学生的生命活力、启迪他们对人生价值的追求。

第二节 | 种植课

种植是深受学生喜欢的实践活动，小学阶段的孩子，对周围的一切充满了好奇心，非常渴望投入到大自然的怀抱。校园、小区、公园里各类植物遍布，生机勃勃，特别是校园，便利、丰富的资源可以让学生亲近大自然，进行一些简单的种植活动，也为学生直观感受植物生长过程提供良好的机会。这不仅能激发他们对植物的兴趣，还能学到许多有关植物的科学知识，掌握简单的种植技能；更重要的是能培养学生的爱心、耐心、责任心。在种植过程中，培养学生动手动脑的操作能力、认真观察、仔细思考的品质，掌握科学的实验方法和种植技能，激发学生探索生命奥秘的兴趣。

案例1 ——种植凤仙花

【案例背景】教科版三年级下册“植物的生长变化”单元中，教材选择的种植和研究对象是常见的绿色开花植物——凤仙花，主要原因有以下几点：

（1）凤仙花是一种常见的、生命力强大的植物，在全国具有普适性，容易栽培和管理。小学生种植这样的花容易获得成就感，容易引导他们关注所种植物的生长变化，保证长期的观察记录活动能有效地进行。

（2）凤仙花的花是美丽的，容易引起学生的关注和兴趣，他们会对花是怎样来的、植物是怎样生长的等问题产生好奇心。从学生关心并感兴趣的事物和问题出发组织教学活动，无疑会激发他们的学习兴趣和研究欲望。

（3）凤仙花植株相对比较小，方便携带，可以随时根据需要，搬动花盆进行观察。

（4）凤仙花是一年生草本植物，生长周期相对而言比较短。3～4月播种，6～7月种子成熟，生长周期刚好在一个学期内，有利于组织学生观察，研究绿色开花植物“出生—成长—繁殖—衰老—死亡”的全过程。

不过，虽然凤仙花是容易种植的植物，但是如果教师缺乏经验，对学生的种植指导不到位，缺少督促和鼓励，再加上学生的照顾管理不佳，也可能导致植物死亡，不能保证学生在种植中的观察和研究；学生在长周期的种植过程中会逐渐失去兴趣，致使后期的交流分享活动也无从谈起，学生更不能体验到成功的喜悦。指导学生种好凤仙花，确保学生亲历凤仙花播种、种子长出根、发芽出土变成幼苗、植株长高长大、开花结果，直到长出新的种子这一完整的过程，是“植物的生长变化”单元教学活动有效开展的必要前提。在种植活动中要确保每个孩子的凤仙花都有一株成活，以此激发学生照料、观察、记录、研究凤仙花的热情。

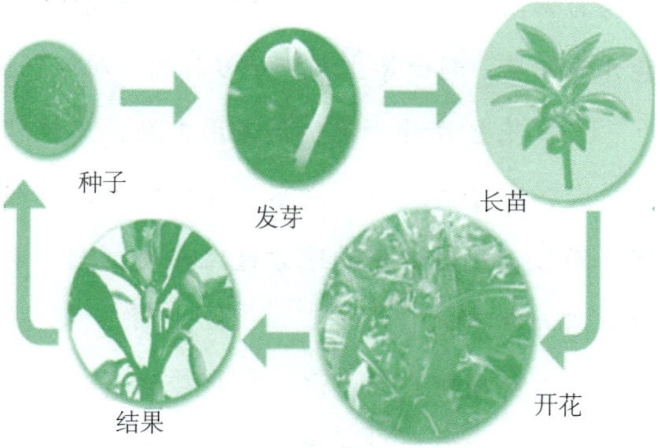

【案例描述】

教学环节一：播种前期的指导

1. 种植形式

凤仙花种植主要有回家独自种植和学校集体种植两种。回家独自种植需要学生的自觉和家长的配合，但是周期长，难以持久，而且带到学校上课交流不方便，所以一般以学校集体种植为宜，既方便学生相互观察与共同养护，又方便教师及时指导与监督，学生还可以互相交流、相互合作。有条件的可以每人种植一盆自己的凤仙花，这样可以提高学生的参与度和养护的责任心。当然也可以分小组，但每组人数不宜多于4人，这样可以保证每位同学都能参与种植活动，并确保责任到人。种植的容器上可以贴上标签，写好凤仙花的“看护人”姓名，时刻提醒孩子们养护好自己的凤仙花。学校集体种植还有一种方式是在校园种植园中栽种，但是这种方式不便于学生平日观察和照顾。

2. 种子准备

要保证凤仙花种子的数量和质量。凤仙花种子比较便宜，教师可以多采购一些，如果种植过，则可以利用收集来的种子。将这些种子发给每位学生，每人3～5颗种子，基本能保证至少有一颗种子发芽。要保证用于播种的种子是饱满的、没有受损的。

3. 种植方式

（1）地栽。学校有实践种植园的，可以采用地栽这种方式。地栽养护比较容易，成活率高，但是不便移动，不能拿进教室观察，雨天也不适宜实地观察。而且，地栽受自然气候影响较大，有些地区早春低温、多雨，凤仙花种子通常在5月后才能发芽，7～9月才能开花结果，超出学生在校学习时间，难以保证学生观察到凤仙花完整的生命周期。

（2）花盆栽种。花盆是通用工具，比较容易获得，是学生常用的种植容器。但花盆盆口大，水分蒸发快，浇水任务比较重，特别是双休日也需要浇水，并不适合小学生管理。而且，花盆占用的地方也比较大，搬动也不容易。种在家里的凤仙花要带到学校来就更不方便了。

（3）种植瓶栽种。浙江的杨荣华老师采用塑料瓶制作凤仙花种植瓶，取得了良好的种植效果，而且较好地满足了教学需要（在浙江小学科学论坛上，他已经发表了他的三代凤仙花种植瓶的制作方法）。

最新的第三代种植瓶是用两个大饮料瓶组合而成，剪下1号瓶上部漏斗状部分，去盖倒置，作为植料填装瓶体（部件1）。1号瓶剩余的部分再次剪低一些，作为储水容器（部件2）。在2号瓶“细脖子”处剪下上部带盖部分，作为防风保湿增温罩（部件3）。用电工胶布粘合部件1和部件2；再用电烙铁在部件1上部与部件2存在小空隙的部位烫出一个小孔，孔宜高而小，以利空气进出，而水汽少失。取弹力絮少量捻成团，塞住部件1的瓶口，再剪取圆形弹力絮薄片覆盖在上面。先通过未装植料的部件1往部件2里注水，至刚刚浸没封堵瓶口的弹力絮上表面（这样的水面高度既能满足随后的沙子吸收到水分，又不会因积水而太湿），然后将部件1装五分之四高度的纯沙。

第三代种植瓶　第二代种植瓶　第一代种植瓶

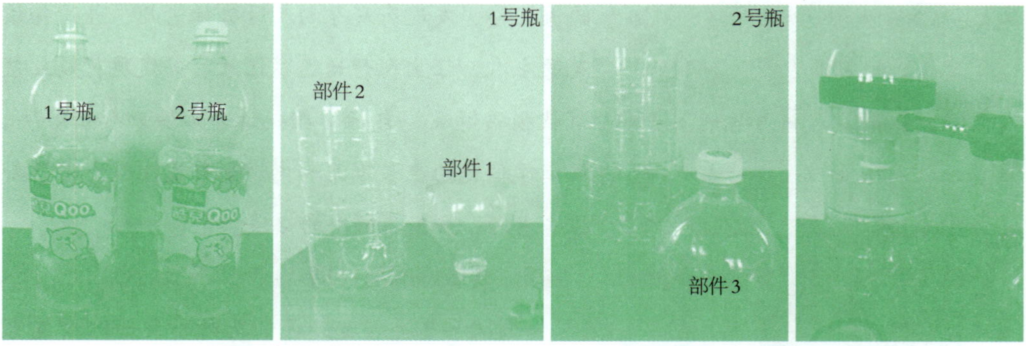

第三代种植瓶不用浇水，降低了养护、管理难度；可以克服早春低温的困难，提早播种，配合教学进度，提高植株的成活率；储水容器中可以看到根系的生长情况，更适合学生观察植物的根部生长情况。

4. 播种方法

（1）选种。要挑选那些饱满的，没有受过损伤的种子。

（2）花盆栽种：准备好花盆和土，把一块小瓦片放在花盆的出水口上，然后放入适量的土。种植瓶栽种则按上述方法做好准备。

（3）用笔杆头在土中按2～3个小坑，深度约1厘米，每个小坑里放1粒凤仙花的种子，再用土盖上。

（4）往花盆中浇适量的水，使土壤湿润；若是种植瓶则将保湿增温罩盖住，将它放在温暖的地方。

为了观察种子发芽在泥土中会发生什么变化，还可以让学生在透明的杯子中播种。

教学环节二：种植中期的指导

1. 做好观察指导

播种之后，要求学生经常去观察凤仙花的发芽情况，每个班级可以安排巡视员每天

轮流观察，发现有发芽的及时告知老师，并通知该花的主人，让主人开始观察记录。若发现花瓶或盆有破损的情况，自行处理或请老师协助帮忙解决，保证凤仙花的生长万无一失。如果发生病虫害，要报告老师，并查找解决的办法。

2. 要做好间苗补植

一般1～2周之后，凤仙花种子便会陆续发芽出苗。3周之后，可以指导学生进行间苗，每盆中只留下最强壮的一棵苗，其余的优质苗可移植到还未发芽的空盆中，这样就能保证每个盆中都有幼苗。地栽苗如果间隔太紧也要进行间苗。

3. 加强日常管理

长成幼苗之后，一定要责任到人，学生每天或隔天观察，把观察到的变化与感受以观察日记的形式记录下来。观察日记的形式可以多种多样，如画图、列表、写日记、拍照，照片还可以做成剪报等。要提醒学生根据土壤的干湿情况每隔2～3天浇一次水，有时还要移动花盆，让其可以吸收更多的阳光，促进幼苗的生长。如果有学生生病或请假，也可以寄养或者托管给其他同学。教师要经常巡视监督、鼓励表扬，使学生保持浓厚的兴趣，培养学生持之以恒的毅力。

教学环节三：成果分享的指导

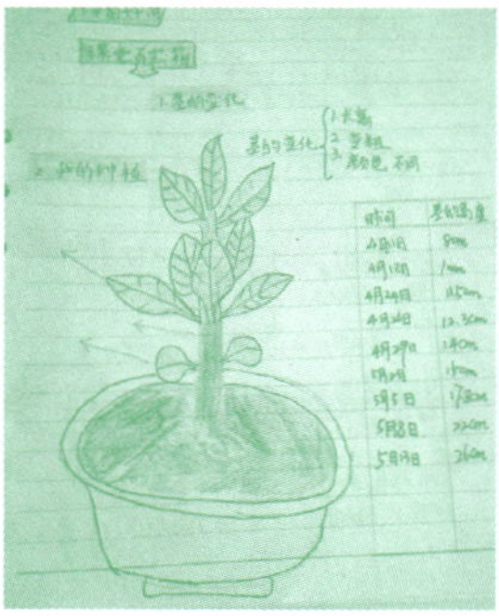

两个月以后，凤仙花便开始开花结果了。这时教师可以组织开展交流、展览、评价等活动。交流学生的观察发现，分享种花护花的乐趣，展示成果。可以组织学生进行“凤仙花之最”活动，设置以下几个奖项：植株高度之最、种子总数之最、观察记录之最，还可以进行班级种子总数之最的比赛。

整个凤仙花的种植过程中，保证种植的成功固然重要，但更重要的是指导学生在种植过程中根据凤仙花的生长进度进行观察和研究：

（1）指导学生观察根的生长、研究根的作用。

（2）指导学生观察幼苗的生长变化：从子叶长出到脱落；真叶的特征及在茎上的分布情况；启发学生思考叶子的生长与光照的关系，为光合作用的学习积累感性知识。

（3）指导学生观察不同阶段茎的特征，探究茎的作用；通过凤仙花高度变化的柱状图、折线图，发现植物高度变化的规律。

（4）指导学生观察花的结构、研究花变果实的过程、观察果实和种子的特征。

（5）指导学生建立植物生命周期和生命过程的认识，要以学生的记录为依据，让学生计算凤仙花每个生长阶段经历了多长时间。

（6）引导学生反思他们种植管理凤仙花过程中的经验教训，体会到植物的生长需要阳光、土壤、适宜的水分和温度。

（7）有条件的学校还可以引导学生比较盆栽和地栽凤仙花生长的相同点和不同点，进行原因分析。

案例2 ——无土栽培

【案例背景】对小学生来说，无土栽培是一件神奇的事情，因为他们觉得植物的生长是离不开土壤的。但当他们看到水培的吊兰、水仙花也能开出美丽的花朵时，他们会对这种神奇的种植方式产生浓厚的兴趣，也想动手试试。通过活动可以使学生认识无土栽培的优点，了解无土栽培可以获得无公害的“绿色食品”，它是生态农业的发展方向。

【案例描述】

教学环节一：引导学生对无土栽培产生疑惑

无土栽培的活动可以通过综合实践研究的方式进行教学指导。当学生发现无土也可以种植物时，可以引导学生思考，提出问题，比如：

（1）没有土壤为什么植物也能生长？

（2）无土栽培有什么优点？

（3）无土栽培的方法有哪些？

（4）怎样进行无土栽培？

（5）哪些植物适合无土栽培？

……

教学环节二：设计研究方案

可以引导学生设计研究计划。在实践中让全体学生积极主动地参与到整个研究活动之中，从方案的拟定、分组分工、查找资料、设计调查表、实地参观、采访、邀请专家指导、实验研究、撰写实践报告等环节亲身参与，让学生们像科学家一样进行探究，了解科学研究的过程和方法，弄清无土栽培的特点。

实验研究可以研究哪些植物适合无土栽培，进行对比实验。在栽培中进行观察记录，比如根据下表记录植物根、叶的生长情况，以及植株长度、每周更换营养液的情况，通过观察发现无土栽培植物的特点。

无土栽培实验记录表

小组名称				组员	
植物名称				栽培时间	
时间	高度	叶片数	根系情况	栽培情况	备注

教学环节三：分享研究成果

在总结经验阶段，可以让学生小组来分享他们的心得。

1. 有些小组会分享查找到的资料：

（1）无土栽培的定义：是一种不用天然土壤，而采用含有植物生长发育必需元素的营养液提供营养，使植物正常完成整个生命周期的栽培技术。

（2）无土栽培的步骤：选株——剪枝——洗根——去根——消毒——催根——栽种。

（3）无土栽培的优点：不受环境限制，产量高、品质好，能反季节生产，减少病害，因此无土栽培能获得无污染无公害的“绿色食品”，是未来农业发展的方向。

（4）无土栽培的方法主要有：立体栽培、水培、袋培、砂石培、木屑培等。

……

2. 有些小组会分享通过研究发现的成果：

（1）哪些植物适合无土栽培，哪些不适合无土栽培。

（2）通过研究发现适合无土栽培的植物的原因：根系发达，在水中获得的氧气较多；植物个体较小，叶片较小，消耗营养较少，就容易水培。

（3）水培其实是让早已退化的水生根，通过人为诱导，迫使其萌发、生长，从而适应水生环境。

（4）“水生根”和“陆生根”的区别：两种根可以在同一株植物上互相转化。

（5）营养液浓度不能过浓也不能过淡，是有一定配比值的。

（6）理论上讲，所有植物都适合水培方式。但在实践操作中，有的植物生长较好，甚至比土培的方式生长更快，长势更好；也有的植物生长缓慢，出现叶片枯黄、根系腐烂等现象，甚至死亡。

案例评析

案例1通过播种前期、种植中期、成果分享的指导，可以让学生有机会亲历凤仙花完整的生命过程，有交流的第一手资料，有据可说。学生的探究兴趣也随着凤仙花的生长而提升。在种植中，教师不仅要指导学生提高凤仙花的成活率，更重要的是要指导学生观察凤仙花的生长变化，以此激发学生种植、观察、研究其他植物的兴趣。

案例2通过研究性学习的方式，学生通过各种渠道查阅大量资料，还寻访专业人士获取直接经验，对收集到的信息进行整理与筛选，提高了学生获取新知识的能力以及收集和处理信息的能力。在小组活动中提高了学生的交流与合作能力、分析和解决问题能力、创新精神和实践能力，提升了学生的科学素养。

当然，随着教学条件的改善，很多学校建立起了暖房，有专门的无土栽培设备，在这样优越的条件下，教师可以引导学生进行更多的研究，可以利用兴趣小组开展项目学习活动，使学生在活动中了解新型农业中的无土栽培技术，如设备设施技术、栽种管理、设施设备养护等，让学生有更多的机会体验多种植物的无土栽培技术，进行科学研究，拓宽视野，提升种植、研究能力。

第三节 | 饲养课

饲养小动物是件非常有趣的事，因为学生天生喜欢和小动物打交道。他们在家里和幼儿园可能已经饲养过不同的动物，但也有很多孩子没有机会和动物亲密接触，只能通过书本、网络来了解小动物。对饲养过的小动物，孩子们可能也没有仔细观察过这些动物的特点和变化过程。家庭中饲养的小动物通常是狗、猫、金鱼、乌龟等，其生命周期并没有很大的变化，孩子可能只体验到动物由小变大的过程。

科学课上的饲养活动有别于家庭饲养小动物，学生能在教师的指导下选取典型的动物饲养，经历完整的动物生命周期；能在教师的指导下、同伴的合作中饲养小动物；能在饲养的过程中对小动物用科学的方法进行深度观察；能在长周期的饲养过程中培养耐心，对生命产生敬畏和热爱之情。

案例1 ——养蚕

【案例背景】养蚕是孩子们最喜欢的科学活动之一，有些学生在上幼儿园的时候就体验过了。蚕宝宝慢悠悠的爬姿、憨憨的模样、永远不停的嘴巴，还有它独特的一生，都使孩子们对它产生强烈的好奇心。起初，有些孩子喜欢它，也有些孩子怕它，但是只要投入地观察、研究它，相信所有的孩子都会喜欢上养蚕宝宝。

养蚕活动也是很多老师“头疼”的活动，一是因为养殖周期长，对小学生来说是一

个挑战；二是要在饲养过程中调整教学计划，边饲养观察研究，边讲其他单元内容；三是有些地区蚕卵、桑叶很难得到；四是有时养殖方法不当造成蚕全部死亡，给教学活动带来困难；五是在养殖中，也会遇到各种未知的情况，有些教师自己都无法解决，给教学带来麻烦。

但是教师只要在养蚕前先通过教参和网络，“预习”好养蚕方法和注意事项，学习别人的经验，做好充足的准备，和学生一起饲养并给予指导，带领他们经历蚕一生成长变化的全过程，就会增加自己的经验，在一次次的养蚕活动中成就学生、丰富自己。

【案例描述】

教学环节一：养蚕方法的指导

学生对养蚕活动兴趣浓厚，但因为初次饲养，加上饲养和观察活动多在课外完成，会出现很多问题。比如用手摸小蚕，把它放在手心当玩具；清扫时容易把小蚕弄丢；采摘一些非桑叶的食物喂食；给小蚕喂桑叶时不知道控制量等等。教师必须在课堂的有限时间里和课后的交流巡查中对学生的养蚕活动进行指导。

（1）指导学生先为小蚕准备好“家”，要有适宜的温度、空气和湿度，还要保证安全的食物和干净的卫生环境。

（2）喂食桑叶要有一定的时间和数量，可以在清晨、中午、放学和晚上睡前各给桑叶一次，4龄～5龄大蚕可以适当增加次数。桑叶的数量以蚕能基本吃干净为宜。

（3）获得桑叶困难的情况下可以用莴苣叶代替，但要注意桑叶不要用水洗，而莴笋叶需要洗净、晾干。如果喂莴苣叶，要从蚁蚕阶段就开始，先用桑叶再用莴苣叶，小蚕会拒食。

（4）有病蚕或死蚕要立即清除，以免蚕病蔓延。要注意区分眠期的蚕和病蚕。如果一时不能区分，可以把怀疑患病的蚕暂时进行隔离，待恢复吃食后再放回。如果是病蚕，不仅要赶快拿开，还要立即清除蚕粪，更换桑叶和饲养盒。

（5）采摘的桑叶一时用不完的，可以用塑料袋扎紧后放在冰箱冷藏。需要用时，取出后等几分钟，让桑叶恢复到常温，擦净并晾干后才能给蚕吃。

学生刚开始饲养小蚕，非常容易养死和弄丢，所以教师要准备富余的蚕卵和小蚕，在学生养死和弄丢时，及时给予补充，保证学生的观察活动能进行下去。教师最好与学生共同饲养几条蚕，做好观察记录，起到示范作用。教师要参与学生的讨论，对他们的观察发现给予表扬和鼓励，在学生遇到问题与困惑的时候进行点拨指导，还可以经常晒晒自己饲养的蚕宝宝的照片和视频，与学生一起分享，形成融洽的交流氛围，使他们乐于分享，勇于表达，让问题、发现、成果都能及时呈现。

教学环节二：养蚕中的观察指导

给学生提供养蚕的材料，解决养蚕中遇到的困难，仅仅是基础性工作，更重要的是引导他们在养蚕过程中观察、体验、记录。

养蚕活动中大量的观察、记录都是在课外进行的，因此，每节课既有当堂指导学生观察记录的任务，又有指导学生课外观察记录的任务，同时还有对蚕生长发育情况的预测。每节课大致有如下三个步骤：

（1）过去几天观察到了什么？

（2）现在的蚕是什么样的？

（3）预测蚕今后的变化，引导学生主动地进行课外观察。

养蚕的观察记录分两个阶段。第一是观察蚕卵的变化阶段。要记录下小蚕孵出的日期和气温，引导学生关注蚕的生活和温度的关系。第二是观察小蚕孵出以后的生长变化阶段，了解观察的内容和方法。从外形、体长、颜色、吃食情况、排出的粪便、活动情况等方面进行观察。之后还要观察蚕蛹、蚕茧和蚕丝，以及蚕蛾的形态特征和行为。除了用文字和数据外，鼓励学生采取拍照、拍摄视频、画图、写观察日记、制作标本等多种方式记录。

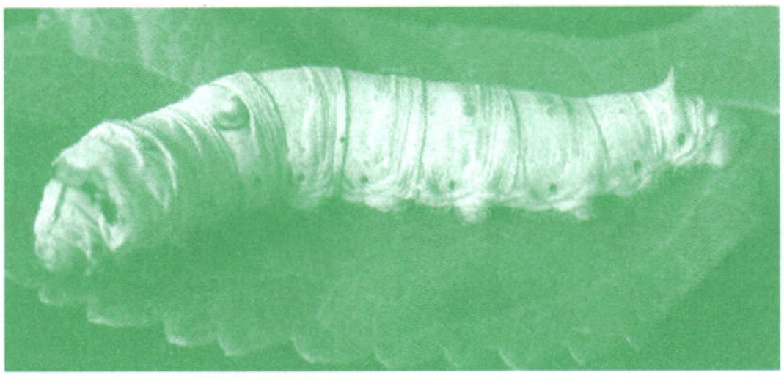

学生观察能力还不够强，往往观察不全面、不仔细，在描述时不善于用数据说明问题。教师要鼓励和指导学生仔细、全面地观察，可以在观察中量一量、数一数，比如，量一量蚕的身体长度或称称重量，数数身体有多少节、多少对足、多少只眼睛等，尽量用数据说明问题。对于一些问题，比如“蚕蛹是不是活着的？”要找出活着的证据；又如“茧里钻出的蛾子是蛹变的吗？”要做出解释的论证，找出蚕蛾是蚕蛹发育而来的证据。

学生经历了对蚕生长发育全过程的观察，做了许多记录，就会对蚕的一生有了一定的认识。在这样的基础上，教师要指导学生对自己积累的资料进行整理和总结，学习像科学家那样分析和看待事物。通过整理记录，引导学生发现蚕的一生所经历的不同阶段，以及不同阶段经历的时间，感受到坚持观察记录的价值，从数据中发现生命的变化。

教学环节三：养蚕经验的分享

养蚕的过程将近两个月，学生要坚持两个月的观察记录和研究，对他们来说是一项挑战。教师要注意在这一过程中和学生同体验、同分享、同交流，激发学生养蚕的兴趣，保持他们长久的探究欲。

教师要给学生搭建分享交流的平台，分享养蚕的经验和快乐。传统的交流活动形式是在课堂上交流，但课时有限，而且受时间限制，不能达到即时性分享，教师可以利用网络，如QQ群、班级博客等途径建立起学生交流的平台。

在养蚕结束后最好开个展示会，让学生把自己的记录表、小报、标本、照片、视频、专题研究报告等资料都展示出来，大家互相交流、学习。也可以和语文课的写作结合，让学生写写养蚕的故事、养蚕中印象最深刻的事。教师可以将这些成果作为教学评价的重要依据。

其他事项

教师还要做好学生家长的工作。有些家长对学生的养蚕活动不理解，会起到反作用。教师可以在养蚕前发一份养蚕说明给家长，可以是纸质的，也可以通过家长群发送电子版，把开展养蚕活动的意义告诉家长。家长的支持是养蚕活动成功的重要条件之一。

教师要重视安全和环保方面的问题，并经常提醒学生不要私自外出采摘桑叶，一定要有大人陪同，不要到危险的地方采摘，确保安全。公园、自然保护区的桑叶不能采摘，农户家的桑叶要征得同意后才能采摘。

教师还可以把养蚕活动和其他学科结合，比如语文课可以写作饲养过程和心得，品德与社会课可以学习养蚕抽丝的历史和意义，综合实践活动课可以研究丝绸的文化，学习“蚕文化”，美术课上画蚕宝宝等。

教师还可以拓展饲养彩蚕。彩蚕是人们利用科技手段培养出来的，能吐出彩色的丝，以满足人们的不同需要。可以将彩蚕养殖和普通蚕的养殖进行对比研究。

另外，现在有些器材配送公司，不

仅可以提供蚕卵，还可以提供新鲜桑叶，解决教师和学生的饲养困难。教师可以尝试通过该途径解决教学难题。

总之，通过养蚕活动，学生所亲历的不仅仅是饲养的方法、过程，还包括照顾蚕宝宝的爱的体验；调查养蚕的历史，体验远古的文明；了解现代养蚕技术，感受科技的奥秘；在合作中共享集体的力量。

案例2 ——饲养菜青虫

【案例背景】菜青虫是菜粉蝶的幼虫，在我国分布普遍，在农业领域是一种害虫，喜欢吃十字花科植物，所以很容易在白菜、花椰菜等蔬菜上发现。在缺少十字花科植物时，也可以取食其他寄主植物，比如菊科、木犀科等植物。因为它很常见，可以用养菜青虫代替养蚕，这不仅是对教材的一次创新解读，还可以解决有些地方养蚕困难的难题。

【案例描述】

比起在学校或家里养蚕，菜青虫也可以在自然状态下饲养，让它们在被发现的植物上自然生活。比如有学生偶然在学校的冬青树上发现了菜青虫，却不知道这是什么种类的昆虫，老师可以借此机会带领学生饲养它们。这种情况下，就可以不用带回教室去饲养，让它们继续在冬青树上成长。

这样做有很多好处。第一，让生物不用适应新环境。第二，学生不需要为菜青虫准备食物，教师不用去为桑叶犯愁。第三，自然状态下，观察也遵循了生物观察的不干扰原则：生物学家观察野生动物的时候一般都是做一个安静的旁观者。

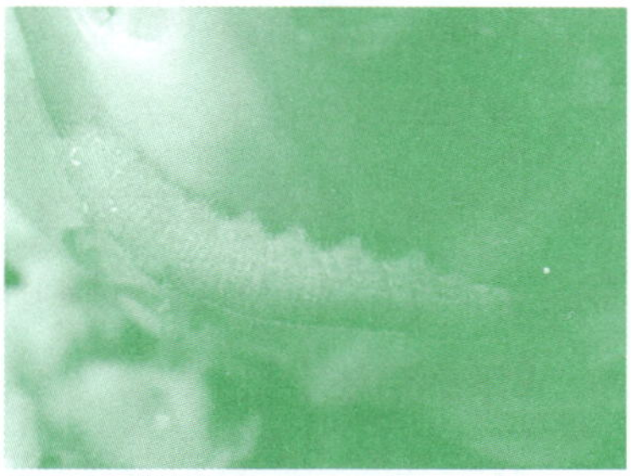

当然，自然状态下观察菜青虫也是有缺点的，它会按自己的愿望去觅食，还有可能被小鸟吃掉。这时，可以让学生讨论如何才能在自然状态下观察菜青虫的生活。学生可能会七嘴八舌地提议：用塑料袋把它罩住；用塑料网兜罩住。当然也可能提出更好的方法。

饲养菜青虫还可以把卵放在小盆栽上，放在教室里养；也可以直接买棵白菜，把外面的菜叶剥掉，留下里面的菜心，把它放在水盆里养，等一段时间后大白菜打开了，就把菜青虫放到大白菜叶子上去养，为了防止外界伤害，罩一个塑料透气罩子就可以观察了。这样不用再为它们准备食物。

当菜青虫羽化成蝶，教师可以带领孩子们总结菜青虫宝宝的一生，还可以普及其他昆虫的知识。因为有了自己的亲身体验，孩子们的感触会更深刻，也自然会对生命产生感叹和敬畏之心。

案例3 ——养蝴蝶

【案例背景】蝴蝶是昆虫世界中美丽的花朵，自古以来受到人们普遍的赞颂与喜爱。蝴蝶不仅给植物传授花粉，给自然增加美景，而且以其漂亮的外表，丰富着人们的物质和精神世界。我国地域辽阔，地形复杂，气候多样，植物繁茂，蝴蝶资源也极其丰富，约1800余种。

在中小学生中开展以蝴蝶为主的生物科普教育，是一项深受学校老师、学生欢迎的活动。台湾教师杨宗儒说："养蝴蝶最简单了，因为蝴蝶容易活，照顾容易；蝴蝶生活史短，能让学生快速得到成就感；到处有蝴蝶，容易找到幼虫来饲养；蝴蝶种类多，可以满足学生的好奇感；食草容易取得，也不伤荷包；蝴

蝶没有毒性，适合孩子饲养。”

在小学科学课中饲养蚕宝宝的同时拓展蝴蝶饲养课程，会使学生的兴趣更浓厚，更能加深体验。蝴蝶羽化后变成飞翔的美丽的成虫，完成华美的转变，学生可以把他们辛勤劳动的成果放归大自然或制作标本，比单纯养蚕更有意义。

【案例描述】

养蝴蝶的拓展活动内容可以从以下几方面操作：

1. 蝴蝶饲养

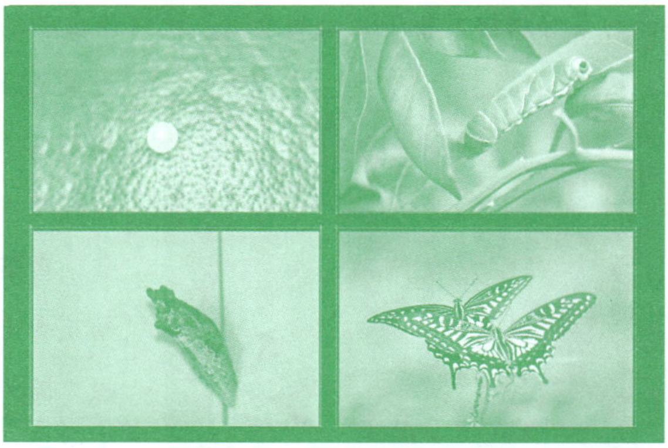

这是养殖蝴蝶最重要的探究内容。根据不同年龄段学生的特点，可以分层操作：低中年级的学生可以做短时间的饲养活动，观察幼虫—蛹—成虫羽化；高年级的学生可以参与全过程的饲养，观察卵—幼虫—蛹—成虫羽虫；蝴蝶课外兴趣小组可以做蝴蝶的年生活史，包含一年中的几个世代。

2. 寄主植物的栽培

不同蝴蝶的寄主植物是不同的，有的喜欢吃腐败食物，有的吃植物的花蜜。比如中华虎凤蝶2月底羽化交配产卵，卵就产在杜衡的叶边，4月初幼虫出来就吃杜衡的叶子；而亮灰蝶爱吃扁豆的花或者嫩豆荚。可以据此让学生在学校或者家中种植植物。

3. 蝴蝶观察

按照学生的年龄层次，可以设计进阶的学生观察活动：如低年级以观察为主，记录不做要求；中年级做简单的短时记录；高年级做一个完整的生命周期的记录；蝴蝶兴趣小组做蝴蝶长时观察记录，可以以一年为周期，同时做详细的、形

式多样的观察记录。

4. 蝴蝶标本制作

可以制作各类蝴蝶标本，从捕捉、还软、展翅、干燥到保存，体验完整的蝴蝶标本制作方法；还可以制作蝴蝶工艺品，如蝶翅贺卡、蝶翅书签、蝶翅画、塑封蝶翅，学习各种操作技能，提高学生动手能力。

5. 蝴蝶生态摄影

可以组织有兴趣的学生或教师开展蝴蝶摄影比赛。

6. 蝴蝶标本采集

可以带领蝴蝶兴趣小组去野外捕捉各种类型的蝴蝶，观察捕捉到的蝴蝶的特征，还可以体验动物的多样性。

7. 蝴蝶观赏

有条件的学校可以建成蝴蝶园，让孩子们进园观赏；还可以建立蝴蝶网站，让学生欣赏形态各异的蝴蝶，交流蝴蝶饲养心得；还可以利用自然博物馆等社会资源，组织参观活动。

8. 结合其他学科

语文课可以阅读昆虫类的书籍，根据自己的观察和饲养经历写作；美术课可以欣赏各种蝶画、画儿童想象画、创意写生画；综合实践课可以结合饲养活动，进行热爱自然、人与自然和谐相处的生命教育，提升学生对生命的敬畏之心。

案例评析

上述三个案例都是饲养课中的典型案例，但是开展的方式不同。

养蚕比较常见，在很多版本的科学教材中都会出现，对于教师来说，带领孩子们养蚕前要先充实自己，了解养蚕的方法和指导学生观察的方法，还要了解比如抽丝剥茧的技术改进等。养蚕活动的开展一般以学生个人或2～4人小组在学校和家庭展开。

案例2中的菜青虫饲养，拓展了教师的视野，可以在自然状态环境下饲养、观察小动物，这样既不会影响小动物本身的生活状态，也可以减轻喂养的负担，以常见的菜青虫代替养蚕也是解决养蚕困难的一种好办法。

案例3其实是案例2的延伸，因为菜青虫长大了也是蝴蝶的一种。但养蝴蝶，品种可以更多，拓展的课程内容也可以更丰富，当然案例3中的活动形式和内容也可以用于养蚕和养菜青虫，是互补的。

无论是哪种形式的饲养活动，关键是在学生饲养小动物的过程中培养科学的学习方法，特别是观察和记录的方法；培养长周期观察、记录的毅力；激发学生研究动物奥秘的兴趣；培养学生对动物的爱心及责任心；感受生命的可贵，融入自然的怀抱。

第九章

科学讨论课的教学

第一节 | 科学讨论课的特点与组织

科学讨论课是指经过预先的设计与组织，在教师的指导下，在学生独立思考的基础上，让全班或小组成员围绕某一中心问题，发表自己的看法，并通过师生、生生间的多边交流，相互启发、相互学习，以实现教学目标的过程。在师生交往互动的科学课中，讨论是课堂的重要组成部分。几乎每节科学课，都需要组织学生针对需要解决的问题进行讨论。

每一个学生都是独立的生命个体，他们在科学学习中积累了大量的感性认识，也会有丰富的发现。对同一个现象或者问题，不同的学生有不同的见解。在讨论中碰撞思维，在相互影响、博弈、融合中加深对科学本质的理解，这样的科学课才能真正变身为科学研究的“场”。

一、科学讨论课的特点

科学课上的讨论，可以在某个环节展开，也可作为某些专题研究活动的主要教学类型。有效的讨论能与同伴分享、交流彼此的观点，推动科学探究的进程，帮助学生形成正确的科学概念及科学的思维方法。科学课的讨论需要具备以下几个特征：

1. 导向性——要具备明确的主题

讨论要有明确的主题，主题应是学生感兴趣又符合学生实际水平的话题，能引起学生的兴趣和注意力，激发学生积极思考，便于下一个环节的进行。讨论不能漫无边际，要根据教学目标与预设的教学环节，针对教学的重点、难点，预测学生最关心的问题，精选关键性的主题进行讨论。所设计的问题必须清楚准确，符合学生的认知特点，适合学生已有的认知水平。主题定位准确，才能进一步找准课堂教学中引导学生讨论的切入点，进而让学生知道讨论的落脚点和关注点。

2. 互动性——要营造民主的氛围

要给学生创造机会进行讨论，营造平等、和谐、互相尊重的氛围，创设一个人人有话可说、人人想说、人人乐说的课堂氛围，使学生敢于发表自己的看法又善于倾听别人的意见。

通过观察和分析，有意识地让不同类型的学生都有发表意见的机会，调动发言的积极性和主动性，消除学生思想上的顾虑。对学生提出的不同见解要尊重，给予学生较大的自由度，让学生感受到享有说话的权利，使学生在平静、宽松、无压力的心理状态下自由活动，敞开心扉，各抒已见，获得情感的交流和心灵的沟通。

3. 发展性——要促进思维的发展

小学生年龄小，有着自己的思维特点，有时幼稚可笑，显得比较肤浅，思维逻辑不够严密，但是也不能小看他们的潜能和创造力。学生科学思维的形成不是一朝一夕就能实现的，也不是一个简单的从因为到所以的过程。它是一个不断激起矛盾并解决矛盾，经历着由清晰到模糊，再从模糊到清晰的不断反复的过程。经历这个过程后，思维会逐渐走向深入与明晰。

科学教学中的讨论承载着促进学生思维发展的重任。在讨论中，不仅要让学生思维显性化，更要让学生思维向纵深发展。因此，讨论是给学生认真思考的机会，是一个思维碰撞的过程，是不断修正和提升彼此认识的过程。在科学课上，让学生的讨论围绕讨论主题不断深入，通过相互启发与质疑，激起思维的火花，不断修正自己的想法，循序渐进地使每个学生的思维都得到不同程度的发展。

二、教学注意事项

一节科学课，科学结论也许只有三言两语，但要让学生在讨论中思考并获得知识，并不是一件容易的事情。在这个过程中，不应听之任之，而是应当正确认识科学讨论的特点、作用及其针对性，根据教学实际情况，适度把握组织讨论的时机，教给学生有效讨论的方法，并参与其中，随机应变，把握方向。科学讨论课教学的组织要做好以下几点：

1. 分好小组，明确共同任务及个人责任

讨论可以是小组的，也可以是全班的。小组讨论及集体研讨能促进学生从事物的表面现象中发现内在的规律，有利于培养学生的合作精神和发展健康的个性品质，关键是不能使之成为“表面形式”。小组讨论确实增加了学生参与的机会，但是少数“好学生”发表意见的机会更多，往往容易扮演主角，甚至有时还会发生争着说、同时说的现象，势必造成多数学生没有发言的机会，多数学生的意见和见解被忽略，导致小组讨论的结果只是少数学生的“一言堂”，并不是大家集体智慧的结晶。

因此在组织学生讨论前，要有意识地让不同类型的学生形成一个有效的团队。除了对讨论的主题和过程提出明确的要求，还应该帮助小组长对组内成员进行合理分工，让每个人都能在小组讨论中做出自己的贡献，充分调动每个人的发言积极性，发挥每个人的聪明才智。还要建立一套讨论的规范，如交流时组内轮流发言、要认真倾听每个成员的发言、有不同意见或看法时及时提出来讨论等，让每个学生都能参与到讨论中，促进每个成员之间在知识理解上的互动。

2. 审时度势，把握好讨论的时机

为了解决某个问题，每个学生都会有自己的理解和推测，有些只是个别学生想要表现自我，盲目提出的见解。即使有少数学生提出了比较合理的推测或想出了比较好的办法，也不宜立刻做出肯定。如何对提出的各种各样的想法做出逻辑判断，就需要针对亟待解决的问题进行讨论，甚至引导学生质疑，拓展学生的思维。

在学生科学探究活动中，会收集到各种各样的

证据，这些证据有些与事物的本质属性有关，有些则与事物的本质属性无关，孰是孰非不能由教师来判定，而需要经历一个去伪存真的过程。开展讨论活动，把个体的发现转化为全体学生的共识，就显得十分重要。

事实上，由于课堂教学过程往往呈现不确定性，很多情况下需要组织学生讨论，比如当学生的研究受阻时；在探究过程中生成了新的问题时；对自己的想法产生怀疑、希望得到启发时等等。此时组织讨论，往往效果比较好。什么时候需要组织学生讨论，不可能有固定的规则。作为教师，应当依据教学目标和学生的学情灵活处理。

3. 注重方法，提供有效的指导和帮助

在学生讨论时，教师不能袖手旁观，要指导学生做好充分的准备，与主题无关的话题要控制，防止跑题。要注重方法指导，常抓学生讨论的习惯养成，加强课堂的调控。要提醒学生不要急于表露自己的观点，一定要先思考、酝酿，等自己有了想法后，再讨论发言。引导学生用科学语言进行表达，要求说话时声音响亮、条理清楚、语句完整、语言精练且重点突出。要求学生专心倾听别人的发言，要听出别人发言的重点，对别人的发言做出准确的判断，并能提出自己的意见和看法。

小组讨论后，既要引导学生对自己和小组成员进行评价，还要善于及时捕捉学生在讨论中思维碰撞的“闪光点”，进行恰当的激励性评价。通过这样的评价，调动起学生讨论的积极性，使讨论能有效进行。

第二节 | 头脑风暴课

头脑风暴类型课的教学，要让学生针对所要讨论的问题进行各种假设和思考，提出自己的想法。学生之间不同的想法容易激起强烈的思维碰撞，进而引发每个人更深层次的思考。头脑风暴课堂活动的重点并不在于最终的讨论结果，而在于过程，教师需要做的关键工作是，在过程中适当地“激化”矛盾，使得思维碰撞更加强烈。

头脑风暴类型课的教学主要分以下几个步骤：

1. 明确议题

确定参与学生的数量与背景，通知学生尽早对讨论议题做好准备，以便在课堂中提出更具有针对性与创造性的新观点。

2. 营造氛围

在正式进入激烈讨论阶段，通过做游戏、听音乐、讲笑话等，营造出一种自由、宽松、活跃的课堂氛围。

3. 自由发言

引导学生积极发言的方式主要有两种：一种采取团队的形式，让学生为了赢得荣誉积极地争取最早发言，争先恐后、相互补充的现场气氛能调动课堂上每个人的积极性；一种采取接力的形式，学生一个接一个轮流发表意见，如轮到的人当时无构想，可以跳到下一个。在如此循环下，新想法便一一出现。最后学生对已获得的信息进行整理、分析、筛选，把类似的想法进行合并，寻找出问题的最佳解决办法。

头脑风暴类型课的教学，有其独特的优势，能让参与头脑风暴的学生思维互补、相互激发、敞开思路，在自由愉快的气氛中畅所欲言，使各种设想在相互碰撞中激起脑海中的创造性“风暴”。当然，其开放性强的特征也给教师的组织和调控带来了一定的挑战，教师要做好驾驭课堂的备课工作。

案例1——土壤里有什么？

【案例背景】本课中，分析土壤的成分，建构“土壤中有什么”的科学概念是重点，在深入研究土壤成分过程中，关键是创设宽松的探究氛围，让学生通过小组合作，自己猜测、发现、设计实验方法，并利用自己喜欢的工具进行研究。关于土壤，不同学生的知识背景、思维习惯、观察问题的方法和角度不

同，获得的认知不同。“头脑风暴”可以调动学生的智慧和积极性，相互启迪，达到思维的互补。

【案例描述】

教学环节一：创设情境，唤起学生兴趣

师：地球上的一切生命都依赖着覆盖地球表面的一层脆弱松散的泥土。通过上节课的学习，我们发现土壤有哪些不同？

生：土壤的颜色不同，有黑色的、棕色的、黄色的。

生：土壤的软硬不同，有的摸上去软软的，有的硬邦邦的。

生：气味也不同，有的带着香味，有的有点臭，有的带着药味，有的还有点酸味。

生：采集地点不同，有的是学校花坛里的，有的是操场边的，有的是田埂边的。

生：有些土壤是松散的，有些土壤紧紧黏在一起。

教学环节二：预测土壤里面能发现什么

师：根据同学们的经验，大家来猜猜看，你们能在土壤里发现什么？

（要求学生在头脑风暴的时候，说出自己的理由和根据。学生的根据就是已有的生活经验，让同伴共享信息）

生：我认为植物和人一样需要喝水，因此土壤中有水分。

生：有时候，我看见土壤中混有树叶、草根，我想土壤中应该有杂物。

生：有一次，我发现奶奶把几条蚯蚓放在山坡的菜地里。我想土壤中有蚯蚓。

生：庄稼没成熟时，要喷洒农药治虫；农田里收割完庄稼，很多人都会撒化肥，我想土壤中有农药和化肥。

生：上次收割完水稻，爷爷用水泵给稻田加水，我看见冒了很多泡泡，我想土壤中应该有空气吧。

教学环节三：设计实验验证

师：土壤里到底有什么？今天我们就来研究这个问题。老师给大家带来了一些实验材料，依次是土壤、面纸、烧杯、搅拌棒、托盘、酒精灯、三脚架、石棉网、燃烧皿，

今天我们就用它们来揭开土壤的秘密。

生：（小组进行头脑风暴）

师：谁来说说你们小组的设计方案？

生：我们组建议把土壤倒进装水的烧杯中。

师：这样可能观察到什么现象？

生：可能有气泡产生。

师：那试试看吧。

生：真的有许多气泡产生了。

师：每组观察到的情况都一样吗？你们还发现了什么？

生：水面上飘着一些杂物。

师：有哪些杂物？

生：有草叶。

生：还有树根和小枝。

生：我们小组发现用纸巾包着泥土，平放后，纸巾上有水印。

师：这又说明什么呢？

生：土壤中有水。

师：还有小组有不同的实验方法吗？

生：老师，我用搅拌棒搅拌，水变浑了。

师：为了防止水溅出来，要朝同一方向搅拌，不能碰到烧杯的底和侧壁。

生：我们小组虽然没用过酒精灯，我们知道它是加热用的。加热后可能会有新发现，但我们不会用，您能教教我们吗？

师：（打开视频演示：在一块石棉网上放一些新鲜土壤，放在三脚架上用酒精灯加热）你们观察到什么现象？

生：有白雾向上升。

生：现在变成烟了。

生：颜色变淡了。

生：我怎么闻到难闻的气味呀？

师：这说明土壤里有腐殖质。腐殖质是植物残体和动物的尸体腐烂形成的。

生：我们小组烧杯里的水不浑了。大家看，分成两层了。

师：请同学们用筷子把上层土壤挑一点出来，用手捻一捻，有什么发现？

生：又细又软。

生：非常滑。

生：有点黏手。

师：请大家再观察下层土壤，有什么发现？

生：颗粒比上面一层大一些。

师：上层土壤颗粒小，我们叫作黏土；下层土壤颗粒较大，我们叫作沙。

师：现在，请大家说说，土壤中都有什么呀？

生：有空气、水分、腐殖质、黏土和沙。

案例2 ——电从哪里来？

【案例背景】“电从哪里来？”“电池里面为什么会有电？”“电是如何流动的？”“电是怎样让灯泡亮起来的？”学生对司空见惯的电现象既熟悉又陌生，感到好奇又神秘。要让学生真正认识电现象，建构“电”概念，认识“电可以在特定物质中流动”，我们需要引导学生通过头脑风暴方式加深对电更深刻的认识。

【案例描述】

教学环节一：电从哪里来

师：大家先来猜一个谜语，谜面是“看不见、不能摸，能使机器转；能发光、能放热，用得极普遍”。

生：是电。

师：电是从哪里来的？请大家在小组内说说自己的想法，并请每组记录员详细记录。

生：（小组头脑风暴，将自己的想法与小组内成员分享）

师：请各小组汇报一下讨论结果。

生A：我们小组是这样想的，手电筒里的小灯泡会发光，因为里面有电池，电是从电池里面来的。

生B：我们小组是这样想的，我们玩遥控飞机时，电池没电了，飞机就玩不起来了，我们也认为电是从电池里面来的。

生C：我们小组是听家长说的，葛洲坝水利枢纽每年会产生很多电，是不是水能产生电呢?

生D：我们小组是这样想的，电应该是从发电机中来的，不是有发电厂嘛，电是从电厂发出来的。

生：我们小组还有补充，有同学家里最近从电厂买了一套发电装置，我们具体也不知道是什么，只看见屋顶有很多太阳能板。我们想电应该是从太阳能转化来的。

生：我们那儿有一个公园，白天有太阳，晚上路灯就亮；要是阴天下雨，晚上路灯就不亮。我还不知道是什么原因，应该是晴天有太阳，电从太阳能转化来的。

师：同学们说得都很有道理，电的来源很多。除了大家说到的，还有风力发电、火力发电、核能发电等。今天我们就先从接触最多的电池开始研究。

教学环节二：电池里面为什么会有电?

师：（指导学生认识电池的结构）电池为什么会有电？电池内部有什么秘密呢？同学们想知道吗？让我们制造一个简单的电池来弄清楚这个问题。

师：（演示：把用铜片和锌片做成的连接导线的电极放入装有碱水或醋的烧杯中，使接入电路的小灯泡发光）

师：碱水或醋会与浸在里面的铜片、锌片发生反应，产生电。除了太阳能电池外，其他的电池也是这样，里面都装有化学药品和作为电极的金属片、碳棒等，通过化学反应产生电。

教学环节三：电是如何流动的?

师：电池中的电通过导线流动到了小灯泡。那么，大家可以猜想一下，电是怎样流动的?

生：（小组头脑风暴后，全班头脑风暴）

生A：我们认为，电是从电池的两端通过导线分别流动到小灯泡上的。

生B：我们觉得，电是从电池的一端通过导线，流动到小灯泡后，然后消失不见了。

生C：我们的想法是，电分别从电池的两端出发，经过各自的导线到达小灯泡，灯泡就亮了。

生D：我们经过激烈的讨论，现在统一了意见，我们觉得电从电池的一端通过一根导线流动到小灯泡后，再通过另一根导线回到电池里了，然后再从开始的一端再出来，不断循环。

生E：我们组和他们看法有些相同，不一样的是，我们认为流出来的一些电转化为光，被耗掉一些，其余的电通过另一根导线回到电池。电池的电越变越少，最后就会没电了。

师：究竟谁的想法更接近事实?

生：（讨论每种说法的合理性）

师：让我们下节课用实验来验证。

案例评析

案例1重点在于实验环节的头脑风暴。对“土壤里有什么”这个问题，学生的生活经验和认知侧重点不一样，在实验设计和实验验证时组织头脑风暴，有助于学生集思广益，相互验证，使自己的实验发现更接近事实、更具说服力。

案例2侧重于猜想环节的头脑风暴。对“电从哪里来”这个问题，学生虽有一定的认识，但绝大多数学生的认知是很不科学的，有的甚至是错误的。怎样让学生对电的认知由谬误到科学？组织头脑风暴可以让学生在激烈的思想碰撞中，在相互比较中发现自己认知的不科学性，从而正确建构“电从哪里来”的科学概念。

当学生对土壤和电有了一定的认识后，带领他们进行深入细致的探究。这个探究不是为探究而探究，而是进行有意义的探究，即学生主动参与。案例通过小组和全班头脑风暴的方式，引导学生积极主动参与，不断补充、修正、加深对“土壤中有什么”“电从哪里来”概念的认识，最终建构科学的概念。

为了增强头脑风暴法的使用效果，在过程中应注意以下几点：

1. 要把握好问题的难易度

注意问题范围不能太大，时间跨度不能过长，问题不能难以把握。要根据学生的年龄特点，选择学生比较感兴趣的问题，调动学生思维的积极性和主动性，使学生思维处于高度活跃的状态。

2. 要注意延迟评判

问题抛给学生后，鼓励学生从不同角度、不同层次、不同方向，大胆地展开想象，尽可能标新立异，与众不同，提出独创性的想法。此时不要对这些想法进行任何评价或判断，一切评价和判断都要延迟到头脑风暴结束以后再进行。

3. 要控制好时间

小学科学课堂的头脑风暴以30～40分钟为宜。创造性较强的设想一般在畅谈开始10～15分钟后逐渐产生。时间太短，参与者很难畅所欲言；时间太长，学生容易疲劳，注意力分散，直接影响头脑风暴的效果。

第三节 科学辩论课

辩论一般是在持不同观点的正反两方之间进行。学生围绕具有争议性质的科学议题展开正反双方的辩论，分别针对辩题阐述己方观点，并能列举出有力证据来证明自己的观点，同时尊重和倾听对方观点。经历不同观点和证据的交锋，最终达成对科学议题的合理解释。

辩论是一种开放性的讨论形式。课堂辩论组织得好，能引起学生的思维碰撞与发展。很多议题仁者见仁、智者见智，没有固定的答案。在辩论中，学生辩论内容能引发其他学生的进一步思考，引发学生自发的批判与质疑。课堂形成谁发言谁被关注，谁的想法与各方证据的一致性高、谁就胜出的局面。

充分的实验数据说明，有大量机会参与课堂科学辩论的学生，在科学推理能力、科学认知和概念理解等方面的学习效果，都明显优于仅靠个人探究或传统实验进行学习的学生。如果教学的目的仅在于知识层面，开展科学辩论可能是费时费力的。但综合提升科学素养的三维目标，课堂科学辩论“三合一”的功效则是其他教学方式无法替代的。

案例1 ——转基因食品能不能吃?

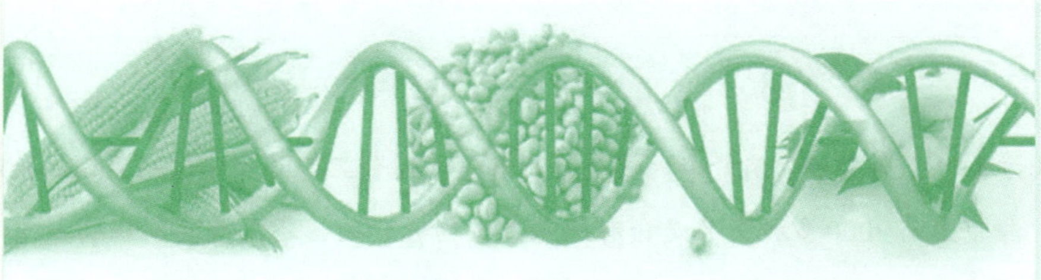

【案例背景】转基因食品已经广泛进入我们的视野，在超市、商场中也很常见，引发了很多质疑。转基因食品对人类健康来说，到底安不安全？面对转基因食品的利与弊，学生有自己的看法。在辩论中，学生对转基因食品的认识将随着对论据的阐述形成新的思考，不断朝着正确的科学认知进发。

【案例描述】

课前准备环节：明确辩论议题，收集关于“转基因食品”的资料，做好辩论准备。

师：转基因食品悄然走进我们的生活，它的出现也引起了大家的热议。今天咱们就为此开一个辩论会，正方辩题“转基因食品能吃”，反方辩题“转基因食品不能吃”。

师：现在我们先组织两个代表队，每队推荐5名同学，其他同学做评委。再推荐一名主持人和一名计时员。

主持人：现在我宣读比赛要求：评委要公平、公正；辩手要用事实说话，从不同角度进行阐述；语言简练、大方得体、文明礼貌。

教学环节一：开篇陈词

正方一辩发言：我方的观点是“转基因食品能吃”。原因在于：美国人食用的大豆和玉米，大多数是转基因食品，其中大豆95%以上都是转基因。加拿大、澳大利亚是转基因食品的生产大国，均有几千万人在吃，到现在为止也没有一个案例说明转基因食品有问题。大量证据显示，转基因食品可以食用。

反方一辩发言：我方的观点是“转基因食品不能吃”。转基因食品的安全性是人们一直关注的。害虫都不敢轻易下口的转基因作物，一旦变成粮食和农副产品，被我们食用，我们是不是连同那些抗虫基因也一起消化了呢？现在还根本无法预见将来的结果。为了健康，我方认为不要吃转基因食品。

教学环节二：攻辩

正方反驳：为了确保消费者的安全，所有转基因食品都必须经过一系列的检测管理程序。超市里有4000多种商品是含有转基因植物成分的，还没有实例证明人吃了会得病。转基因作物已安全生产、食用了近20年，到目前为止并没有任何已知的人体健康危害和风险。食用了转基因食品，人们不是照样生活得很好吗？对方辩友难道不是危言耸听吗？

反方反驳：转基因食品对人体的影响不是立刻显现的，这需要几年甚至几十年的时间来验证。即使现在没有发现危害，你怎么能保证，过一百年后不产生危害？

正方反驳：有众多权威科研机构对这些转基因产品进行了大量的研究工作，这些研究工作总体的结论也证明，已经批准上市的转基因食品是安全的。美国的食品药品管理机构认可转基因食品的安全性；中国农业部在2016年4月13日的新闻发布会上，也宣布转基因作物可以安全食用；有资料显示赞成转基因食品的，都是科学家，比如北京大学生命科学院院长饶毅。

反方反驳：植物里导入了具有抗除草剂或毒杀虫功能的基因后，它是否也像其他有害物质一样通过食物链进入人体体内？如果以农作物为食的害虫消失殆尽，那么以这些害虫为食的益虫也会遭受灭顶之灾。一旦这种现象发生，不仅会对农业造成伤害，也将对生态环境造成沉重打击，还可能诱发害虫和野草的抗药性。在自然状态下，有些转基因植物可能使害虫产生抗药性，导致杂草大面积滋生。

正方反驳：和同类作物相比，抗虫害转基因作物能大量地减少农药的使用，不用担心农药残留的问题。使用抗虫或抗除草剂的作物并没有减少农场中植物和昆虫整体的抗虫性，抗虫作物的农田甚至还会有更多的昆虫多样性。尽管基因转移已经产生，但没有实例证实这种转移对环境产生了不利影响。

反方反驳：美国曾经实验种植转基因玉米，二十五天后，毒素从根部渗出进入了周围土壤，保持了很强的活性，对土壤生态环境造成了严重的污染，你又怎么看呢？

教学环节三：总结陈词

正方陈述：根据之前我方论述，转基因食品能够很好地造福人类，我们再也不担心世界粮食短缺的问题。当然，我方并不否认，作为一种正处于发展中的科技产品，转基因食品还有其不成熟、不完善的地方，可能给人类健康和生态环境带来意想不到的危害。但这所有的一切仅仅是可能，还没有任何确切证据来证明。如果只看其弊而忽其利，真是因小失大，一叶障目。

反方陈述：证据表明，美国的确是转基因大豆、玉米的生产大国，但并非转基因大豆和玉米的消费大国。最重要的是，转基因食品不是自然选择的结果，没有一项现有研究成果能保证长期食用没有风险。再加上超级杂草、超级害虫的出现，说明的的确确存在着环境安全问题、生物安全问题。所以，我们决不允许不负责任地推广转基因食品。

案例2 ——可不可以克隆人？

【案例背景】有一个话题让全世界都感到紧张和激动，那就是：人类能不能克隆自己？用“克隆”这样一个有争议的话题为辩论主题，学生会有强烈的兴趣。在辩论中，学生的思维随着辩论话题的推进而不断拓展和深化，关于克隆的意见分歧得到澄清，对克隆的认识将由片面、偏激走向全面和公正。

【案例描述】

师：1996年，一只名叫多莉的小羊出现，引起了全世界的关注。人们在热议的同时，产生了一种预感：我们会不会克隆人？克隆人已经不是科幻小说里的幻想，而是呼之欲出的现实。“克隆人”对人类而言，究竟是利大于弊，还是弊大于利呢？我想听听同学们的看法。

生：（热烈讨论，各抒己见，很快形成不同观点的两组）

师：（组织双方派出代表发言）

正方学生1：我方认为“克隆人利大于弊”。克隆可以成为人类繁衍后代的一种方式，可以让那些得不到孩子而非常痛苦的不育患者拥有自己的孩子。克隆人可以保护少数民族遗传基因。更重要的是，克隆人可以被用来研究，比较和证明环境与遗传哪一个对人的成长影响更大。所以，我方认为克隆人利大于弊。

反方学生1：我方认为“克隆人弊大于利”。通过克隆技术来复制人类是危险的。克隆人是实验室里的产物，是在人为操纵下制造出来的生命。多莉羊的克隆实验中，277个胚胎融合仅仅成活了多莉一个，成功率只有0.36%。可以想象，在制造克隆人的过程中必定会出现各种各样的残疾的人类、残疾的胚胎或婴儿。这不是一种人为制造出的残忍吗？所以，我方认为克隆人弊大于利。

正方学生2：不可否认，遗传技术才开始研究，不可避免地会有一些问题。克隆人可以在技术比较成熟时，选择比较好的遗传基因进行克隆，这样应该可以减少有缺陷克隆人的概率。

反方学生2：试想一下，如果克隆技术被用来复制罪犯，会对社会治安造成多大的威胁啊！

正方学生3：对方辩友，克隆技术被用来做坏事只有极少的可能性，而它将来在医学上产生的贡献是巨大的，可以利用克隆技术复制出人类器官，来替换人类残废、缺失或功能不全的器官，还有可能攻克那些威胁人类健康的癌症、艾滋病等顽疾。对于人类来说，是一大福音。

反方学生3：克隆人类胚胎的确可以获得跟病人完全吻合的细胞、组织甚至是器官，这对于挣扎在死亡线上的病人来说，确实是天降福音。可是一旦放开克隆人类胚胎，谁能保证它一定只用来治病救人？一旦被不法之徒利用，危害显而易见。

正方陈述：我方并不否认克隆人的存在会带来一些争议。某项技术是否真正造福于人类，关键在于人类如何对待和应用它。我们不能因噎废食。克隆人技术的发展，将会促进人类社会进入一个全新的时代。因此我方坚定地认为，克隆人的这项技术利大于弊。

反方陈述：克隆人使“人”的基本定义发生了改变，使人丧失了尊严。克隆的人类是一个父将不父、母将不母、子将不子的人类，彻底搞乱了社会人伦关系。最重要的一点，克隆技术如果被一些狂人滥用，还将会产生一系列严重的社会后果。我方认为一旦克隆人，弊端无穷。

案例3 ——宇宙里究竟有没有外星人?

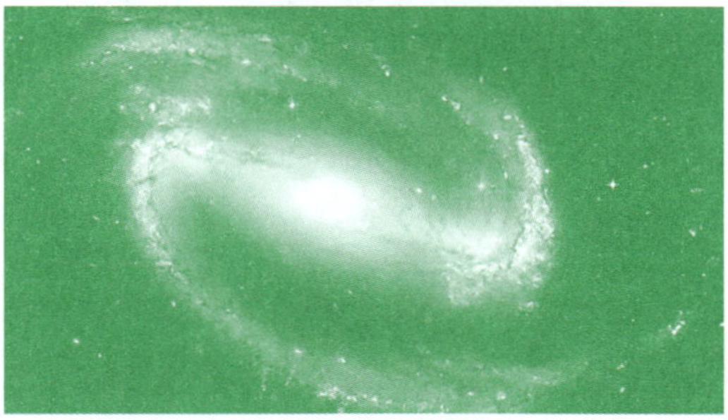

【案例背景】茫茫宇宙，既无时间的尽头，也无空间的尽头，宇宙到底是怎样的，其他星球是否有生命存在？对“究竟有没有外星人”这个话题进行辩论，使学生明确“外星人的存在”作为一种猜测和假说仍然缺少足够的证据，科学家们正在想办法寻找他们。通过相关资料的搜集和辩论，激发学生对宇宙的强烈探究欲。

【案例描述】

师：自从人们开始研究太空，就一直想知道其他星球上是否有生命存在，更想知道是否有像地球人一样的高级智慧生物存在。地球外的茫茫宇宙中，究竟有没有生命？究竟有没有类似地球人甚至更文明的高级外星人？这些问题正等待着我们破解。同学们，你们怎么看？

生：（很快形成不同观点的两组）

师：请你们各派出代表发言。

正方学生1：我方认为“外星人是存在的”。我们生活的地球，对无限的宇宙来说，简直是沧海一粟。外星人不是没有，而是我们没有发现他们。既然我们人类居住的地球是个最普通的行星，那么有可能有更高智慧的生命存在于宇宙中。

反方学生1：我方认为“外星人是不存在的”。到目前为止，没有任何真实可信的证据能证明外星人的存在，也没有人亲眼见过外星人。关于外星人的长相都是人们凭空想象出来的。

正方学生2：人类不了解的不代表不存在。光是银河系就约有1500亿～4000亿个恒星系，那么银河系之外呢？人类连太阳系都没走出去，你敢说没有外星人？外星人是肯定存在的，只不过我们没有能力发现他们罢了。

反方学生2：科学家进行了各种方式的太空探测，利用先进的射电望远镜、空间望远镜、宇宙探测器、载人航天飞船等，观测天体，搜索外星人的信号，向地外文明发送地球信息，发射飞船近距离探测月球和太阳系的行星，并且飞离太阳系探测更遥远的宇宙空间。迄今为止，仍然没有发现地球外生命的存在。

正方陈述：进入以光年为单位的星际空间，这对我们人类或其他智慧生物来说是难以征服的遥远距离。你们可以设想一下，连每秒30万公里的光速都要跑上数十年甚至更长的时间，寻找外星人的工作，更需要我们长期不断的努力。但我们相信，地球以外有外星人的存在。

反方陈述：距离是一个客观事实。但现代天文观测已经排除了太阳系内存在外星人的可能性。根据当前的科技手段没有探查到有任何外星生命的迹象。在人类探索宇宙的历程中，也没有确凿证据证明外星生物的存在。据此，我方认为，“外星人是不存在的”。

案例评析

科学课堂中常有科学辩论的契机。

转基因食品能不能吃、能不能克隆人、究竟有没有外星人等问题，具备较大的思维容量，适于辩论。根据小学高年级学生活泼好动、争强好胜的年龄特点，有目的地抛出讨论话题，梳理出有不同观点的有价值的辩题，诱导他们“针锋相对”，烧旺双方的“思想表达欲望”。这样，在激烈的思想交锋中，一方面给予每个学生展示自我的舞台，学生可以充分地表达自己对于某些科学现象的理解和看法，积极参与问题解决过程；另一方面在辩论中可以尝试对彼此的科学解释提出批评和质疑，消除心中原有的困惑，学会放弃错误的观点，接受更合理的科学解释，并逐渐内化形成成熟的科学认知观。

案例1重在让学生体验辩论的过程。学生围绕“转基因食品是利是弊”展开正反双方的辩论，分别针对自己的辩题列举出有力证据来证明自己的观点，经历不同证据的交锋，正确看待“转基因食品”的利与弊。

案例2侧重让学生明白对克隆的认识要避免主观性和独断性。在辩论中，通过集“众学生之长”，逐渐接近客观、科学的认知和观点。

案例3着重提高学生的逻辑思辨能力。辩论不是肤浅的课堂争论，辩论时要有自己的思想，在对方提出论点时，要根据观点的逻辑性给予反驳。

根据小学生的年龄特征，要想使辩论达到预期的目标，还要注意以下方面：

1. 要组织好学生的辩论

辩论前，指导学生收集素材，支持自己的论点。在辩论时，教师不要做裁判，要因势利导，鼓励学生积极参与，要帮助和训练学生学会提问，学会参与讨论。特别要给那些不爱发言和不善发言的学生发言的机会，以激发他们交流的意愿，提高他们的表达能力。

2. 注意辩论技巧的指导

小学生年龄小，在辩论中会由于发言针对性不强，语言表述不够犀利，导致“辩不准、驳不狠”的现象。教师在辩论过程中，要有意识地培养。只要辩论的“种子”植根于课堂教学的土壤中，学生参与辩论活动的积极性和主动性日渐高涨，我们就有理由相信，辩论之苗一定会发芽和生长。

第四节 | 科学推理课

推理，是人们根据已有知识和经验，从一个或几个已知的判断推出一个新的判断的思维过程。换言之，当对观察到的现象做出解释时，就是在进行推理。在推理时，需要把收集到的信息与原有的知识或经验结合起来，才能够形成符合逻辑的推论。

小学科学中的推理，是一种基于事实的讲究证据的推理，要素为假设、实验、证据，这三个要素是相互依托的。证据是科学推理的基础；实验为证据的准确性提供了保障，也为假设的修订做出了支撑。推理规则是动态的，需要经过进一步的调查和实验来验证其是否正确。

很多科学家在得到新的科学发现的过程中使用的推理，被编入小学科学教材中，典型案例有：达尔文自然选择的发现，孟德尔遗传规律的发现，魏格纳大陆漂移说的发现等。在这些课的教学过程中，学生对这些知识的了解、认识、理解，需要像科学家那样通过证据推理得出。在教学过程中，教师要提供大量的文字、图片、视频等相关资料，引导学生通过观察、测量、联系等寻找证据，根据观察到的事实和获得的证据推理得出结论。

案例1 ——大陆漂移说

【案例背景】引导学生观察世界地图，说一说发现了什么。对所观察的世界地图形成自己的解释，让学生大胆发表、陈述自己的观点与想法，再用彩色卡纸印刷的世界地图，以剪一剪、拼一拼的方式，让学生找证据，为自己的观点做支撑，整个过程其实就是推理。对未知事件的一些猜测、推理、判断，其实就是假设。

【案例描述】

师：（出示世界地图）当你看到这幅世界地图时，你发现了什么？

生：我发现地图上有7大板块。

生：我发现板块附近都是海洋，有大西洋、太平洋等。

生：我发现一些板块的断裂面比较有趣，有些如果拼在一起，可能是一大块。

师：你发现哪些板块原来可能是一大块?

生：东海岸的凸出部分，恰好可以和非洲西部凹进部位吻合在一起。它们可能本来是一个整体。

师：你真了不起！竟然与大科学家提出了一样的重要假设！

师：（介绍魏格纳的身份及他所提出的假设）魏格纳提出的假设合理吗?

生：（学生根据自己的观察，进行判断）

师：老师为各小组提供了彩色卡纸印刷的世界地图，组内合作剪一剪、拼一拼、议一议。

生：（合作、讨论）

师：你们发现了什么?

生：南美大陆东海岸的凸出部位与非洲凹进部位原本是一个整体。

师：25亿年前，地球上的陆地是连接在一起的，后来由于地壳运动，大陆逐渐分离，经过亿万年的变化，才变成今天地图上的样子。从这件事情上你得到了什么启示呢?

生：伟大的科学发现是从提出假设开始的。

师：假设是需要通过收集证据来验证的。魏格纳收集到了哪些证据来证明自己的假设呢？请在小组内讨论一下。

生：在南美洲和非洲都有中龙的化石。中龙是一种小型爬行动物，生活在远古时期的陆地淡水中，而迄今为止，世界其他大陆上，都未曾找到过这种动物化石。因此，在淡水中生活的中龙，是如何游过由咸水组成的大西洋的?

生：适宜生长在寒冷气候条件下的舌羊齿植物化石广泛分布于非洲南部、南美、印度、澳大利亚、南极洲等大陆的地层中，而这些大陆所属的气候带却各不相同。

生：魏格纳通过观察发现，格陵兰岛每年都在漂离欧洲大陆。

师：魏格纳找了许多证据，也没能说服当时大多数学者接受大陆漂移说。直到20年之后，科学家们拥有了更多的相关证据，这一假说才被人们逐渐接受。

案例2 ——达尔文进化论

【案例背景】在学生了解达尔文以自然选择为核心的进化论的基本观点之后，引导他们用这个科学史证据尝试解释现实生活中的一些事实：尺蠖蛾翅膀颜色变化的原因、极地

狐狸和非洲沙狐差别形成的原因，明确尺蠖蛾翅膀颜色变化和两种狐狸差别的形成不是由它们自身决定的，而是由于身边的环境因素决定的。这个过程也是推理。

【案例描述】

教学环节一：尺蠖蛾翅膀颜色变化的原因

师：英国曼彻斯特地区的尺蠖蛾翅膀发生了什么有趣的变化？是什么原因造成了这种变化？

（学生阅读后小组内讨论，然后汇报）

生：污染严重时，桦树皮变成了深色，尺蠖蛾的翅膀颜色也变成了深色；污染得到整治后，尺蠖蛾的翅膀颜色也随之恢复了本色。

师：尺蠖蛾的翅膀颜色发生改变，是尺蠖蛾自己决定的吗？

生：是环境污染造成的。

生：是尺蠖蛾的捕食者造成的。如果尺蠖蛾的翅膀颜色和桦树干不一样，很容易被发现，就会被吃掉了。

师：也就是说，颜色变化不是由尺蠖蛾自身决定的，而是由身边环境因素决定的。这验证了达尔文提出的哪个观点？

生：自然选择，适者生存。

教学环节二：两种狐狸差别形成的原因

师：（展示极地狐狸和非洲沙狐的资料）极地狐和非洲沙狐有什么不同之处？

生：极地狐的耳朵比较小，非洲沙狐的耳朵比较大。

师：还有呢？

生：极地狐的毛是白色的，非洲沙狐的毛是棕色的。

师：极地和非洲的环境有哪些差别？

生：极地非常寒冷，非洲终年很热。

师：这两种狐狸为什么会有这些不同？你觉得和所处的环境有关系吗？

生：极地狐生活在极地，那儿比较寒冷，耳朵长得小，就不怕冷。非洲比较热，所以那儿的狐狸长着两只大耳朵，比较容易散热。

师：它们的毛色为什么也不同呢？

生：我想是保护色的缘故。

师：你能给大家解释一下吗？

生：极地比较寒冷，到处是冰天雪地，都是白色，所以极地狐的毛也是白色的，这样不容易被它的天敌发现。

师：对，也不容易被它的猎物发现。

生：非洲沙狐生活在沙漠里，因为沙漠是棕色的，所以它的毛也是棕色的，同样是为了不被它的天敌和猎物发现。

师：说得真好！生活在北极的极地狐不仅耳朵较短小，尾巴和四肢也比较短小。这种尽量减小体表面积的形态特征，有利于防止热量过分散失，是和寒冷的环境相适应的。相反，生活在非洲沙漠的大耳狐能够通过较大的耳朵和其他器官，及时散发体内大量的热量，以使自己适应炎热的生活环境。

师：谁能试着用进化论的观点解释这两种狐狸的区别？

生：我来试试。生活在极地里的狐狸，本来毛也有别的颜色，但是因为比较容易被它的敌人发现，而白色的不容易被发现，时间久了就只剩下白色的了。

师：说得真不错，谁来解释一下非洲沙狐？

生：生活在非洲沙漠里的狐狸，毛如果是别的颜色，在沙漠里活动比较醒目，容易被天敌吃掉，只有毛和沙漠的颜色相近的狐狸不容易被发现，所以现在就只剩下棕色的了。

案例3 ——化石的形成

【案例背景】化石是人类认识远古生物、研究地质运动的重要依据和线索。对于绝大多数学生而言，化石是一个既陌生又充满吸引力的新鲜事物。很多版本的教材通过大量的图片和文字资料，将有关化石的一些基本知识呈现在学生面前。教学中，指导学生根据已有知识和经验，应用观察、比较、演绎推理等方法探究化石形成的条件、过程，认识化石要在多种条件合适的情形下才会形成。

【案例描述】

教学环节一：化石形成的条件

师：我们认识了什么是化石及化石不同的种类，请大家分组讨论一下，需要什么条件才能形成化石？

生：能形成化石的只是古生物的残骸或者遗迹的一小部分。化石需要足够漫长的地质年代才能形成。

生：死亡生物的遗体要能在绝氧的环境下被保存。

师：能具体说说吗？

生：比如，死亡生物的遗体被水下沉积物一层一层掩埋。

师：谁还能补充？

生：沉积物应该是细软的泥沙，不然生物的遗体、遗迹很容易被压碎或破坏。

生：生物被掩埋的速度应该很快，要不然氧气进去了，也形成不了化石。

师：刚才是我们的一些推测。化石的形成是一个复杂的过程，我们来看科学家的介绍。

教学环节二：鱼化石形成的过程

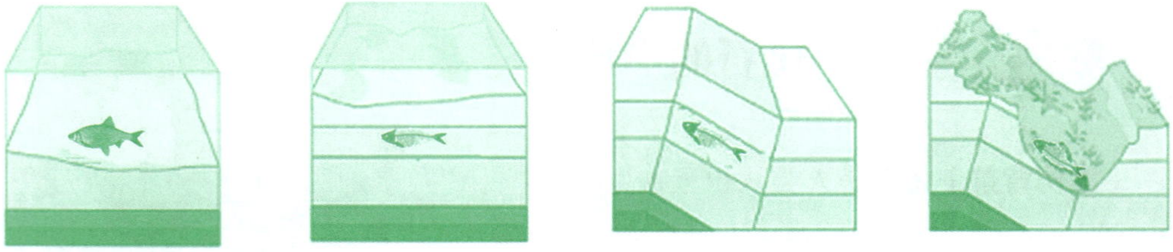

A　　B　　C　　D

（每组分发4张图片，分组排序，由代表汇报排序结果和理由）

师：自由自在的鱼儿经过漫长的地质年代，变成了栩栩如生的化石。它经历了怎样的过程？请大家畅所欲言。

生：我们小组认为，鱼死后被迅速埋藏，在缺氧环境下，骨骼逐渐变成岩石。因此我们排的顺序是这样的：A—C—B—D。

生：我们同意他们小组的观点，但我们排的顺序跟他们组有点不一样。我们是这样排的：A—B—C—D。

师：你们组的理由是什么？

生：图片C中，覆盖的沉积物倾斜了，说明地层受到挤压了；图片B中，覆盖的沉积物比较平整，这时地壳还未活动。

教学环节三：喜马拉雅山的形成

师：中国科学工作者在喜马拉雅山发现了海螺和鱼龙的化石。

生：那么高的山上为什么会有海洋生物化石呢？

师：发现海洋生物化石，说明喜马拉雅山至少存在多长时间了？

生：几亿甚至几十亿年。

师：几亿甚至几十亿年前，喜马拉雅山可能是什么样子？

生：可能是被海洋覆盖着，生活着很多海洋生物。

师：喜马拉雅山怎么会由海洋变成山脉的呢？

生：大自然的力量造成的。应该是由于地壳运动，曾经的汪洋大海成了高耸入云的山脉。

案例评析

案例1中，引导学生像魏格纳那样对观察到的世界地图的成因进行假设。推理之前，先让学生了解事实，根据搜集、整理的事实资料展开讨论，进行初步的、合理的思维推理，再根据动手拼接世界地图获得的证据，提出假设性的结论——南美大陆东海岸的凸出部位与非洲凹进部位原本是一个整体。

案例2中，引导学生用进化论的观点推理解释尺蠖蛾翅膀颜色变化的原因和极地狐狸和非洲沙狐差别形成原因，从事物的某些相似特征中，揭示事物的内在规律，培养学生的类比推理能力。

案例3中，引导学生运用已有的知识和已掌握的资料推测未知的知识——化石形成的条件和鱼化石的形成过程，培养学生的演绎推理能力。

培养和发展学生的推理能力，是科学教学的一个重要方面。在科学课教学中，需要注意以下四点：

1. 要正确处理推理涉及的因果关系

课堂上，学生尝试找出导致某种现象或某个事件发生的原因，但又不能直接观察到原因时，往往需要用到“推理”这种科学方法。如果推断出来的结论或观点能够合理解释某种现象或某个事件发生的原因，并与证据相符，那么这个结论就是合理的。

2. 要让证据成为推理的基础

小学生的科学推理尽管和科学家的科学推理有很多不同，但是两者本质上是相同的：都讲究实证，都是运用证据来发展和修正科学解释。证据可以是实验中获得的数据，也可以是自然现象、生活经验，还可以是科学事实、科学史实。在学生做出推理时，要引导他们依据已有的知识或经验进行符合逻辑的推断，说说“为什么这样想”或者“我猜测的理由是什么”，强化他们的证据意识。

3. 要让学生积极参与

在推理过程中，可以采取“研讨—交流”的策略，先在小组内讨论，让学生先积极思考，进行初步的思维推理，然后组织全班交流，用语言叙述思维过程和结果，这样的过程对学生推理能力的培养更具有实效性。

4. 要关注推理中的逻辑性

推理是一个能动地反映客观现实的理性认识过程，逻辑是推理的重要特征。在学生的认知过程中，要遵循逻辑规律来引导学生推理，依据事物或现象的发展规律，用已经发生的事实相互交叉印证，经过大脑复杂的信号处理及过滤，找出正确的事件逻辑。

第十章

科学阅读课的教学

第一节 | 科学阅读的意义

阅读是通过语言文字来获取信息、认识世界、发展思维并获得审美体验的活动。它是从视觉材料中获取信息的过程，视觉材料主要是文字和图片，也包括符号、公式、图表等。阅读是一种主动的过程，可以由阅读者根据不同的目的加以调节控制。阅读也是一种理解、领悟、吸收、鉴赏、评价和探究文章内容的思维过程。

阅读不仅仅是语文学科的活动方式，所有学科的学习都离不开阅读。科学阅读是指学生在教师、家长有目的、有计划的指导之下，阅读相关科学类书籍，从中获取科学知识，形成科学思维，进行科学学习的一种方式。

科学课的阅读是科学实验、科学讨论以外的学习方式之一，是科学探究学习的重要组成部分，从某种程度上可以说，科学阅读就是另外一种科学探究。儿童科学素养的培养需要动手实践活动和动脑思维活动的支撑，科学课的实验探究活动为培养儿童的创新能力提供机会，科学课的阅读活动为儿童的思维驰骋提供阵地，科学阅读为儿童科学学习提供新的空间。

小学阶段的科学阅读主要包括科学教科书资料的阅读和科学课外读物的阅读，其中科学教科书资料的阅读主要包括以下几种类型：

（1）科学家相关事迹阅读，例如发明家爱迪生的故事、农业科学家袁隆平的故事、生物学家珍妮的故事等等。这类阅读资料重在介绍科学家的主要研究项目和成就，属于概括性介绍。

（2）科学技术发明阅读，诸如传感器技术介绍、转基因技术的运用、温度计的发明介绍等等。这类阅读资料重在介绍科学技术在生产生活中的运用，属于选择性介绍。

（3）重大科学事件阅读，例如神舟号飞船进入太空、人类登月工程、中国天眼FAST射电望远镜、琴纳发现牛痘疫苗等等。这类阅读资料重点介绍对人类和社会产生重大影响的科学事件，属于专题性介绍。

（4）科学史阅读，包括历史上典型科学事件和科学发现的资料阅读。如弗莱明发明青霉素、人类对地球形状的发现过程等，属于史料类介绍。

（5）拓展性阅读，例如消化器官的知识介绍、世界重大地震事件介绍等。这类阅读资料主要是结合教材学习内容，进行适当的拓展和补充，拓宽学生知识面，属于补充性介绍。

科学课外读物主要包括以下几种类型：

（1）科学漫画类读物。这类读物主要依靠图画的形式介绍科学故事和科学家事迹，根据读者年龄分为低幼版和中高版。

（2）科学幻想读物。这类读物一般是将科学原理或科学原型隐藏于一个幻想故事中，通过故事娓娓道来，让学生知晓其中的道理。

（3）科学故事类读物。这类读物直接围绕某个科学家和某个主题展开，介绍他们的成就或成果。

（4）科学实验类读物。这类读物主要结合各种实验介绍科学原理，介绍科学实验器材、操作步骤及要领。

（5）科学视频类读物。这是近阶段产生的新类型读物，主要通过声音和画面相结合的方式，形成专题的视频资料，供学生阅读观赏，一般图书馆和资料室均建有视频阅读区域。

上述阅读的分类只是一个大概的分类，不同的角度对阅读读物的分类方式也不相同。

一、科学阅读在科学课程中的价值

1. 指导学生掌握阅读方法

阅读文本类的信息需要掌握一定的方法，这样才能举一反三，提升阅读的效率。在科学阅读活动中，主要从两个方面指导学生掌握阅读方法：一是掌握阅读转化的方法。面对诸多杂乱复杂的信息，要求学生能够通过阅读文本资料，梳理出资料的核心线索，用诸如韦恩图、树状图等思维导图的方式呈现出自己的阅读理解。二是掌握阅读本身的方法。典型的方法就是比较性阅读和质疑性阅读。比较性阅读通过比较科学读物的内容、形式、观点、方法，从而提升阅读思维的灵活性和深刻性。质疑性阅读是在阅读中不轻易放过科学读物中的任何信息，发现阅读中存在的问题，广泛地进行论证，形成科学精神。

2. 深化科学学习成果

科学知识可以通过探究的方式学习，也可以通过阅读的方式学习和消化。科学阅读可以将生硬的科学知识转化为丰富的阅读材料，通过科学故事、科学绘本、科学文本等资料，将科学原理以文字或图文结合的方式供学生阅读。课内外结合的科学阅读活动，既可以是新科学知识的学习，也可以是对已知科学知识的消化和建构，便于学生对科学知识的再加工。

3. 鼓励学生展现阅读成果

小学生的阅读是从被动阅读开始的，教师要善于鼓励学生，展现阅读活动的成果，激发阅读活动的全员参与，逐步向着自发性阅读过渡。在小学阶段，阅读活动的展示形式主要有阅读心得征文、阅读手抄报制作、阅读照片的编辑等方式。让学生用自己的方式展现阅读的过程，表达阅读心得，形成成果。除了总结性的阅读汇报外，日常阶段性的科学阅读活动可以与大阅读工程（学校阅读活动）结合起来，借助星级评价、阅读卡发放等形式进行评价鼓励，不断促进学生对科学阅读的重视和参与。

4. 培养学生形成阅读意识

科学阅读旨在向学生推荐合适的阅读资料，通过阅读实践活动，体悟到阅读给人带来的兴奋感和成就感，从而增强阅读动机，强化阅读实践的意识，使阅读文学类、科学类书籍资料成为一种习惯。

二、教学注意事项

科学阅读活动的参与主体是学生，操作主体是教师。由于课内外的科学阅读活动与日常的文学阅读活动具有一定的差异性，科学教师只有在充分预设、全力组织的基础上才能让科学阅读活动有效开展。在具体的组织进程中，教师要关注阅读材料的组织和运用。对课内的科学阅读材料进行梳理，预设阅读目标的定位，思考阅读方法的指导过程，研究阅读资料对于教学的促进意义；对课外的科学阅读材料要提前进行收集和加工，围绕课堂教学目标做好文本选择，做好阅读记录等工作。在课外的科学读物的指导中，教师要结合大阅读工程，推荐适合学生的科学类读物，组织整本书共读活动，展示学生阅读成果，促进科学阅读的不断深入。

第二节 | 科学史阅读课

科学史是科学发展历程中积淀下来的历史，科学史能够比较真实、全面、丰富地反映科学家或科学研究的演变过程，为学生提供比较生动的科学学习资料。同时，科学史也是进行科学精神教育的资料。学生通过阅读科学史，能够感受到古今科学家在科学研究过程中所遇到的巨大困难和伟大创造，学习他们不畏艰险，敢于攀登科学高峰的科学精神。

在科学课堂教学过程中融入科学史的内容，是中外科学教育的共识。学生通过对相关科学史的学习和理解，可以获取科学知识，掌握科学方法，建立科学思想，形成科学素养。目前国内有很多老师在从事科学史进入科学课堂的研究。总的说来，科学史阅读在课堂教学中的运用主要体现在三个方面：

一是从科学史阅读中获取科学知识。科学史本身也是一种科学知识，除了史料，科学史还能提供科学概念、科学命题、科学假说和科学理论等的来龙去脉，科学知识的发展变化等，而后者对于学习和掌握科学知识尤为重要。

二是从科学史阅读中获取科学方法。科学方法是指人们从事科学活动所采用的方式、手段，人们的创新精神和实践能力都体现在科学方法的创造和运用上。所以科学方法教育是科学教育极其重要的组成部分。因此要探讨科学方法的产生和发展，会涉及科学方法的完善和科学方法的判定等问题。这些都十分有利于学生认识、掌握和使用科学方法论原则，从而提高学生辨识伪科学的能力。

三是从科学史阅读中获取科学精神。科学精神具体表现为求实精神、实证精神、探索精神、理性精神、创新精神、怀疑精神、独立精神等等。科学史阅读在培养科学精神方面有其独特之处，就是利用历史案例进行科学精神的教学，尤其是利用科学发现的过程甚至科学活动中的失误作为教学的资源。

案例1——地球的形状

【案例背景】对地球的形状，今天的小学生都会脱口而出，可是人类对地球形状的真正认识却经历了几百年的探索过程。让学生知道地球的形状并不困难，让学生理解人类对地球形状的探索过程却有些复杂，特别是体悟到每一个具体时代中的人们对地球形状认识探寻的过程，剖析科学史中存在的合理认识、认识不足等，这些都是科学史阅读课的教学重点。

【案例描述】

教学环节一：古人对地球形状的认识

师：对于天与地的认识，有些古人发现太阳是圆形的，月亮是圆形的，星星是圆形的，于是他们认为地球也是圆形的。这里有三段材料，大家分组看一看。

生：（分组阅读材料）

师：哪个小组来说一说，古人关于地球的观点分别有哪些？有没有道理？

生：中国古人的观点是“天圆地方说”，他们认为天是圆形的，大地是方形的，有一定道理。

师：“天圆地方学说”有没有缺点呢？

生：我们发现一个问题，天是圆形的，地是方的，天和地之间无法相连。

师：其他小组呢？

生：我们小组发现“浑天说”的观点也是有问题的，古人认为鸡卵运行到开口处，就会迎来白天，运行到不是开口处就是黑夜。我们发现开口处的时间和不开口处的时间不成比例。

生：我们小组发现古印度人提出的观点中，大象和蛇之间隔的层数太多了，不符合实际。

教学环节二：古人出港返港的新发现

师：有些古人在海岸边发现一些现象，请大家阅读资料。

生：（分组阅读资料）

师：这是怎么回事呢？哪个小组来演示一下？

生：（演示）当船只出港时，岸边的人们发现，船只的船身先消失，桅杆后消失。当船只返港时，船只的桅杆先出现，船身后出现，这说明地球是圆形的。

师：这样能说明地球是圆形的吗？

生：还不能。当船只在平面上航行，我们就会发现船只不是一部分一部分出现，而是整体上从小变大，或者整体上从大变小。这与海岸边人们看到的现象并不一样，从而说明船只不是在平面上航行，而是在曲面上航行。这只能说明大海并不是平的，可能是个弧形的曲面。但不能证明地球是圆形的。

师：是呀！这个历史资料的记载向我们透露出古人已经猜想地球的形状。

教学环节三：麦哲伦环球航行的发现

师：在人类历史上，第一个发现地球是圆形的是麦哲伦环球航行的船员们。他们是怎么发现这个奥秘的呢？我们一起来阅读一段科学史资料。

生：（分组阅读麦哲伦航行的资料）

师：麦哲伦的航行过程充满了曲折，虽然麦哲伦本人没有回来，可是他的船员回来了，他们有什么发现？

生：他们发现一直沿着一个方向朝前航行，就能回到出发的地方，这就说明地球是圆的。

师：从地球上的一个地点出发到另一个地点，有几种出行的方案呢？

生：可以从东面向西面走，也可以从西面向东面走，都可以到达目的地。

师：无论是从东面到西面，还是从西面到东面，都是朝着同一个方向走，最终都能回到出发地。这个伟大的发现是麦哲伦的船员第一个发现的，想象一下，他们在航行的过程中经历了千难万险，最终听到熟悉的家乡语言，知道自己已经回到了出发地，那是多么高兴呀！

案例2 ——恐龙的消失

【案例背景】恐龙一直是孩子们最感兴趣的话题之一，因为谁也没有见过真实的恐龙，所以显得更加神秘。恐龙的种类、恐龙的生活、恐龙的灭绝都让学生痴迷。但是恐龙是如何灭绝的？科学家们对恐龙的研究，可以依靠阅读资料了解。这样的课型无法进行实践探究，在短时间内进行机械的讲述也无济于事；而阅读其实是另一种探究，在这节课里可以得到体现。

【案例描述】

教学环节一：辨识各种各样的恐龙

师：历史上有哪些类型的恐龙呢？老师给大家发放一些资料，你们分组阅读，看看恐龙有几种类型？分别有哪些特征？

生：（阅读资料）

师：哪个小组先来说？

生：我们认识的霸王龙，是生性凶猛的恐龙，是肉食恐龙中出现最晚、体型最大的、最孔武有力的恐龙，可能是世界上最强的食肉恐龙。

剑龙

生：它们身高大约13米，肩高度就能达到5米，平均体重达到9吨，真是太凶猛了。

师：凶猛、食肉是霸王龙最典型的特征。

生：我们认识的是梁龙，它有巨大的长颈、尾巴和强健的四肢，身体可以超过25米。

师：这种恐龙的最大特征是什么呢？

生：身体长是梁龙的最大特征。

生：剑龙是一种巨大的恐龙，它最大的特征是身体背部有很多刺，像剑一样，能防御攻击者和食物掠夺者。

生：似鸡龙身材短小、轻盈，后腿较长，是奔跑速度很快的恐龙，外形与鸡相似，胳膊很短，有三个爪子。

师：这些恐龙特征各不相同，你能根据资料提供的信息，辨识这些恐龙的图片吗？

生：（根据老师出示的图片，进行恐龙名称连线）

教学环节二：恐龙消失的奥秘探究

师：恐龙为什么会灭绝呢？

生：是因为小行星撞击地球造成的。

师：人们对恐龙灭绝的原因有不同的观点，老师给大家带来了几份资料，大家阅读后一起来交流。

生：（阅读教师提供的资料）

师：你们发现造成恐龙灭绝的原因可能有哪些？

生：有观点认为，恐龙是因为地球变得寒冷，植物大量死亡，以植物为食的恐龙饿死了，肉食恐龙也随之灭绝。

生：突然出现了传染病，恐龙灭绝了。

生：小行星撞击地球，引起地球上的灾难，使恐龙灭绝了。

师：恐龙的灭绝究竟是什么原因造成的，还需要更多的证据，我们可以在课外去了解、收集更多的证据，支持自己的观点。

案例评析

案例1重在通过科学史的阅读，让学生理解人类对地球形状的认识过程是曲折而复杂的。古人对地球形状的认识有多种不同观点，每个观点都可以作为一段阅读资料，对这些观点从“在当时有何合理之处，又有何不合理之处”两个层面展开讨论，开展思辨性阅读。

在第二环节对古人观点提出质疑，引发学生的思考。在第三环节则从阅读中体悟道理，认识到可以从不同方向到达地球上的某个地区。三则阅读材料都是从阅读中产生思考，获得信息，从而进行批判性阅读。

案例2第一环节通过对各种恐龙资料的阅读，发现恐龙的典型特征，进而根据文字资料的描述去辨识恐龙图片，这样从文字到图片的反刍性阅读，更加适合小学生对科学史材料的认识。第二环节罗列了科学史上恐龙灭绝的观点，对这些观点的认同需要证据的支撑，教师特别强调既要面对科学史上的资料，也要能够审慎对待，强调证据之于观点的意义。

科学阅读融入科学教育，这既是一种教学策略，也是一种用来沟通、组织想法和促进概念转变的工具，更能给教师在教学科学概念、促进学生问题解决技巧的进步、指导学生科学发现、丰富学生的创造力和思考能力等方面提供教学方法。如何通过阅读科学史来学习科学，这就需要我们掌握以下不同的阅读策略：

1. 加工史料，再创情境，感受历史

通过对科学史史料的阅读，了解科学家从事科学研究活动中对具体问题现场的挖掘过程，感受科学家对问题提炼的敏感性。教师要能从科学史料中寻找到教学的素材，并

对素材进行适当取舍，为凸显教学目标和教学重点重组科学史资料，让学生深切感受到历史上的真实科学研究。

2. 阅读史料，了解过程，获得技能

对科学史资料进行详细阅读，了解科学史上该事件或该成果的影响和地位，通过关键词语的梳理，了解科学研究的过程或方法，并能够在小组内阐述交流自己的理解，形成一定的共识。

3. 分析史料，理解比较，发展思维

对精加工后的科学史材料的阅读，要使学生进入产生和思考问题的学习状态。首先要梳理史料中古人或近代科学家对问题的认识，比较今人对问题的认识，从而形成自己的思维认识。其次是关注史料中人们思维认识上的缺陷，思考什么才是科学的思维方式，借助科学史料的分析和比较，让学生从常人思维到科学思维迈出坚实的一步。

第三节 科学大事件阅读课

在人类科学发展过程中，重大科学事件具有科技革新性和新闻传播性。重大科学事件能够迅速激发普通民众对科学的亲近感，传播科技界的科学研究成果，可以被视为联结科学研究成果和普通民众对科学向往的典型桥梁之一。

有很多科学界的大事件产生于科学研究进程中，这些重大科学事件既有直接与科学学习内容相关的事件，如孟德尔的豌豆研究与遗传学研究直接相关；也有间接与教学内容相关的事件，如哥伦比亚号航天飞机失事事件。它们都无一例外地向学生传递着科学的知识和信息，向学生展示了一个个鲜活的科学现场和科技成果。作为科学教育的载体之一，科学大事件是科学教育的重要资源，科学教师应该重视对科学大事件的整理和加工，关注科学大事件在科学教育中运用的策略研究，为提升学生科学素养提供有效的科学阅读材料。

科学大事件在科学课的运用中要能够体现以下功能：

1. 介绍科学界的重大研究成果

要能够通过阅读材料将科学界的一些重大事件、成果，全面、立体地介绍给学生，让学生能够清楚地知道科学大事件的来龙去脉，大事件造成的政治、军事、生活影响，从而逐步形成关注科学事件的意识。

2. 知晓科学的研究方法或策略的形成过程

重大科学事件会给人类带来巨大的冲击，会形成一些新科技成果或新的应对策略，这些都会涉及科学的本质问题，如19世纪初期英国工业革命的飞速发展，造成空气污染，使桦尺蠖中黑色蛾子数量大大增加，从而造成自然选择和工业污染的辩论，促使人们对工业污染采取行动。

3. 感受到重大事件中的科学精神

重大科学事件和一般性科学事件的区别在于，它是科学家经历千辛万苦后获得的研究成果，比如屠呦呦发现青蒿素，并没有立即获得众人承认，而是在多年后才获奖。这样的阅读材料会让学生感受到科学家持之以恒、淡泊名利、锲而不舍、大胆尝试、勇于革新的精神。

案例1 ——空气成分的发现

【案例背景】古希腊时期，亚里士多德提出了世界是由土、水、火、空气和以太五种元素组成的，而这一说法也广为流传，那时人们认为空气是一种名字叫“空气”的元素。

18世纪法国科学家拉瓦锡用定量试验的方法测定了空气成分。他把少量汞放在密闭容器中加热12天，发现部分汞变成红色粉末氧化汞，同时，空气体积

减少了 $\frac{1}{5}$ 左右。通过对剩余气体的研究，他发现这部分气体不能供给呼吸，也不助燃，他误认为这全部是氮气。之后，拉瓦锡又把加热生成的红色粉末收集起来，放在另一个较小的容器中再加热，得到汞和氧气，且氧气体积恰好等于密闭容器中减少的空气体积。他把得到的氧气导入前一个容器，所得气体和空气性质完全相同。所以他认为燃烧是物质和空气中约占 $\frac{1}{5}$的氧气反应的结果。同时基于很多燃烧产物的水溶液具有酸性，他得出任何酸中都含有氧的错误结论。所以1779年他将空气中支持燃烧的部分命名为氧气（Oxygen；希腊语：形成酸的），另一部分命名为氮气（Azote；希腊语：无生命的）。通过实验，拉瓦锡得出了空气由氧气和氮气组成的结论，其中氧气占 $\frac{1}{5}$ 。

19世纪前，人们认为空气中仅有氮气（N_2）与氧气（O_2）。直到1892年，英国物理学家雷利发现空气中还有其他气体。在接下来的几年中，拉姆塞等人又陆续发现了氦气（He）、氖气（Ne）、氙气（Xe）、氪气（Kr）等气体。后来，人们发现空气中氮约占78%，氧约占21%，稀有气体约占0.939%（氦、氖、氩、氪、氙、氡），二氧化碳约占0.031%，还有其他气体和杂质约占0.03%，如臭氧、一氧化氮、二氧化氮、水蒸气等。

【案例描述】

师：拉瓦锡是通过什么方法发现空气的成分的？

师生主要围绕拉瓦锡的研究方法展开阅读讨论。

案例2 ——天宫二号升空

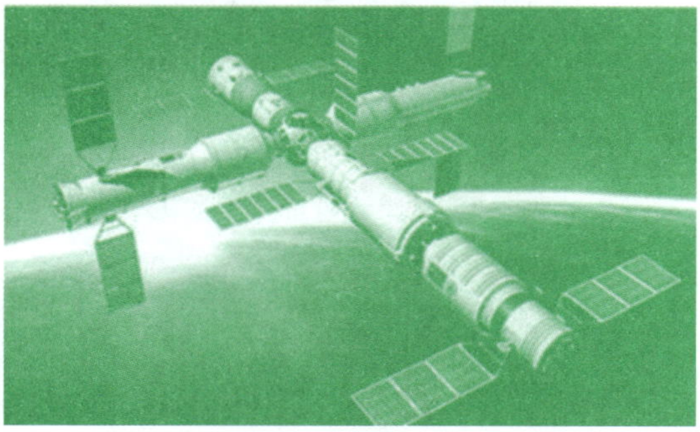

【案例背景】天宫二号，即天宫二号空间实验室，是继天宫一号后中国自主研发的第二个空间实验室，也是中国第一个真正意义上的空间实验室，它将用于进一步研究空间交会对接技术及进行一系列空间试验。天宫二号主要开展地球观测和空间地球系统科学、空间应

用新技术、空间技术和航天医学等领域的应用和试验，包括释放伴飞小卫星，完成货运飞船与天宫二号的对接等。

天宫二号空间实验室已于2016年9月15日22时04分09秒在酒泉卫星发射中心发射成功，将与神舟十一号飞船对接。2016年10月19日3时31分，神舟十一号飞船与天宫二号自动交会对接成功。2016年10月23日早晨7点31分，天宫二号的伴飞卫星从天宫二号上成功释放。

天宫二号是我国首个具备补给功能的载人航天科学空间实验室，首次实现航天员30天中期驻留，首次应用推进剂补加技术、提前验证空间站技术，并开展大量载荷科学和应用试验。中国载人航天的“三步走”战略现正处于第二阶段。天宫一号发射成功，中国载人航天进入了空间实验室阶段；天宫二号的发射成功，标志着我国即将迈入空间站时代。空间站建设是我国载人航天工程战略的第三步，计划于2020年左右建成，2022年全面运行。

【案例描述】

师：天宫二号的成果有哪些？

师生主要围绕重大成果的要点和意义展开阅读和讨论。

案例3 ——哥伦比亚号航天飞机失事

【案例背景】哥伦比亚号航天飞机是美国国家航空航天局（NASA）太空中心拥有的太空梭机之一。哥伦比亚号是美国的太空梭机队中第一架正式服役的，它在1981年4月12日首次执行代号STS-1的任务，正式开启了NASA的太空运输系统计划。然而很不幸，哥伦比亚号在2003年2月1日，在代号STS-107的第28次任务重返大气层的阶段中与控制中心失去联系，并且在不久后被发现在德克萨斯州上空爆炸解体，机上7名航天员全数罹难。

美国宇航局2004年8月13日进一步确认，美国哥伦比亚号航天飞机外部燃料箱表面泡沫材料的安装存在缺陷，是造成整起事故的罪魁祸首。哥伦比亚号航天飞机事故调查委员会公布的调查报告称，外部燃料箱表面脱落的一块泡沫材料击中航天飞机左翼前缘名为“增强碳碳”（即增强碳－碳隔热板）的材料。航天飞机返回时，经过大气

层会产生剧烈摩擦，使温度高达摄氏1400度的空气冲入左机翼后融化了内部结构，致使机翼和机体融化，导致了悲剧的发生。

除此之外，1967年4月23日，苏联宇航员弗拉基米尔·M·科马罗夫上校乘坐联盟1号飞船进入太空后，飞船屡次出现故障，几经努力难以修复，在返回地面时飞船降落伞又出意外，无法打开，致使飞船以每秒100多米的速度冲向地面，科马罗夫当场身亡。1996年2月15日，中国长征三号乙运载火箭在西昌卫星发射中心进行首次发射时，起飞22秒后在空中倾斜失控，最终撞山爆炸，爆炸的冲击波以及剧毒燃料挥发，造成6死57伤。1986年1月28日，美国“挑战者”号航天飞机第10次飞行时，在升空第73秒后，由于右侧助推火箭密封装置出现问题，造成燃料外泄，航天飞机发生爆炸，7名航天员当场遇难。

在人类探索太空的道路上，有无数令人激动的成功瞬间，但也难免出现令人痛惜的失败。我们不应忘记历史，也不应该忘记那些为航天事业献身的人们。

【案例描述】

师：航天英雄身上存在什么样的精神？

师生主要围绕航天员的献身精神等科学精神展开讨论。

案例评析

案例1强调科学事件中科学方法的介绍。围绕“空气里面有什么”这一主题提供了阅读材料。在阅读这类科学事件时，教师要围绕主题和线索，指导学生读懂阅读材料。为促进学生对科学方法的理解，教师可以围绕“拉瓦锡认为剩余气体全部是氮气”这一论断，引导学生展开阅读思考，逐步接近证据不足不可轻易得出结论的科学本质。

案例2围绕科学成果的取得设置了阅读材料。天宫二号究竟有哪些重大成果，这段阅读材料既向学生介绍了我国科学界取得的重大研究成果，也让学生感受到国家富强、崛起的正能量。当下科学成果层出不穷，选择与教学主题相关的科学成果介绍给学生阅读，会深受学生喜爱。如在学习磁铁环节，介绍磁悬浮列车成果；学习食物的营养环节，介绍各种添加剂的利弊等。

案例3侧重于对重大科学事件中科学团队和个体科学献身精神的褒扬。科学阅读具有科学性和文学性的双重性质，不仅可以了解科学知识，还可以进行文学熏陶。阅读重大科学事件，可以使学生更深刻体会科学精神。

在科学大事件阅读材料进入科学课的过程中，我们要把握科学阅读与传统语文阅读的差异，关注以下重点问题：

1. 注意阅读材料的文本组织和文本结构

科学大事件涉及的内容很多，选取哪些材料进入阅读范围，对大事件的主题、事件过程、事件影响、事件的意义等要进行选择，确保阅读材料具有组织性和结构性。而考虑到小学生的阅读年龄和阅读水平的适切性，教师需要对阅读素材进行合理筛选，把阅读内容和课程进行合理联系，而材料的布局、文字的提示、插图的选择等文本呈现方式都会对学生（特别是低年级学生）的阅读产生影响。

2. 可以匹配合适的配套问题

国际科学PISA测试中融入了很多科学阅读试题，这些试题的考核要点是要求学生从阅读材料中提取有效的信息，这些信息之间很多时候存在细微的差异。例如为了检测学生对科学探究中控制变量的方法是否理解，阅读了一段文本后，在寻找将塑料片压在不同的防晒护肤品上方的原因时，答案选项有四个：A. 避免油滴变干；B. 将油滴尽可能往外扩展；C. 将油滴固定在某个位置；D. 使得油滴的厚度一样。这里的阅读将个性化的情境与具体的科学知识相结合，有利于学生在阅读中进行转化和辨识，而非机械阅读。

科学大事件的阅读目的是了解某个科学过程或科学新成果，给学生带来科技前沿日新月异的信息资源。在教学过程中，适当增加科学大事件类文本阅读材料，可以提升学生对科普类文章的阅读和理解能力，这也是对语文课程中一般不太涉及科普类阅读材料的一个补充。

第四节 科学家事迹阅读课

科学家是科学研究的核心人物，他们在从事科学研究的过程中取得了很多成就，同时这些大科学家留给我们更多的是精神财富，他们身上那种锲而不舍、勇于献身、无私奉献、淡泊名利的精神更值得学生学习。

科学家事迹阅读课型主要通过阅读科学家的事迹材料，了解科学家研究成果、研究方法、研究精神、生平、历史地位、影响等，丰富学生对科学家的认识。在阅读科学家事迹资料的教学过程中，教师要能从宏观上把握阅读材料的教学指向，通过阅读指导，了解科学家的成果，体悟科学家的精神。

阅读过程中要能从科学家图片阅读、科学家形象阅读、科学家工作方式阅读、科学家精神阅读等视角进行抽取和剥离，围绕每个项目逐一展开。教材或补充资料的图片一般是科学家肖像图或工作图，要能通过图片对科学家及其研究成果留下鲜明而深刻的第一印象。对科学家形象的认识主要通过科学家的生平故事，通过对阅读材料的关键词语的把握，将科学家观察思考和辛勤工作的情景再现于眼前，破除学生对科学家刻板、单一的认识。

通过阅读科学家事迹材料，能让学生领悟到科学家在研究过程中所持有的观点以及解决问题的思路和方法，科学家工作的基本方式也是学生学习的重要内容。

案例1——孟德尔

【案例背景】孟德尔对遗传规律的发现在几十年后才得到他人的承认，孟德尔的故事让学生深刻地体验到了“科学不是功利性的追求”。让学生理解阅读材料，采用思维导图让学生填空，是一种有效的学习方式。

【案例描述】

教学环节一：认识孟德尔的研究成果

师：遗传这一生物现象的奥秘是怎么被揭开的呢？大科学家孟德尔用实验向我们介绍了他的发现，请大家阅读材料，看看孟德尔发现了什么？

生：（阅读孟德尔发现遗传奥秘的介绍）

师：请同学们围绕刚才的阅读，完成下面的表格。

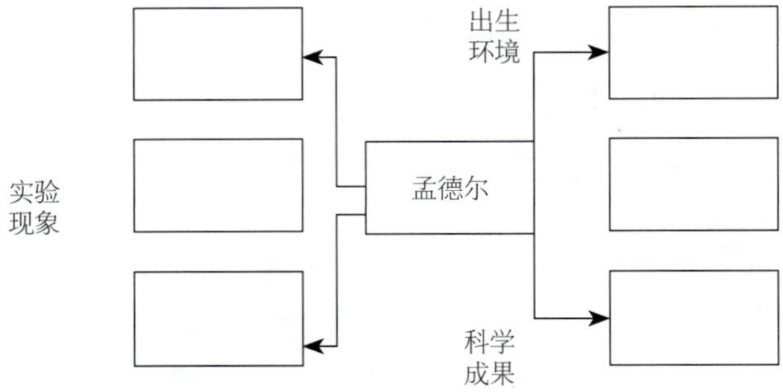

生：（围绕上述思维导图对阅读材料进行整理）

师：我们一起来交流一下孟德尔对植物遗传奥秘的发现。孟德尔出生在一个什么样的环境里，这个环境对他的科学研究有影响吗？

生：孟德尔出生在一个园丁家庭，自己在修道院教过自然科学，又在维也纳大学接受过系统的科学教育。

生：这样的生活和学习环境为孟德尔探索植物遗传奥秘打下了基础。

教学环节二：认识孟德尔的研究过程

师：孟德尔在实验中观察到哪些现象呢？

生：孟德尔观察了多个品种的豌豆，它们都具有某种可以相互区分的稳定性状，例如高茎或矮茎、圆粒或皱粒、灰色种皮或白色种皮等。

师：孟德尔对生物的遗传物质进行了解读，他选择豌豆作为观察对象，主要观察了什么项目？

生：观察种子、茎、花、豆荚四个项目。

师：每个项目又观察了哪些特征？

生：观察种子时，观察到种子的外形是光滑还是皱缩的，还观察了种皮的颜色。

师：对于种子这个特征的遗传，他是怎么观察的呢？

生：首先观察第一代种子的特征，种植杂交后观察第二代种子的特征，接着观察第三代种子的特征。

师：他有什么发现？

生：孟德尔发现将光滑的种子与皱缩的种子花粉杂交后，第二代的种子都是光滑的，继续培植下去，第三代种子中光滑的与皱缩的比例大概是3∶1。

师：还有哪些证据支持了他的结论呢？

生：对高茎和矮茎的观察结果也是这样的，对花开在顶枝和侧枝的观察结果也是这样的。

案例2 ——牛顿

【案例背景】牛顿是现代最伟大的科学家之一，其影响力也是非常巨大的。对牛顿的典型故事进行解读，能引导学生体会牛顿的伟大成就和作为科学家的谦逊精神。

【案例描述】

教学环节一：牛顿揭开万有引力的奥秘

师：刚刚我们阅读了牛顿发现万有引力的故事，老师想问问大家，牛顿这位大科学家是怎样发现万有引力的？

生：牛顿看见一个苹果落下来，联想到了更多的物体会像苹果一样下落。

师：牛顿发现的万有引力是什么意思呢？

生：就是说任何两个物体之间都有引力，向上抛的物体最后都会落回地面。

生：这也能解释为什么月球绕着地球转，地球绕着太阳转。

教学环节二：牛顿发现白光奥秘的故事

师：牛顿的伟大之处还在于，面对众人的批评和指责，他用实验向人们展示了自己的见解，谁来说说，牛顿是怎么展示的？

生：牛顿在暗室中用三棱镜将投射进来的白光折射到墙上，结果发现太阳光被分解成了七种颜色。

师：当时的科学家相信牛顿的观点吗？

生：不相信，很多科学家强烈反对牛顿的观点。

师：是什么使科学家们最终认同牛顿的观点呢？

生：牛顿不但使白光变成了七色光，还通过三棱镜将七色光又合成为白光，前后两个实验结果终于使人们开始相信牛顿的观点。

师：面对很多人的赞誉，牛顿又是怎么说的呢？

生：牛顿说，“我之所以比笛卡尔看得远，是因为我站在了巨人的肩膀上。”

师：你从中看到了牛顿怎样的品质呢？

生：牛顿谦虚谨慎。

生：牛顿尊重前辈。

师：伟大的科学家和平凡的科学家一样，都具有一种实事求是的精神，没有前人的基础，哪有今天的科学呀！

案例3 ——伽利略

【案例背景】伽利略是最伟大的科学家之一，他用实验向世人展示对亚里士多德这一权威的挑战，让人们深深地感受到了实验的魅力。

【案例描述】

教学环节一：发现伽利略的实验奥秘

师：同学们刚刚阅读了伽利略的故事，谁来说说伽利略怎么证明亚里士多德的观点是错误的？

生：伽利略做了一个实验，让一个十磅的铁球和一个一磅的铁球同时落下，结果发现它们同时落地。

师：这个实验证明了什么？

生：证明了亚里士多德的观点是错误的。

师：伽利略仅仅是通过实验证明的吗？他还想到了什么？

生：他开始认为十磅重的铁球先落地，一磅重的铁球后落地。如果把两个铁球捆绑在一起，这个十一磅重的铁球会比十磅的球落得快，可是一磅的球会拖慢十磅的球的下落速度，合在一起的两个球又会比十磅的球落地慢，这是不可能的。

师：如果亚里士多德是对的，那么前后之间就产生了矛盾，而正是这个矛盾让伽利略产生了做实验的想法。

教学环节二：评价伽利略的实验方法

师：实验是一个伟大的创举，在伽利略之前，人们只是通过辩论说服别人相信自己的观点。而伽利略却开创了一个科学研究的新空间——用实验向别人演示。人们面对实验结果，是什么表现呢？

生：人们禁不住呼喊起来，太惊讶了。

师：人们在实验开始前是什么态度呢？

生：人们说伽利略胆大妄为。

师：人们的前后变化，说明了实验让他们心服口服，这就是实验的魅力所在。我们的科学课也经常做实验，因为实验总是会让很多同学心服口服。

教学环节三：发现伽利略的伟大之处

师：在阅读材料中，你通过哪些词语感受到伽利略作为一个科学家的特殊之处？

生："带着疑问"说明伽利略善于思考；"反复做了许多次实验"说明伽利略非常严谨，不用一次数据就说明自己的结论是正确的。

生："辩论家"反映出伽利略是个不轻易相信别人的科学家，正是这种怀疑精神，使得他的研究更加严谨。

师：阅读材料折射出科学家独特的工作特征：不轻易相信他人的观点，说话需要证据，用多次数据重复证明才能确信结论。这样的描述让我们看到了伽利略这位大科学家的伟大之处。科学家就是这样锤炼出科学精神的，只有拥有了科学精神的人，才能成为科学家。

案例评析

案例1重点围绕孟德尔的事迹进行了框架式阅读反馈，围绕老师提供的阅读思维导图对孟德尔的生平和实验现象进行简单整理。这个整理过程就是对阅读材料的消化过程，从中能够知道科学知识的来龙去脉和科学家参与科学研究的细枝末节，具有很强的情境感，便于学生的学习融入。

案例2则强调对科学家精神的挖掘。从牛顿发现的诸多成果中挑选出三棱镜的故事分享给学生，让学生感受到牛顿"敢为人先，大胆创造"的科学追求和精神；特别是牛顿的那句名言"我之所以比笛卡儿看得远，是因为我站在了巨人的肩膀上"，突出了牛顿的谦虚和伟大，科学家的人格魅力从中可以窥见一斑。

案例3则从伽利略运用实验的材料入手，从关键词语背后体悟伽利略实验的巨大意义。对阅读材料中关键词语及其出现频率高低的把握，可以从中寻找到对科学家工作方式或工作特征的描述，感受科学家群体独特的思维方式。

在科学家事迹阅读材料进入科学课教学的过程中，需要老师们关注以下典型问题：

1. 注意国内科学家和国外科学家的比例

上述案例中选择的孟德尔、伽利略、牛顿都是科学史上的国外大科学家。教学过程中可以增加国内科学家的事迹材料，特别是做出巨大贡献的年轻科学家和科学家团队，如中国天眼贵州FAST项目的年轻团队，他们为建设世界一流的射电望远镜做出了巨大贡献；屠呦呦获得诺贝尔奖等。阅读他们的事迹材料，更容易激发学生的爱国主义热情。

2. 注意近代科学家和当代科学家事迹的比例

当下科学教材和科普阅读材料中，对近代科学家的关注较多，对当代科学家的比例关注不足。日新月异的科学进步离不开当代科学家的努力，很多当代科学家的影响力在不断增加，顺应时代发展的需要，理应将他们的事迹材料纳入科学阅读中。

第十一章

科学游戏课的教学

第一节 科学游戏的意义

美国著名教育学家约翰·杜威说过，游戏是儿童的天性，对于儿童来说，游戏就是最好的学习方法。

国内外专家学者重视教育中游戏的应用，因为游戏本身就是一种教育活动，这点早已达成共识。游戏教学的目的在于应用游戏的趣味性来调动学生学习的积极性，使学生积极地参与到教学活动中去，突出学生的主体性与自主性。游戏教学应当遵循游戏活动的基本原则和规律，设计出来的游戏应当新奇、引人入胜，只有这样，游戏教学才能实现教育目标，使学生在游戏中掌握知识。

传统的科学课教学，注重学生基本知识和基础技能的掌握，课堂教学中仍然存在不少“教师讲，学生听”的传统教学模式，这不利于培养学生全面的科学素养。面对这种现状，是否可以将学生喜欢的游戏引入科学课堂教学中？答案是肯定的。利用学生喜欢游戏的天性，将游戏引入我们的科学课堂教学中，实现科学游戏课的有效教学，可以提升学生有效学习的效率。

科学游戏课是我们常用的教学模式，但科学游戏课的定义是什么，学界目前并未形成统一的定论。笔者认为科学游戏课就是教师根据学生的年龄特征以及教育目标要求，把游戏活动与教学活动进行融合，设计出适合学生特点的一种妙趣横生、紧贴教学目标的科学课教学活动。科学游戏课使学生在充满乐趣的游戏状态中完成教学目标，能有效促进学生积极主动学习。

科学游戏课在日常的教学活动中具有其他教学方式不可替代的价值。在科学游戏课中，我们并不是单纯让学生按照游戏的规则要求去完成具体的任务，而是通过科学游戏活动这种教学方式，更加有效地实现科学课的教育教学目标，培养学生的自主性和创造性，增强学生主动探究学习的动力。科学游戏课有以下几方面重要价值：

1．激发学生主动进行科学探究的兴趣，促进学生积极思考

充满趣味的科学游戏课，让学生沉浸在科学游戏活动中，感知科学现象和科学规律，在体验科学游戏乐趣的同时，激发学生主动进行科学探究的兴趣。在科学游戏中，学生为了完成有趣的游戏，需要进行积极主动的思考，这样很好地提高了学生学习的主动性与自主性。

2. 丰富课堂教学方式，活跃课堂氛围

科学游戏课与传统的以教师讲授为主的教学方式完全不同，学生成为课堂的主体。科学游戏课丰富了科学课的课堂教学方式，也更加有效地活跃了科学课的课堂氛围，提升了学生的参与度，把课堂还给了学生。学生沉浸在科学游戏的海洋之中，学习科学变得富有乐趣。

3. 促进学生思维发展，充分发挥想象力

科学游戏课有利于促进学生的思维发展。科学游戏课中形式多样的活动可以更好地帮助学生理解某些难以理解的抽象科学知识，用直观形象促进抽象思维的发展，还可以帮助他们扩展兴趣范围。科学游戏往往是开放性的，没有固定的答案，这样多角度地拓展学生思维的发展，使学生在学会举一反三、触类旁通的同时，思维变得更加开阔。

4. 培养学生的合作意识，学会相处

科学游戏课为学生提供了交流合作的机会，同时能有效促进学生之间的和谐相处。科学游戏多以小组形式开展，学生需要按规则要求完成科学游戏活动，需要与同组同学进行分工合作，在活动中有质量的交流能促进游戏活动的完成。所以科学游戏课能培养学生的合作意识，让学生学会与同伴交流、与人和谐相处与合作。

5. 培养学生注重探索过程的精神

科学游戏课注重的是过程，而非结果。在游戏的过程中，游戏虽是虚拟的，但学生全身心的投入，这本身就是一件十分美好的事。我们当前的教育对过程还需要更多关注，其实过程与结果同样重要。科学游戏课恰好弥补了其他教学方式这方面的缺陷。

对于科学课的教学活动，教学目标是明确的，教学内容也是确定的，如何才能打破以往讲解式的教学方式，根据具体的情景，将游戏活动融入科学课教学中，并取得最佳的教学效果，科学游戏课的教学设计与组织就显得非常重要。在设计科学游戏课时，教师需要关注以下几方面：

1. 趣味性与教育性相结合，避免游戏内容与教学内容脱节

科学游戏课要把教育教学目标融入游戏活动中，如果一味追求游戏的趣味性，而忽略了教育教学目标，势必出现游戏与教学内容脱节，只是舍本逐末。所以在设计科学游戏课时，应当注重游戏内容与教学内容相融合，把趣味性与教育性相结合。这样才能避免单纯为了游戏而游戏的科学游戏课。

2. 科学游戏的难度要符合学生的认知水平

科学游戏的难度不可与学生的认知水平脱节。难度过大，不符合学生的认知水平，学生无法完成，会严重挫败学生学习的积极性，不利于教学。过于容易的游戏，对于学生来说则毫无挑战性，也会使学生失去学习热情，同样不利于教学。教师在设计游戏时，要根据学生的年龄特征及发展情况来设计符合其认知水平和思维能力的游戏难度，这样才有利于科学游戏课的教学。

3. 科学游戏的可操作性、具体性和安全性

科学游戏课的可操作性、具体性和安全性十分重要，这直接影响到科学游戏课的正常进行。教师在设计科学游戏时，应当根据实际情况进行考虑，设计出可操作的科学游戏。设计的游戏规则要具体，力求用简洁、易懂、明确的语言制定规则要求，避免冗长、模糊的语言。设计合适的科学游戏课时间，为学生探索提供充足的时间，时间过长或过短，都不利于科学游戏课的开展。最后也是最为重要的就是安全性，设计的科学游戏必须是安全的，不可为了追求奇特而忽视安全性。

4. 创设良好的课堂氛围

学生是课堂教学活动中的主体，教师始终扮演引导者的角色。在科学游戏课中，教师要注重课堂的组织，恰当运用科学游戏来创设良好的课堂氛围，引导学生积极主动参与到科学游戏中去，使学生体验到科学游戏的乐趣。当学生投入到科学游戏活动中时，教师还要注意恰当地引导学生积极思考，从而保证教学目标的完成。这体现了科学游戏课中教师的指导作用，避免出现热火朝天的游戏结束后，学生只是单纯“玩”了一节

课，并未真正地思考学习，更谈不上完成教学目标。还应当注意的是，科学游戏课中，教师除了要耐心指导学生，还应该参与其中，避免出现教师仅仅是旁观者的现象。

毋庸置疑，在科学课的教学中恰当地运用游戏教学可以带来诸多益处，但并非所有的科学课内容都适合设计成科学游戏课。所以首先要斟酌选取合适的教学内容来设计科学游戏课。其次，科学游戏在什么时候用，也是需要考虑的。因为科学游戏如果应用不当，可能会浪费时间，甚至适得其反。教师应当根据实际情况来应用科学游戏教学。

第二节 模拟物质变化的科学游戏课

模拟物质变化的科学游戏教学主要是为了让学生通过参与模拟物质变化的科学游戏，认识物质在特定的条件下会发生一系列的变化及其变化原因，体会科学知识与现实生活是紧密相关的，人类的所有生产生活活动都利用了物质的变化；还能让学生认识到物质变化对自然界的影响。

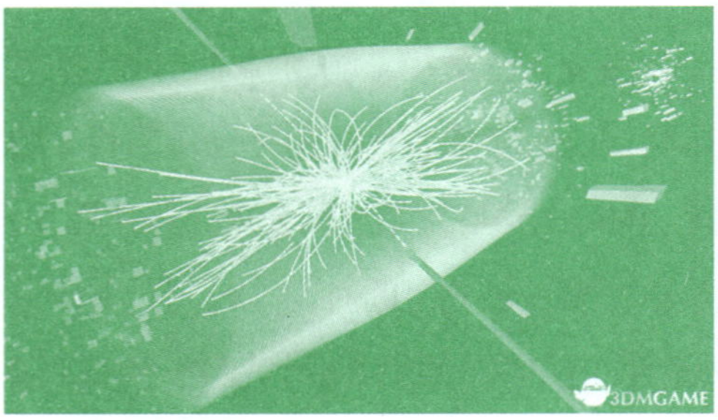

模拟物质变化的科学游戏课的教学内容主要分为两大块：

一是模拟物质的物理变化的科学游戏，通过引导学生模拟身边常见物质的物理变化来认识物质发生物理变化的特点，从而认识到物质发生物理变化仅仅是物质的形态、形状发生改变，并未产生新物质。例如，可以从我们生活中最常见的水的三态变化入手，引导学生进行科学游戏活动，帮助学生在愉悦的游戏氛围中理解物质的物理变化。

二是模拟物质的化学变化的科学游戏，通过引导学生模拟身边常见物质的化学变化，来认识物质发生化学变化的特点，从而认识到物质发生化学变化时会产生新物质，且常会出现变色、发光、发热、冒气、气味改变等现象，物质发生化学变化时也伴随着物理变化。例如，可以从模拟检测物质的酸碱性科学游戏活动，引导学生在模拟物质发生化学变化的游戏活动中，深刻理解化学变化的实质。

此外，对于物质的物理变化和化学变化对人类生产生活的影响，也可以通过科学游戏课进行教学。例如，气温变化对环境的影响、物质的酸碱性对人类健康的影响、光合作用对植物的意义等内容都可以设计成有趣的科学游戏课，使学生在游戏中认识到物质变化对人类及自然界的影响。

模拟物质变化游戏在科学游戏中占有相当重要的地位。小学科学课程内容划分出了四大领域，第一个领域就是物质科学。物质科学中物质变化方面的内容相对于该领域中的其他内容是比较难懂的，科学游戏中模拟物质变化游戏的课型，针对学生好动的特点，使学生在游戏活动中生动形象地了解常见物质的变化，知道不同能量之间的转换。所以，在物质变化内容教学中，教师可以经常引入模拟物质变化游戏，让学生在游戏活动中很好地完成学习任务。

案例1 ——冷热的变化

【案例背景】冷和热是生活中常见的现象，加热或冷却可以使水的形态发生变化。但小学低段学生对水的形态改变的认识大多不够清楚，甚至存在错误认识。本节科学游戏课是在进行了水的三态变化实验后进行的，这节科学游戏课让全体学生参与进来，体验冷热变化对水的三态变化的影响。通过这个科学游戏，进一步加深学生对此知识的理解，培养学生专注力的同时也锻炼了学生的应变能力。此科学游戏需要将学生分为若干个六人小组，给每个小组准备分别写有“冰”“水”“水蒸气”和“温度”的纸帽子共四个，分别写有“火”“大冰柜”的纸牌两个，红色桃心若干个。

【案例描述】

教学环节一：设疑激发学生游戏兴趣

师：通过刚才的实验，我们知道了加热和冷却到一定程度可以改变水的形态。接下来，我想挑战一下大家，大家敢不敢接受我的挑战？

生：敢！

教学环节二：学生进行冷热变化游戏活动

师：那我们分成六人一小组，一起来玩一个游戏，看哪个小组正确率最高。

（讲解游戏规则）

（1）角色选择：自由选择“冰”“水”“水蒸气”“温度”“火”“大冰柜”六个角色，把选好的纸帽子戴在头上，纸牌举在胸前。

（2）“温度”角色是控制者，由“温度”决定选择“火”加热到100摄氏度或“大冰柜”冷却到0摄氏度以下。

（3）各个角色认真听“温度”的指令，迅速进入或离开地面上画好的圆圈内，未做出正确反应为失败。

（4）游戏时间5分钟，除了“温度”角色外，每个角色成功一次，自己贴一个红色桃心，游戏结束后以红色桃心多者为胜。

师：游戏规则清楚了吗？

生：清楚了。

师：游戏开始！

（学生分组游戏，教师可参与其中）

教学环节三：交流汇报游戏心得体会

师：游戏结束了，请各个小组得红色桃心最多的同学上来分享自己获胜的经验。

生：我是“水蒸气”，游戏时要认真听“温度”的指令。

生：我是“水”，根据“火”加热的程度决定自己的去留。

生：我是“冰”，游戏时要集中注意力，不能分心。

生：我是“水”，我要思考“大冰柜”冷却的程度，快速判断我是否要离开圆圈。

生：我是“水蒸气”，在游戏中要想胜出，一定要认真，还要思考。

师：胜出的同学分享了自己的经验，我们知道了游戏中应该在集中注意力的同时认真思考，还要快速行动。

案例2 ——物质酸碱性

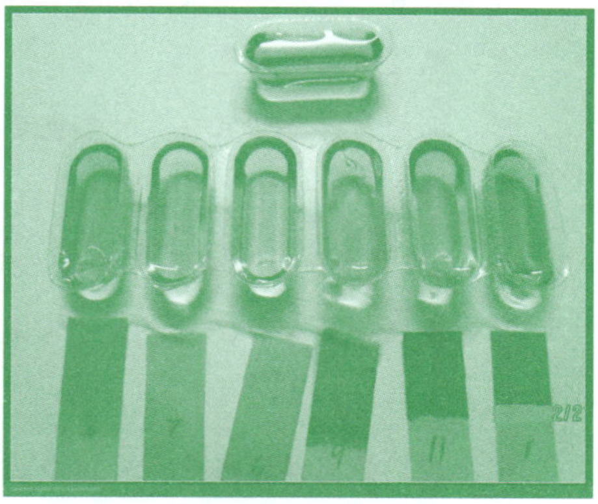

【案例背景】日常生活中常见的物质是什么性质，可以通过酸碱指示剂来检测。自制的紫甘蓝汁就可以检测物质的酸碱性。那么学生爱喝的各种饮品是什么性质的，是否有利于学生的身体健康？带着这些疑问，设计出一节科学游戏课，让学生在角色模拟中认识物质的酸碱性。需要的材料为：每组学生用透明塑料瓶子自带一种自己喜欢的饮品（要求是浅颜色或无色的，20毫升足够），并做一个标有所带饮品名称的纸帽子。一名学生自制一瓶紫甘蓝汁（200毫升），用透明塑料瓶子盛放并做一个标有“紫甘蓝汁”的纸帽子，准备好滴管。

【案例描述】

教学环节一：激发游戏兴趣

师：家人之间通常都有一定的共性，今天我们一起来做一个“找家人”的游戏，好吗？

生：好！

教学环节二：组织学生游戏

师：游戏的规则是：

（1）“紫甘蓝汁”自由选择走到一种物质前，用滴管将大约10毫升紫甘蓝汁滴入对方瓶子中，一个个去检测。

（2）滴入紫甘蓝汁后，仔细观察紫甘蓝汁遇到瓶中物质后的颜色变化，寻找与自己颜色相同或相近的同学站到一起。

师：带上你们的纸帽子，把你们带来的液态物质取出并捧在胸前，开始游戏吧。

教学环节三：为什么你们是一家人？

师：还有“矿泉水”没有找到家人。大家看看它是什么颜色？

生：像是淡淡的蓝色。

师：那它与哪个“家庭”的颜色更接近呢？

生：绿色。

师：“矿泉水”赶紧去找你的家人吧。

师：现在一共分成了三个大“家庭”——紫色、红色、绿色。思考为什么你们是一家人？

生：我们是同样的颜色，我们应该是有相同性质的。

教学环节四：讨论三个“家庭”对人体健康的影响

师：三个“家庭”对人体健康是否有影响呢？仔细观察一下，你们的“家庭成员”分别叫什么名字？再讨论哪个“家庭”可能是对人体健康有害的饮品。

（生讨论后猜测）

生：我是“矿泉水”，我的家人都是与绿色相同或相近的，比如苏打水等，都是健康饮品，我们家人一致认为我们是健康的饮品。

生：我是“雪碧”，我的家人都是与红色相似的，都是爸爸妈妈不让多喝的饮料，我们家人一致认为我们是对身体不好的饮料。

师：说得真好！紫色的是中性物质。

师：回家后用这个方法检测你家常食用的饮品是什么性质的，进而改善家里选择饮品的习惯。

案例评析

上述两个案例都是模拟物质变化的科学游戏课，可是游戏应用的时间却是不一样的。模拟冷热变化下水的三态变化，是在水的三态实验演示结束后进行的，使学生将水的三态变化融入角色游戏中，加深学生对知识的理解。这个游戏设计使每一个学生都参与到游戏中，没有一个旁观者，改变了以往活动参与度低的现象。游戏中想要获胜，每一个角色都要认真地倾听、思考并做出判断，然后行动。游戏采取竞赛的形式，学生的好胜心被激发出来，每一个学生、每一个小组都会沉浸在游戏之中。

模拟物质酸碱性的科学游戏课，将实验与游戏有机融合在一起，当紫甘蓝汁遇到不同的物质发生变色反应时，学生发出的欢呼声把课堂气氛带向高潮，学生也能感受到科学的魅力。在科学游戏中探索新知，使学生在学会仔细观察的同时积极思考变色的原因、使紫甘蓝汁变成同类颜色的物质是否存在共性、各类物质对我们身体健康的影响等等，都是本节科学游戏课生成的积极成果。

教师在模拟物质变化类课型的教学活动中，要善于把握科学游戏教学的本质，根据教育教学目标来设计科学游戏，把教学目标融入游戏中，使学生在游戏中积极主动思考，在掌握本节课所需要的知识点的同时开发思维。注意全体学生都要参与进来，是积极主动地参与，而非仅仅是完成任务式的被动参与。在模拟物质变化的科学游戏课堂教学活动中还有以下几个方面值得注意：

1. 关注模拟物质变化样本的选择

尽可能选择学生日常生活中常见的物质作为模拟对象，排除陌生感的同时，也让学生了解到生活中处处皆科学，科学来源于生活，为生活服务，同样认识到我们身边的物质并非那么简单，处处存在着科学知识等待我们去探索。

2. 让学生自由选择角色

模拟物质变化的科学游戏课中，教师不干涉，让学生自由选择角色，这充分体现了游戏的自主性。现在的学生多为独生子女，自我意识强，面对角色选择时，难免会出现为选择某个角色发生争执的情况，这就为学生学会交流、合作和学会相处提供了机会。

3. 模拟游戏中教师应注意引导

模拟物质变化的科学游戏课，是通过角色模拟游戏来渗透物质变化的特点及意义，教师的引导是很重要的。如何引导学生开展科学游戏，以及如何引导学生主动思考，都是教师需要好好思考的，只有这样才能真正使学生在“玩中学，学中思”。

第三节 | 模拟生态平衡的科学游戏课

模拟生态平衡游戏教学主要是为了让学生通过参与模拟生态平衡的科学游戏，认识植物、动物以及人类与环境的关系；认识生物的栖息地、生物与栖息地的关系以及生物与环境的相互作用形成生态系统；建立生态平衡的概念，认识生态平衡的重要性，学会分析生态失衡的危害性，从而学会保护环境，共同维护生态平衡，促进生物与环境的共生共长。

模拟生态平衡的科学游戏课的教学内容主要分为两大块：

一是模拟生物以及生物与环境的关系，通过引导学生从具体的动物和具体的环境入手，认识每一种生物和它的栖息地之间的关系。

二是模拟生物之间的关系，通过引导学生模拟不同种类的植物和动物之间的关系，认识到生物之间的共生与竞争关系、生物之间的食物链关系，了解到生物之间营养的循环往复，从而理解生态平衡的重要性，进而认识到保护生物多样性的重要意义，从小树立保护生态环境、保护生物圈的环保意识。

此外，学生在模拟生态平衡的游戏过程中，能切实体会到生态平衡不是静止的，是在不断变化的。生态平衡也不是绝对的平衡，而是一种动态的相对平衡。这种平衡遭到破坏后，具有一定的自我调节能力，重新达到平衡；如果遭到的破坏过大，则无法自我调节，生态系统会衰退，甚至会崩溃。

模拟生态平衡科学游戏是科学游戏中对学生渗透情感教育最为突出的一种课型，学生在模拟生态平衡科学游戏中切实感受到生物体与环境的相互关系，发自心灵深处感悟到自然界可持续发展的重要性，从而把保护环境的意识深入内心，在生活中践行。

案例——土壤和我们

【案例背景】三年级科学课第一单元第四课是“土壤和我们”。在此之前学生已经了解了土壤的构成，明白了人类的生存必须依靠土壤。本节课之前，教师需引导学生利用多种途径去查找人类与土壤之间发生过什么事情，寻找事例说明人与土壤息息相关。本节课的教学意图是让学生信息共享，在模拟的活动场景中亲身体验土壤与人类的关系，达到珍爱土壤、珍爱环境的目的。

本次科学游戏课的准备：每个学生一张A4白纸和若干扣子。

【案例描述】

教师跟学生先一起回顾土壤的构成，然后请每个学生将自己搜集到的材料在小组内展示。教师及时鼓励学生分享，同时把自己找到的资料展示给学生们看。教师有意识地引导学生将众多的材料重新整理、归类，然后向全班汇报。经过共同努力，整理出如下几条：

（1）盖房子需要土地，堆放垃圾要占用土地。

（2）砍伐森林、破坏植被，造成洪水泛滥、水土流失，大片良田成了不毛之地；农药、化肥的大量使用，使土壤板结，肥力下降。

（3）土壤的沙漠化；酸雨与污水的合力，破坏了土壤结构，影响了土壤的生产性能和利用价值；不适当的灌溉和水土流失，又使土壤出现了盐碱化。

（4）地下水和油气资源开采等原因造成了地面沉降，从而导致耕地减产、水渠失灵、房屋裂缝、水井干涸等灾难；大量开矿，占用了耕地。

（5）随意抛弃的白色污染、废旧电池，随意倾倒的油污造成土壤不可再利用；来自工业和城市中的废水，造成了严重的化学污染、物理污染和生物污染，这些高污染物一部分渗透到土壤中，严重影响了土壤的生产性能和利用价值。

按照原定计划，学生总结到这儿，可以说已经很完整了，应该达到了教学目标。但这只是一种材料累积，还没有打动学生们的心，也就达不到真正的教育效果。所以，老师之后可以再设计一项“我的土壤”模拟情境活动。

活动中教师发给每个学生一张白纸，代表他自己可利用的土壤，用一个小扣子代表一个人，他的土壤每一次被破坏或者被使用，就要撕去一定的面积，撕去的面积由他自己决定。

师：这张大大的白纸是可以利用的土壤，这枚小小的扣子就是我自己。

生：老师你有那么多地方，想干什么都行，想住多大房子都行。

师：那我就盖一个大房子，组成一个家，这样就多两个人了，再加上两个扣子。我们家还得吃饭，种点粮食和菜吧。

（学生帮助教师撕掉纸的一角，表示盖房子用去的，又撕掉一角，表示种粮食和种菜用的。）

师：明白游戏规则了吗?

生：明白了，可以开始了。

师：刚才我们归纳出来的五条，都是人类曾经和正在对土壤做的事情，一会儿在你的活动中，请将这五条都使用上，另外提醒大家不要忘记人口的数量是有规律变化的。请小组长带领你们组的成员共同来做这个游戏，你们撕下去的纸，最好能标出撕下去的原因。

生（小组活动）

生：我们要盖房子，就得去砍树了，正好符合第二条：砍伐森林、破坏植被，造成洪水泛滥、水土流失，大片良田成了不毛之地；农药、化肥的大量使用，使土壤板结，肥力下降。

师：现在你们的土地有多少？

生：还有不少呢！

师：别忘了你们家的人口应该增加了。

生：我的地就剩一点点了，这片地上的扣子有点多了。

师：你们现在发现了什么，心情怎样？

生A：我也发现我的土地少了，我有点难过。

生B：我有点担心，这么少的地我能生活吗？

生C：我觉得我们家的人口不能再增加了。

生D：人口不增加，你们家就会灭绝的。

生E：我们可以盖高楼。

……

师：我们人类为了生活得更好，确实不计后果做了这些事。保护生态平衡很重要。

案例评析

上述案例在科学游戏活动中创设了虚拟的自然场景，将人类活动及人口增长对土壤的影响生动形象地搬到了课堂上。一张白纸代表有限的土地，用扣子代表不断增长的人口，有限且不断减少的土壤与日益增长的人口的对比给学生造成深刻印象。学生在模拟人类活动和土壤的关系中互动、交流，认识到土壤的重要作用以及人类活动对土壤的严重影响。

这样的游戏活动是震撼学生心灵的，教师再多的言语都不及这个游戏活动给学生带来的触动深。只有真正打动学生内心，让学生学会自主思考的教育才是成功的教育。这节科学游戏课很好地起到了这样的教育作用。学生在游戏活动中的思考，必定会给他们的生活带来指导，真正学会如何保护土壤，学会如何保护我们的生态系统。

教师在模拟生态平衡科学游戏活动中，要善于引导学生认识自然界的植物、动物、人类与生态环境的关系。根据教育教学的目标，合理设定科学游戏，使学生认识到生物与生态环境的相互影响，人类活动对生态环境的破坏，启迪学生积极主动思考生态系统平衡的重要性，进而从心灵深处认识到保护生态系统的意义，真正做一个爱护生态环境的合格公民。本节游戏课教学活动有两个方面值得注意：

1. 关注学生的参与度

模拟生态平衡科学游戏课中，应注意学生的参与度，争取做到让全体学生都能有效参与，避免出现有学生游离于科学游戏之外的现象。这就要求教师设计出的游戏一定是能真正吸引每一个学生的，任务驱动性强的趣味游戏才能吸引学生真正融入游戏之中。

2. 关注学生心灵的触动

模拟生态平衡科学游戏课，是通过设计出的科学游戏来让学生认识了解生态环境中植物、动物以及人类与自然环境的关系，所以要着重关注情感教育，触动学生的心灵。教师在设计科学游戏时，应当注重把生态环境与生物的相互影响体现出来，让学生在科学游戏活动中切实体会到二者的共生共长、息息相关。学生只有深刻地认识到生态环境与生物的关系并触及心灵，才能真正认识到人类是生态系统的一部分，人类依赖于生态环境，又影响生态环境，同时人类活动还影响其他生物的生存，最终将保护生态环境落实到行动中。

第四节 模拟生物生长的科学游戏课

模拟生物生长的科学游戏是为了让学生通过模拟生物生长，认识生物生长的条件和生长的顺序与过程，进而了解生物的生长规律、生物生长对生态环境的依赖，同时学会尊重规律；也可以使学生知道生物与非生物的区别。

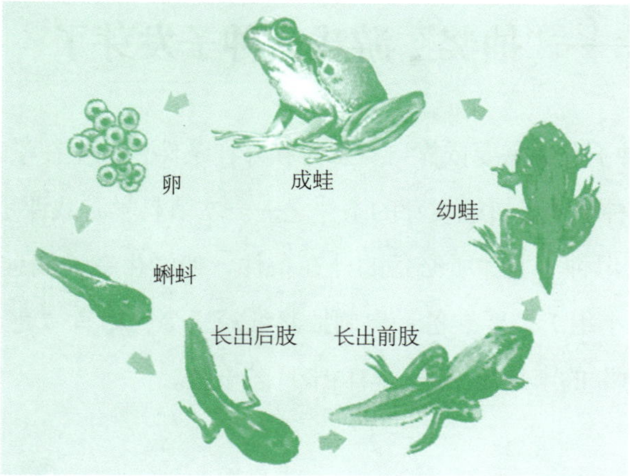

模拟生物生长的科学游戏教学内容主要分为三大块：一是模拟植物生长条件，引导学生认识植物生长所必须具备的条件，使学生通过模拟游戏知道植物的萌芽、生长、成熟都是需要依靠合适的自身条件以及合适的外在的条件才能进行。例如模拟种子萌芽的条件，首先保证种子自身必须是健康的，如果种子的胚芽损坏了，是不可能再发芽的；在满足了种子健康的自身条件外，还需要充足的水分、适合的温度和充足的氧气三个必备的外在条件。二是模拟动物生长的条件，让学生认识动物生长必须具备的条件。在游戏活动中使学生了解怎样的条件才符合动物的生长要求，同时也使学生了解到为了使动物更好地生长，人类可以从哪些方面入手提供更好的条件。三是模拟植物和动物的生长过程，引导学生认识植物和动物生长的特点、顺序与过程。学生在模拟游戏中“亲历”植物、动物的生长过程，了解生物生长的规律性，认识到生物的生长不能违背自然规律。

此外，对于生物生长环境的改造也可以进行科学游戏教学，让学生了解改善环境对生物生长的影响，以及人类可以依靠现代科学技术手段来改造环境，为生物的生长提供良好的环境，使生物更好地生存于这个地球上。

模拟生物生长的科学游戏是学生特别喜爱的科学游戏课型。学生通过模拟生物的生长游戏活动，可以很好地了解生物的生长特点、生长过程，在模拟游戏中感受生物生长的神奇之处，形成尊重生命的意识。

案例——“抽奖”游戏：种子发芽了

【案例背景】种子发芽需要依靠自身条件和外在条件，学生在学习了种子的结构后，知道了健康健全的种子才是可能发芽的条件之一。本节科学游戏课是通过“抽奖”的游戏形式，让学生认识种子发芽所必备的外在条件，使学生在充满趣味的游戏中获得新知。每小组（六人小组）需要准备：自制抽奖纸箱三个；写有“充足的水分”“适宜的温度”“足够的氧气”的卡片若干张；空白卡片若干张。

【案例描述】

教学环节一：设疑激发学生游戏兴趣

师：今天我们一起来做一个“抽奖”游戏。

生：抽奖？

师：是的，一个关于种子发芽的抽奖游戏。每个同学都扮演一粒健康的种子，三轮“抽奖”都中奖的种子，就是能发芽的种子，未“中奖”的种子就是不能发芽的种子。你们想玩吗？

生：想。

教学环节二：游戏规则

师：这个“抽奖”游戏的规则是：每粒种子每次只能抽一张卡片，抽到空白卡片则是未中奖，淘汰出局，回到座位；抽到带字卡片的则是“中奖”的种子，将抽到的卡片贴于胸前并站到画圆圈的位置上。三轮抽奖都“中奖”的种子就发芽啦！规则清楚了吗？

生：清楚了。

教学环节三：学生进行“抽奖”游戏活动

师：种子们请到一号抽奖箱“抽奖”。

（学生“抽奖”）

师：抽到空白卡片的种子淘汰出局，“中奖”的种子进入圆圈。

（学生快速移动）

师：“中奖”的种子请到二号抽奖箱“抽奖”。

（学生“抽奖”）

师：抽到空白卡片的种子淘汰出局，“中奖”的种子进入圆圈。

（学生快速移动）

师：“中奖”的种子请到三号抽奖箱“抽奖”。

（学生“抽奖”）

师：抽到空白卡片的种子淘汰出局，“中奖”的种子进入圆圈。

（学生快速移动）

师：祝贺这些发芽的种子们！同学们，一起来看看发芽的种子们都中了些什么奖？

生：“充足水分”“适宜温度”“足够氧气”。

师：种子要发芽需要哪些条件呢？

生：“充足水分”“适宜温度”“足够氧气”。

教学环节四：“团结互助力量大”抽奖游戏活动

师：接下来我们继续这个游戏。请所有同学接着扮演种子，到“抽奖”箱抽奖，“中奖”的种子站到圆圈里，未“中奖”的种子淘汰出局回座位。开始抽奖！

（学生“抽奖”）

师：“中奖”的种子们，你们现在能发芽吗？

生：不能。

师：为什么？

生：我只有“充足的水分”。

生：我只有“适宜的温度”。

生：种子发芽需要三个条件，但是每粒种子现在只有一个条件，所以不能发芽。

师：如果想让你们小组的种子发芽，在现有的条件下，你们怎么做，可以使部分种子发芽呢？你们讨论一下吧。

（学生讨论）

师：你们现在有答案了吗？有答案的小组，可以行动啦。

（学生行动）

（学生分享交流）

生：我们虽然每粒种子只有一个“奖品”，也就是一个生长条件，我们把这个“奖品”贡献出来，就可以让一部分种子发芽。

生：虽然我没有发芽，但是我的“奖品”帮助了其他的种子，我很乐意这样做。

生：因为别的种子给我提供了它们的“奖品”，我才能发芽。

教学环节五：学生总结

师：通过这个“抽奖”游戏，你们有什么想说的吗？请大家来分享。

生：我知道了种子发芽所必需的外在条件是：充足的水分、适宜的温度和足够的氧气。

生：通过今天的游戏，我知道了并不是所有种子都能发芽。

生：在“团结互助力量大”这个环节中，我知道了贡献自己可以帮助别人，当一个人的力量无法成功时，团队合作的力量可以成功。

案例评析

上述案例是模拟生物生长中种子发芽的科学游戏，采取了学生耳熟能详的“抽奖”形式，全体学生都能参与其中。在“抽奖”活动中，学生清楚地知道了种子发芽所必需的三个外在条件分别是充足的水分、适宜的温度和足够的氧气。在第二次“抽奖”活动中，教师设计了让每个学生只有一次“抽奖”的机会，导致没有一个学生能顺利获得发芽的所有条件，如果想要让种子发芽，学生只能合作。这个环节设置的目的在于巩固学生对种子发芽外在条件知识点的掌握，同时使学生理解团队合作的意义，让学生学会交流合作，懂得合作的过程中需要成员的贡献，甚至牺牲自己的利益来促成团队的成功。科学课的教学活动，不单单是教育学生学习科学知识和科学技能，同时肩负着对学生的情感教育。本节科学游戏课很好地体现了情感教育，使学生在游戏中实实在在地培养了团队合作的精神。

教师在模拟生物生长的科学游戏活动中，要准确把握生物生长的条件、生物生长特点与生物生长过程的知识点，围绕需要达成的教学目标来设计科学游戏，把各个知识点有效地融入科学游戏中，在游戏中启发学生积极主动地观察思考，引导学生学会自主发现、自主总结。在模拟生物生长的科学游戏课中有以下两个方面值得关注：

1. 引导学生尊重生物的生长

模拟生物生长的科学游戏课中，无论模拟植物还是动物的生长条件，都需要让学生明白，需要具备自身和外在的条件，生长才有可能发生；但即使具备了各方面条件，生物的生长也只是具有可能性，并非具备条件的生物就一定能很好地生长。从这个角度也让学生学会尊重生物的生长、学会珍惜每一个生命的存在。

2. 关注学生团队合作精神的培养

在模拟生物生长的科学游戏课中，围绕教学目标设计出学生奉献自身力量成就团队成功的环节，让学生体验到团队合作的意义。

第五节 模拟天体运动的科学游戏课

模拟天体运动科学游戏课型教学主要是为了让学生通过模拟游戏，认识天体的概念和天体运动现象，知道自然界中许多的自然现象都是由天体运动造成的，了解天体运动的规律，从而培养学生探索宇宙、探索未知的兴趣。

模拟天体运动的科学游戏课教学内容主要分为两大块：

一是模拟天体的运动现象，让学生通过模拟游戏直观地认识天体运动的现象。学生模拟天体运动游戏比教师的单纯知识讲授更加有效。学生亲自参与到游戏中，不但能激发学生的认知兴趣，更能启迪学生积极主动探索宇宙未知。

二是模拟天体运动造成的自然现象，让学生通过模拟游戏发现相关自然现象产生的原因。例如学生在扮演太阳、地球和月球的运动过程中，知道三个天体的运动形式，在模拟地球与月球运动的过程中，学生对于月相的成因一目了然。正是借助这样简单而富有趣味的游戏，让学生在游戏过程中明白复杂、抽象的科学知识。

此外，通过模拟天体运动的科学游戏，教师应该鼓励学生探索宇宙未知，引导学生思考天体运动对人类、动植物及我们生存的家园带来的影响，进而为学生未来进入宇宙空间埋下希望的种子。

模拟天体运动的科学游戏可以说是科学课中相对比较难的课型。对于以形象思维为主的小学生来说，天体的运动是很抽象难懂的内容，如何把这样抽象的知识生动形象地呈现出来，让学生真正理解，确实是个难题。模拟天体运动的科学游戏恰好能将抽象化为形象直观的游戏，学生在游戏活动中对于天体的运动情况一目了然，所以这类科学游戏课型深受学生喜爱。

案例 1 ——地球在公转吗？

【案例背景】关于地球运动方面的知识比较抽象，学习完地球的相关知识后，学生对地球是否公转和怎样能证明地球公转这两个问题产生了浓厚的探索兴趣。让学生明白恒星周年视差这个概念是理解地球公转这一现象的关键。恒星周年视差是证明地球公转的有力证据，它为什么能证明地球在公转？本节科学游戏课，教师让学生模拟地球与太阳两个天体的运动来理解这一知识点。

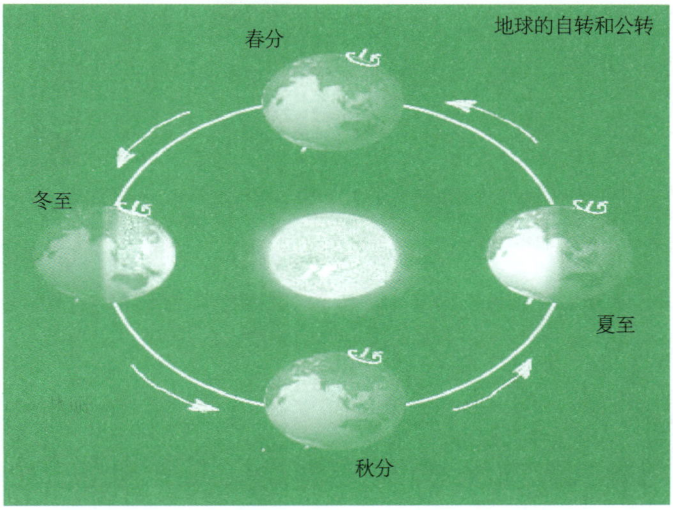

【案例描述】

教师让学生到操场做模拟游戏实验来理解学习。教师在操场上画一个圆圈，在圆圈的东西两侧分别设定两个点：A点和B点，圆圈中心放一个红色的圆纸片代表太阳。再找两个同学，分别站在离圆圈远近不同的地方，手中各拿着一个蓝色的圆纸片，代表远近不同的两颗星。其他同学在圆圈上背对着红色圆纸片转动一周，表示地球围着太阳公转一周，即让学生从A点转到B点，再从B点转到A点，同时仔细观察远近不同的两颗星在怎样运动。

通过游戏，学生能很容易观察到从A点转到B点，再从B点转到A点时，两颗星的位置也发生了变化，即产生视觉上的相对位置差异。这时教师趁机告诉学生，这就是恒星周年视差。教师接着继续问学生："如果你们不转动，会看到星星的相对位置变化吗？"从而让学生明白，正是由于地球围绕太阳公转，才会看到恒星周年视差，因此恒星周年视差是地球公转的有力证据。就是通过这样简单、有趣的游戏，让学生明白了复杂、抽象的科学道理。

案例2 ——月相成因模拟游戏

【案例背景】月亮阴晴圆缺的变化，对于学生来说是日常生活中非常常见的自然现象，但要问及月相变化的形成原因，学生恐怕并不清楚。本节课是在学生学习了太阳是恒星、地球和月球都是不透明的、自转且同时发生公转的天体等基本知识后设计的。

本节科学游戏课材料准备：三把强力手电筒、一个白色不透明的排球、一个大的不透明的健身球、观察记录表。游戏要在有良好遮光条件的室内进行。（六人为一小组）

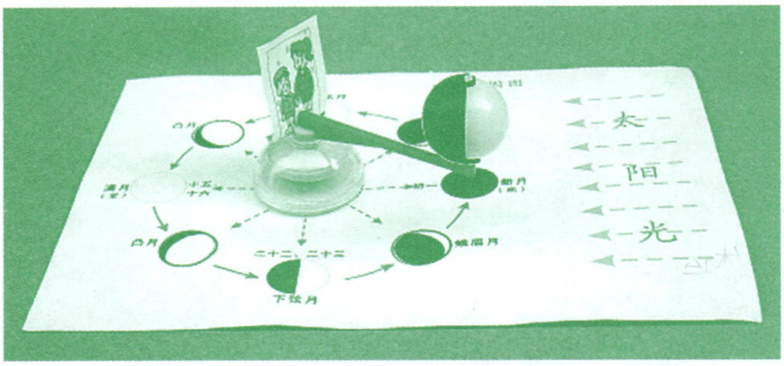

月相成因模拟游戏

【案例描述】

本节科学游戏课组织学生在具有遮光条件的实验室进行，把实验室的遮光帘放下，关闭实验室内的灯光，模拟宇宙空间。学生六人为一小组，每个小组由三个学生背靠背站在一起，各手持一把强力手电筒站在中间的位置，模拟太阳；一个学生双手抱大的不透明的健身球模拟地球做公转运动；一个学生手持白色不透明排球模拟月球围绕地球转动；一个学生站在旁边做观察记录。

教师在游戏开始前宣布模拟游戏规则，以及引导学生在游戏活动中注意观察月球亮面的朝向、太阳、地球和月球三个天体的位置变化、月相形态的变化等，然后宣布游戏开始。游戏活动中每个学生自由选择游戏活动中的模拟角色。时间充裕的情况下，尽可能让学生选择模拟扮演不同的角色，这样可以让学生体验到不同的角色，也可以完善学生观察记录表的填写。最后由学生一起整理观察记录表，讨论交流游戏中的感觉及自己对月相形成原因的认识。然后由各个小组进行汇报并达成共识，由学生自己总结出月相形成原因。游戏活动到这里并未结束，教师再组织学生交流对这个游戏活动的感受，引导学生认识到每一个成员在游戏中都是不可缺少的，使学生认识到团队合作的重要作用。

案例评析

上述两个案例都是教师根据教学目标设计出的模拟游戏，让学生模拟天体的运动，但是两个科学游戏的侧重点不一样。

案例1内容比较抽象，学生学起来也比较困难，通过简单的模拟游戏，使学生的学习变抽象为具体，收到了良好的教学效果。

案例2则是通过模拟太阳、地球和月球运动的游戏，很好地解释了月相的形成原因，并且让学生明白月、地、日三者的相对位置有关。

教师在模拟天体运动的科学游戏课中，要善于把抽象难懂的天体运动知识设计进科学游戏，让学生在游戏过程中理解抽象知识并牢牢掌握。这就需要教师在设计游戏时，关注学生的年龄特征，抓住小学生以形象思维为主的特点，将抽象知识转化为形象的游戏活动，促进学生更好地学习宇宙天体方面的知识。在科学游戏教学活动中有以下三个方面值得关注：

1. 趣味性与教育性相结合

由于天体运动方面的知识比较抽象，容易出现学生难以理解或内容枯燥的现象。所以教师在设计科学游戏时，一定要把握好这一点，根据学生的年龄特征来设计符合学生认知特点的游戏，把抽象知识转化为形象的游戏，使学生乐于参与游戏活动的同时理解知识。

2. 游戏场地的选择与组织

由于要提高全体学生的参与度，所以有的模拟天体运动的科学游戏需要比较大的场地，实验室和教室的空间都不太适合游戏的开展，教师可以组织学生在学校的操场进行游戏。教师应该注意组织好学生有秩序地进行游戏，同时注意安全。有的模拟天体运动的科学游戏需要考虑到光线问题，可以在有遮光条件的大实验室进行。模拟天体运动的科学游戏场地的选择，需要教师提前做好安排。

3. 游戏的难度与培养学生对宇宙未知的探索兴趣

难度适中的游戏才能让学生感觉到挑战性，经过努力能获得成功会更好地激发学生的探索兴趣。教育是启迪学生思考的活动，只有将学生的探索兴趣激发出来了，学生自主学习、自主思考、自主探索的能力才会不断增强，这样的教育才是成功的教育。

后 记

在日常参加各种类型的听课活动过程中，很多时候我们会发现，有些专职老师或是兼职老师，对科学课堂教学的付出很多，课件制作也很精美，实验筹备也很周到，可是由于把握不住科学课的特征，或者说对科学课的具体课型把握比较模糊，导致教学效果受到影响。在与曾宝俊老师交流的过程中，我们有一种一拍即合的感觉，愿意用我们的智慧，为新上岗或工作时间不长的科学教师编写一本普及科学课课堂类型知识的图书。

2017年11月份，在和曾老师筹划好书稿的编撰提纲后，由我承担了本书的编撰组织和协调、推进工作。全体作者正式动笔时间是2018年春节期间，服务于格致教育工作坊的来自全国各地的十多位老师放弃了春节的休息时间，争分夺秒地完成了本书的初稿。具体书稿撰写情况是：第一章，曾宝俊老师；第二章和第十章，王天锋老师；第三章，夏敏老师及其团队；第四章，陈宇祝老师；第五章，钟颖老师；第六章，邵静静老师；第七章，孙静妮老师；第八章，吴颖老师；第九章，刘愈老师；第十一章，钟碧玲老师；刘小艳老师承担了部分前期工作。他们都是全国各地优秀的科学专职老师，由于时间紧、任务重，编写人员又分布在各地，我们通过微信群及时发布书稿样张和编写体例、编写风格等细节问题。在完成第二稿后，编写组又邀请了江苏省特级教师仇丽君老师、常州市天宁区科学教研员唐剑、扬州市特级教师高乃定和无锡市科学教研员季荣臻老师参与了本书的校审工作。

非常感谢上述老师对本书编撰的关心和支持，我们3月完成稿件文字和校审，5月完成插图工作，6月交稿，考虑到图文并茂效果，本书中加入了一些精美的图片。但由于各种限制，有些图片未能联系上作者，我们期望部分原图作者与我们及时联系。

小学科学课程在中国基础教育中的地位日益提升，除了各级教育部门和行政领导的重视之外，科学教师的自我研修需求是一股不可忽视的力量。理论需要实践验证，实践需要理论支撑，从理论—实践—理论的循环过程，正是一线老师对科学课程中各个微观话题的反刍过程，厘清了方向，才能更好地前行。同样，通过本书稿的编写和交流，我们对课型的分类认识更加深入。

我们带着实践和思考对课型做出的探讨和界定，希望能够引发一线科学老师更多的深度思考。由于认识和水平有限，我们只是选择了自己的视角表述了对课型的认识，疏漏和错误在所难免，恳请读者批评、指正！

王天锋

于扬州